Otto Rüegsegger

Die zweckmässige Firmenform
in der Wirtschaftspraxis

Leitfaden
für ein Familienunternehmen
unter besonderer
Berücksichtigung
betriebswirtschaftlicher,
rechtlicher
und steuerlicher
Aspekte

Otto
Rüegsegger

Die
zweckmässige
Firmenform
in der
Wirtschaftspraxis

Cosmos Verlag

© 1987 by Cosmos-Verlag AG, CH-3074 Muri-Bern
Umschlag: Atelier G. Noltkämper, CH-3014 Bern
Satz und Druck: Ott Druck AG, CH-3607 Thun 7
Einband: J.+M. Sauerer AG, CH-3097 Liebefeld

ISBN 3 85621 048 2

Inhaltsübersicht

1 Einleitung
  11 Das Familienunternehmen
  12 Die Führung des Familienunternehmens
  13 Steuerrechtliche Grundsätze

2 Die Rechtsformen im Familienunternehmen
  21 Die Wahl der Rechtsform
  22 Die Einzelfirma
  23 Die Personengesellschaften
  24 Die Kommanditaktiengesellschaft
  25 Die Aktiengesellschaft
  26 Die Gesellschaft mit beschränkter Haftung
  27 Die Genossenschaft
  28 Die Familienstiftung

3 Die Änderung der Rechtsform
  31 Einleitung
  32 Die Änderung der Rechtsform bei der Einzelfirma
  33 Die Änderung der Rechtsform bei den
     Personengesellschaften

4 Die Nachfolgeregelung
  41 Einleitung
  42 Die Grundlagen der Nachfolgeregelung
  43 Die Nachfolgeregelung bei der Einzelfirma
  44 Die Nachfolgeregelung bei den Personengesellschaften
  45 Die Nachfolgeregelung bei den Kapitalgesellschaften

Stichwortverzeichnis

Anhänge

Inhaltsverzeichnis

Verzeichnis der Abkürzungen 14

Vorwort 15

1 Einleitung 17

   11 Das Familienunternehmen 17

   12 Die Führung des Familienunternehmens 19

   13 Steuerrechtliche Grundsätze 21

2 Die Rechtsformen im Familienunternehmen 23

   21 Die Wahl der Rechtsform 23
      211 Einleitung 23
      212 Betriebswirtschaftliche Überlegungen 25
         2121 Haftung 25
         2122 Steuerbelastung 25
         2123 Gründungskosten 26
         2124 Übertragbarkeit der Kapitalanteile 26
         2125 Finanzierungsmöglichkeiten 26
         2126 Unternehmensführung 26
         2127 Aufenthalts-, Niederlassungs- und
              Arbeitsbewilligungen für Ausländer . . . 27
      213 Rechtliche Vorschriften 28
      214 Steuerliche Überlegungen 29

   22 Die Einzelfirma 32
      221 Vor- und Nachteile 32
      222 Der Handelsregistereintrag 34

223 Die Betreibung auf Konkurs 35
224 Die Steuern 36
   a) Einkommenssteuern 36
   b) Vermögenssteuern 39
   c) Grundstückgewinnsteuern 41
225 Der Landwirt als Selbständigerwerbender . . . 41

23 Die Personengesellschaften 43
231 Einleitung 43
   2311 Die Buchhaltung als Besteuerungs-
       grundlage 44
   2312 Die Abgrenzung von Geschäfts- und
       Privatvermögen 47
232 Die einfache Gesellschaft (Art. 530 bis 551 OR) 49
   2321 Einleitung 49
   2322 Die stille Gesellschaft 53
   2323 Das Partizipationsgeschäft 56
   2324 Das Baukonsortium 56
233 Die Kollektivgesellschaft (Art. 552 bis 593 OR) 57
   2331 Vor- und Nachteile 57
   2332 Geschäftsführung 60
   2333 Gesellschaftsvermögen und -kapital . . . 61
   2334 Die Steuern 62
       a) Die Einkommenssteuern 62
       b) Die Vermögenssteuern 63
234 Die Kommanditgesellschaft (Art. 764 bis
   771 OR) 66
   2341 Vor- und Nachteile 66
   2342 Geschäftsführung und Gesellschafts-
       kapital 68
   2343 Die Steuern 71

24 Die Kommanditaktiengesellschaft (Art. 764 bis
   771 OR) 72

25 Die Aktiengesellschaft (Art. 620 bis 763 OR) 74
251 Konstruktion 74
   2511 Allgemeines 74

2512 Die Familienaktiengesellschaft
(Familien-AG) 76
2513 Die Einmann-Aktiengesellschaft
(Einmann-AG) 77
2514 Die Zweimann-Aktiengesellschaft
(Zweimann-AG) 78
252 Die Gründung der Aktiengesellschaft 78
2521 Einleitung 78
2522 Die Gründerhaftung 80
2523 Die Simultangründung 82
2524 Die Sacheinlagegründung 83
253 Das Grundkapital 86
2531 Mängel des geltenden Rechts 86
2532 Die Aktien 87
2533 Das Aktienkapital 88
2534 Das Partizipationsscheinkapital (PS) . . 90
2535 Das Genussscheinkapital 90
2536 Die gesetzlichen Reserven 91
2537 Die stillen Reserven 92
254 Das Bezugsrecht der Aktionäre 93
255 Die Dividendenauszahlung 94
2551 Die Dividendenpolitik 94
2552 Die Dividendenarten 95
a) Die Bardividende 95
b) Die Wertpapier- oder Stockdividende 95
c) Die Naturaldividende 96
d) Die gewinnabhängige Dividende . . . 96
256 Aktionärsdarlehen 97
2561 Darlehen an Aktionäre 97
2562 Darlehen von Aktionären 99
257 Die Organe der Aktiengesellschaft 101
2571 Die Generalversammlung der
Aktionäre (GV) 102
a) Einleitung 102
b) Vorbereitung 102
c) Einberufung 103
d) Durchführung 107

2572 Die Verwaltung (der Verwaltungsrat) . . . 109
    a) Einleitung 109
    b) Aufgaben und Verantwortung 110
    c) Der Geschäftsbericht 114
2573 Die Kontrollstelle 116
    a) Ablauf und Aufgaben der Jahres-
       abschlussprüfung 116
    b) Rechtsgrundlagen und Ziele der
       Jahresabschlussprüfung 118
    c) Prüfungsgebiete und Prüfungs-
       durchführung 120
    d) Berichterstattung 121
    e) Die Verantwortlichkeit 122
258 Die Besteuerung der Aktiengesellschaft 124
2581 Die Kapital- und Ertragssteuer 124
    a) Direkte Bundessteuer 124
    b) Kantonale und kommunale Steuern . 126
2582 Verdeckte Gewinnausschüttungen 128
259 Die Holdingaktiengesellschaft 130
2591 Einleitung 130
2592 Die Besteuerung 130

26 Die Gesellschaft mit beschränkter Haftung
(GmbH/Art. 772 bis 827 OR) 133
261 Merkmale 133
262 Stammkapital und Gesellschaftsorgane 136

27 Die Genossenschaft (Art. 828 bis 926 OR) 138
271 Merkmale 138
272 Rechtliche Bestimmungen 140

28 Die Familienstiftung 143
281 Einleitung 143
282 Die Stiftungsurkunde 145

3 Die Änderung der Rechtsform 147

31 Einleitung 147
   311 Allgemeines 147
   312 Die Bewertung der Unternehmung als Ganzes . 149
      3121 Einleitung 149
      3122 Der Substanzwert 151
      3123 Der Liquidationswert 153
      3124 Der Ertragswert 153
      3125 Der Kapitalisierungszinsfuss 154
      3126 Der Wert des Unternehmens 155
      3127 Verträge 156

32 Die Änderung der Rechtsform bei der Einzelfirma . 158
   321 Einleitung 158
   322 Die Umwandlung einer Einzelfirma in eine
      Personengesellschaft 159
      3221 Erhöhung der Buchwerte der bisherigen
         Einzelfirma 159
      3222 Eintritt neuer Gesellschafter in die
         stillen Reserven 160
      3223 Zwei oder mehrere Einzelfirmeninhaber
         schliessen sich zusammen, um gemein-
         sam eine Kollektiv- oder Kommandit-
         gesellschaft zu führen 161
   323 Die Umwandlung einer Einzelfirma in eine
      Aktiengesellschaft 162

33 Die Änderung der Rechtsform bei den Personengesellschaften 164
   331 Einleitung 164
   332 Die Umwandlung einer Personengesellschaft
      in eine Einzelfirma 165
   333 Die Umwandlung einer Personengesellschaft
      in eine andere Personengesellschaft 166
   334 Die Umwandlung einer Personengesellschaft
      in eine Aktiengesellschaft 166

4 Die Nachfolgeregelung 169

41 Einleitung 169
42 Die Grundlagen der Nachfolgeregelung 170
  421 Allgemeines 170
  422 Die güterrechtliche Auseinandersetzung 171
  423 Die erbrechtliche Auseinandersetzung 172
  424 Die Planung der Nachfolgeregelung 173

43 Die Nachfolgeregelung bei der Einzelfirma 175
  431 Der Übergang auf einen neuen Rechtsträger
      gegen Entgelt 175
  432 Die Geschäftsübergabe gegen eine Rente 177
  433 Der Geschäftsübergang bei Erbschaft oder
      Schenkung 178

44 Die Nachfolgeregelung bei den Personengesellschaften 179
  441 Merkmale 179
  442 Eintritt eines neuen Gesellschafters 180
  443 Austritt eines Gesellschafters 181

45 Die Nachfolgeregelung bei den Kapitalgesellschaften 182
  451 Die juristischen Instrumente der Nachfolge-
      regelung 182
    4511 Zuteilung einer Mehrheit 182
    4512 Stimmrechtsaktien 182
    4513 Vinkulierte Namenaktien 183
    4514 Aktionärbindungsverträge (ABV/
         Poolverträge) 185
    4515 Schutz der passiven Minderheits-
         aktionäre 189
    4516 Mitarbeiterbeteiligung 189
    4517 Going Public 193

Schlussbemerkungen 195

Anhänge
1 Mustervertrag: Einfache Gesellschaft 197
2 Mustervertrag: Kollektivgesellschaft 199
3 Mustervertrag: Kommanditgesellschaft 202
4 Muster einer Gründungsurkunde für eine Aktiengesellschaft 205
5 Muster eines Sacheinlagevertrages 208
6 Muster einer Einladung zur Generalversammlung . . . 211
7 Muster eines Generalversammlungsprotokolls 213
8 Muster eines Geschäftsberichts 215
9 Prüfungshandlungen der aktienrechtlichen Kontrollstelle 219
10 Standardtext eines Bestätigungsberichts 221
11 Gliederung eines Erläuterungsberichts an den
   Verwaltungsrat 223
12 Muster für die Bewertung einer Unternehmung
   (Kurzfassung) 224
13 Neuerungen im Erb- und Ehegüterrecht 234
14 Muster eines Aktionärbindungsvertrags 240

Literaturverzeichnis 243

Stichwortverzeichnis 245

Verzeichnis der Abkürzungen

ABV	Aktionärbindungsvertrag
AG	Aktiengesellschaft nach schweizerischem Recht
BdBSt	Bundesratsbeschluss über die Erhebung einer direkten Bundessteuer
BV	Bundesverfassung der schweizerischen Eidgenossenschaft
EDV	Elektronische Datenverarbeitung
EStV	Eidgenössische Steuerverwaltung
GmbH	Gesellschaft mit beschränkter Haftung
GV	Generalversammlung der Aktionäre
HRV	Verordnung über das Handelsregister
IKS	Internes Kontrollsystem
OR	Schweizerisches Obligationenrecht
PS	Partizipationsscheine
SchKG	Erlasse betreffend Schulbetreibung und Konkurs
SHAB	Schweizerisches Handelsamtsblatt
StG	Bundesgesetz über die Stempelabgaben
StGB	Schweizerisches Strafgesetzbuch
VR	Verwaltungsrat einer schweizerischen Aktiengesellschaft
VstV	Verrechnungssteuervollzugsverordnung
WuB	Bundesratsbeschluss über die Warenumsatzsteuer
VstG	Bundesgesetz über die Verrechnungssteuer
ZGB	Schweizerisches Zivilgesetzbuch

Vorwort

Eine grosse Anzahl der zur Zeit bestehenden Schweizer Familienunternehmen ist auf eine gewerbliche Grundlage zurückzuführen.

Die Gestaltung der betriebswirtschaftlichen, rechtlichen und steuerlichen Verhältnisse sowie die Nachfolgeregelung sind für den Erhalt des Unternehmens in der Familie wichtig:
- Welche Rechtsform steht nach dem Gesetz für das Familienunternehmen zur Verfügung?
- Wie werden die einzelnen Gesellschaften besteuert?
- Bringt die Umwandlung der Einzelfirma in eine Aktiengesellschaft grosse Vorteile?
- Wie verhält es sich mit der Haftung des Verwaltungsrates und der Kontrollstelle einer Aktiengesellschaft?
- Wie ist die Generalversammlung der Aktionäre bei der Familien-AG durchzuführen?
- Wie schützt sich die Familien-AG vor fremden Einflüssen?

Derartige und weitere Fragen über die Vor- und Nachteile der einzelnen Rechtsformen eines Familienunternehmens werden dem Treuhänder und dem Unternehmensberater in der **Praxis** oft gestellt.

Die vorliegende Publikation nimmt, ausgehend von der zur Zeit geltenden Rechtsordnung, Stellung zu den Anliegen schweizerischer Unternehmungen.

Vorerst werden, zum allgemeinen Verständnis, die einzelnen Rechtsformen aus betriebswirtschaftlicher, steuerlicher und rechtlicher Sicht besprochen. Ausführlich werden nur die Gesellschaftsformen dargelegt, die sich zur Führung eines Familienunternehmens in der **Praxis** durchgesetzt haben.

Die **Familien-AG** ist in der Schweiz weit verbreitet, weshalb die vorliegende Publikation auf besondere Verhältnisse dieser Gesellschaftsform eingeht. Danach werden die Möglichkeiten der Umgestaltung des Familienunternehmens besprochen.

Der Schlussteil nimmt Stellung zu einer möglichen Nachfolgeregelung und zeigt verschiedene Varianten auf.

Die Anhänge enthalten zahlreiche Mustervorlagen für die **Praxis.** Jeder Sachverhalt muss jedoch auf die besonderen Verhältnisse zugeschnitten werden.

Bei den Steuerproblemen werden vorwiegend die eidgenössischen Steuern berücksichtigt (Gesetzgebung Stand Ende 1986). Die **Steuerpraxis** ist jedoch laufend Änderungen unterworfen, weshalb empfohlen wird, die steuerlichen Fragen vor der Umgestaltung des Familienunternehmens mit den zuständigen kantonalen Steuerbehörden zu besprechen.

Ich danke allen, die zum Gelingen dieser Publikation beigetragen haben.

Solothurn/Bern, im Februar 1987

O. Rüegsegger

1 Einleitung

11 Das Familienunternehmen

Familienunternehmen sind oft eher kleine bis mittlere Firmen, bei denen das Kapital und die Führungsaufgaben auf einzelne Familienmitglieder entfallen. Üblicherweise spricht man von einem Familienunternehmen, wenn daran Personen mitwirken oder teilhaben, die als Ehegatten, Verwandte oder Verschwägerte in einer familiären Bindung zueinander stehen.

Die schweizerische Wirtschaft ist sehr klein- und mittelbetrieblich strukturiert, die Beschäftigung (ohne Landwirtschaft) beträgt rund zwei Drittel der erwerbstätigen Bevölkerung.

Die Familienbetriebe erfüllen wichtige wirtschaftliche Funktionen, vor allem bei Einzel- und Kleinserienfertigung, im Verteilsystem des Einzelhandels, in Zulieferleistungen, im Kundendienst- oder Montagebereich als verlängerter Arm des Grossunternehmens. Die regionale Verbreitung des Familienunternehmens gestattet in der Schweiz eine gleichmässige und qualitativ zufriedenstellende Versorgung der Bevölkerung mit Gütern und Dienstleistungen.

Die **Chancen** des kleinen und mittleren Familienunternehmens sind nach wie vor intakt und werden auch erfolgreich genutzt. Dank ihren eigentlichen Stärken wie:
- persönlicher Einsatz der Familienmitglieder
- Kreativität und Leistungswillen
- Anpassungsfähigkeit und Marktnischenpolitik

kann sich das Familienunternehmen auch unter erschwerten Bedingungen behaupten. Bei der Gründung ergreift meistens ein Unternehmer die Initiative, selbständig zu werden. Ursprünglich handelt es sich um ein kleineres Geschäft, das oft als Einzelfirma geführt wird. Der Gründer verfügt allein über die Kapitalmehrheit und trägt das Risiko selbst.

In der **zweiten** Generation entsteht das Familienunternehmen. Die Gründernachfolger arbeiten im Unternehmen mit, was folgende Konsequenzen nach sich zieht:

- Die frühere Einheit von Kapitalbesitz und Geschäftsleitung wird unter Umständen aufgeteilt, das Unternehmen von einem oder mehreren Nachfolgern geführt, während kapitalmässig alle Erben am Familienunternehmen beteiligt sein können. Dieser Spaltungsprozess setzt sich in den kommenden Generationen noch fort, sofern man ihm nicht gezielt entgegenwirkt.
- Zwischen Unternehmen und beteiligten Familien entsteht eine enge Verflechtung. Das Unternehmen bestimmt das Schicksal der Familie, da es deren Existenzgrundlage und Einkommensquelle ist.
- Die herkömmliche Rechtsform der Einzelfirma ist nicht mehr angebracht. Die Umwandlung in eine geeignete Rechtsform, meist in eine Aktiengesellschaft, drängt sich auf. Je nach dem Erfolg eines Unternehmens wird praktisch die Gesamtheit des Familienvermögens in die Aktiengesellschaft investiert. Die Gewinne werden grösstenteils zurückbehalten.
- Die Unternehmensnachfolge beinhaltet somit die Führungs- und die Kapitalnachfolge. Für beide Arten der Nachfolge ist eine geeignete Regelung zu finden.

Dem Familienunternehmen kommen im wesentlichen folgende **Vorteile** zu:

- Hohe Arbeitsmotivation der geschäftsführenden Familienmitglieder.
- Beweglichkeit und dadurch rasche Anpassung an veränderte Umwelts- und Marktverhältnisse, da der Geschäftsleitung die Entscheidungsmacht, die technischen Kenntnisse und die Verfügungsgewalt über die Finanzen zukommt.
- Leichtere Ausnützung von Marktnischen aufgrund der mittleren Unternehmensgrösse und der Möglichkeit zur Erbringung individueller Leistungen.
- Persönlicher Charakter in den Arbeitsbeziehungen.

Nachteile:

- Der Kapitalbeschaffung sind Grenzen gesetzt, da eine übermässige Fremdverschuldung mit der Beeinflussung des Unternehmens durch Dritte verbunden ist. Zum Erhalt des Familiencharakters ist daher die Selbstfinanzierung[1] vorrangig.
- Die beteiligten Familienmitglieder dürfen ihre Kapitalanteile nicht ausserhalb des Familienkreises veräussern.
- Bei Generationenwechsel muss genügend Kapital vorhanden sein, um zersplitterte Minderheitsanteile zu übernehmen. Dadurch kommen wichtige Mehrheitseinflüsse zustande, z. B. genügend Aktienstimmen zur Aufrechterhaltung der bestehenden Führungsverhältnisse.
  Das Risiko einer Kapitalverwässerung kann ab der **dritten** Unternehmergeneration einsetzen.
- Möglicherweise wird der Eintritt in das Unternehmen fähigem Kaderpersonal erschwert werden, indem einem Familienangehörigen der Weg nach oben geebnet wird.
- Persönliche Auseinandersetzungen zwischen den Familienangehörigen behindern unter Umständen das Gedeihen des Unternehmens.

Das Familienunternehmen muss diese Einschränkungen auf sich nehmen und seine finanziellen, personellen und organisatorischen Strukturen darauf ausrichten. In einer geeigneten Wahl der Rechtsform und einer guten Unternehmensführung liegt das Rezept zur erfolgreichen Zukunftssicherung des Familienunternehmens.

12 Die Führung des Familienunternehmens

Der Erfolg des Familienunternehmens beruht meistens auf herausragenden Unternehmerpersönlichkeiten. Diese verfügen

---

[1] Selbstfinanzierung bedeutet die Kapitalbeschaffung durch Verzicht auf Gewinnausschüttung. Es handelt sich um eine Form der Innenfinanzierung.

oft über hohe technische oder kaufmännische Kenntnisse, über-durchschnittliche Leistungsbereitschaft und grossen Willen zum unternehmerischen Engagement.

Der grosse Erfolg dieser Unternehmerpersönlichkeiten kann mit starken Spannungen in der Familie und im Unternehmen verbunden sein. Diese Spannungen gilt es durch eine geschickte Führung auszugleichen. Eine gute Möglichkeit hiezu ist die harmonische Aufteilung des Unternehmens in verschiedene Funktionsbereiche.

Bei Publikumsgesellschaften treten viele Führungskräfte mit dem Erreichen des Pensionsalters in den Ruhestand. Im Gegensatz dazu sind viele Familienunternehmungen überaltert; nach empirischen Untersuchungen steht fast jeder vierte Unternehmer noch weit jenseits der Altersgrenze in einer verantwortlichen Position.

Der Unternehmer alter Schule ist bisweilen von seinem Geschäft geradezu besessen und erbringt eine gewaltige Arbeitsleistung. Dieser ausgesprochenen Stärke stehen indessen auch Schwächen entgegen. Sie liegen vor allem in den Bereichen Forschung, Innovation, Steuern und Finanzierung. Es ist zu befürchten, dass diese Schwächen schlimmstenfalls zu einer eigentlichen Gefährdung der Überlebenskraft des einzelnen Unternehmens führen. Das ist insbesondere der Fall, wenn staatliche Eingriffe übermässig und marktwirtschaftliche Prinzipien missachtet werden. Konflikte entstehen namentlich dann, wenn junge Familienangehörige nachdrängen und sich das Unternehmen in Expansion befindet. Deshalb sind rechtzeitig die notwendigen Führungsstrukturen – z. B. die harmonische Aufteilung des Unternehmens mit klarer Delegation von Aufgaben, Kompetenzen und Verantwortungen – festzulegen.

Beispiel

Ein Firmengründer nimmt zu Lebzeiten seine beiden Söhne in das Unternehmen auf und behält vorerst die Gesamtleitung. Sohn A übernimmt die Verantwortung für das Rechnungswesen und die internen Dienste, Sohn B die Verantwortung für den Einkauf und den Verkauf.

13 Steuerrechtliche Grundsätze

Die Besteuerung des Familienunternehmens bezieht sich stets auf natürliche oder juristische Personen. Die Steuergesetze kennen den Begriff des Familienunternehmens nicht.

Die wichtigsten Steuerobjekte bei den direkten Steuern sind Ertrag und Kapital der juristischen Personen sowie Einkommen und Vermögen der natürlichen Personen.

Das Familienunternehmen ist rechtlich keine Person, sondern ein Vermögenskomplex, der dem Rechtsträger des Unternehmens gehört. Der Betrieb eines Familienunternehmens ist nicht an eine bestimmte Rechtsform gebunden. Erforderlich ist eine gewerbsmässige Tätigkeit, ein Handeln mit wirtschaftlicher Zielsetzung.

Bei den **natürlichen** Personen ist die selbständige Erwerbstätigkeit[1] steuerrechtlich massgebend. Selbständigerwerbende sind natürliche Personen als Steuersubjekte, die einen wirtschaftlichen Zweck verfolgen (stille Teilhaber, Einzelunternehmer, Teilhaber von Personengesellschaften, Beteiligte an einfachen Gesellschaften).

Beispiel

Ein Treuhänder übt eine selbständige Erwerbstätigkeit aus, wenn er ein eigenes Büro führt und für Kunden im Auftragsverhältnis tätig ist. Ist er jedoch ausschliesslich als freier Mitarbeiter einer grösseren Treuhandgesellschaft tätig, gilt er steuerrechtlich als unselbständig Erwerbender.

Juristische Personen gelten steuerrechtlich als Unternehmen, wenn sie im Rahmen einer Gesellschaftsform nach Obligationenrecht (Aktiengesellschaft, Kommanditaktiengesellschaft, GmbH und Genossenschaft) wirtschaftliche Ziele verfolgen. In der Wahl der Rechtsform sind die juristischen Personen frei. Die in der **Praxis** meistverbreitete juristische Person ist die Aktien-

---

[1] Dieser Begriff ist nicht gesetzlich definiert; darunter fallen auch freie Berufe wie Architekten, Ingenieure usw.

gesellschaft, die allerdings mit einer wirtschaftlichen Doppelbesteuerung behaftet ist. Die Gesellschaft hat den Reingewinn als
Ertrag und der Aktionär die daraus fliessenden Dividenden als
Einkommen zu versteuern. Durch eine geschickte Gestaltung der
Verhältnisse kann jedoch diese wirtschaftliche Doppelbesteuerung möglicherweise durch Progressionsvorteile ausgeglichen
werden.

2 Die Rechtsformen im Familienunternehmen

21 Die Wahl der Rechtsform

211 Einleitung

Die nach aussen in Erscheinung tretende Struktur des Unternehmens bezeichnet man als Rechtsform. Ihr kommen die folgenden Bedeutungen zu:
- Die Rechtsbeziehungen zwischen dem Familienunternehmen und seiner Umwelt.
- Fragen der inneren Organisation des Familienunternehmens.
- Die Rechte und Pflichten der am Familienunternehmen beteiligten Personen.
- Das Image des Unternehmens wirkt sich auf die Beziehungen am Markt aus.
- Aus der Rechtsform werden unterschiedliche steuerliche Konsequenzen für die Eigentümer und das Unternehmen abgeleitet.

Im Interesse der Rechtssicherheit schreibt das schweizerische Obligationenrecht die Rechtsformen, die wählbar sind, abschliessend vor. Darin haben viele Normen zwingenden Charakter und sind von den Beteiligten nicht abänderbar. Die Geschäftspartner sollen sich auf gewisse allgemeingültige Eigenheiten eines Familienunternehmens verlassen können, ohne tiefgehende Untersuchungen anstellen zu müssen. Andere Bestimmungen haben bloss dispositiven Charakter und gelten nur, wenn die Beteiligten keine Vereinbarung getroffen haben.

Innerhalb der schweizerischen Rechtsordnung ist die Rechtsform eines Unternehmens frei wählbar.

Zur Verfügung stehen:
- die Einzelfirma
- die einfache Gesellschaft ⎫
- die Kollektivgesellschaft ⎬ Personengesellschaften
- die Kommanditgesellschaft ⎭
- die Aktiengesellschaft (AG)
- die Kommanditaktiengesellschaft
- die Gesellschaft mit beschränkter Haftung (GmbH)
- die Genossenschaft
- der Verein
- die Familienstiftung

Bei den **Personengesellschaften** sind Eigenkapitalgeber und Unternehmer meist identisch. Mindestens ein Kapitalgeber haftet mit seinem gesamten Privat- und Geschäftskapital für die gesamten Verbindlichkeiten des Unternehmens. Das entsprechende Familienunternehmen tritt als Einzel- oder Gesellschaftsunternehmen in Erscheinung.

Ein Einzelunternehmen liegt vor, wenn eine natürliche Person eine kaufmännische Tätigkeit unter einer Geschäftsfirma ausübt (Einzelfirma). Beim Gesellschaftsunternehmen schliessen sich mehrere Personen zu einer einfachen Gesellschaft, einer Kollektiv- oder Kommanditgesellschaft oder einer stillen Gesellschaft zusammen.

Bei den **Kapitalgesellschaften** steht das Kapital des Unternehmens im Vordergrund. Eine persönliche Haftung ist vom Gesetz nicht vorgesehen. Bei zweifelhaften Fällen kann jedoch durch die Rechtsprechung ein Durchgriff auf das weitere Vermögen der verantwortlichen Organe erfolgen. Als juristische Personen sind die Kapitalgesellschaften oft mit dem persönlichen Schicksal der Kapitalgeber verbunden.

Die Wahl der richtigen Rechtsform ist für das Gedeihen des Geschäftes wichtig. Bereits bei der Gründung sind die auf die einzelnen Gesellschaftsformen entfallenden Vor- und Nachteile und die Steuerfolgen gründlich abzuklären.

Als Rechtsform für den Betrieb eines Familienunternehmens bietet sich die Form der Einzelfirma, die Kollektiv- oder Kommanditgesellschaft oder die Aktiengesellschaft an.

2121 Haftung

Die Haftungsbeschränkung hängt von der Risikobereitschaft des Unternehmers ab. In der schweizerischen Wirtschaftspraxis ist die Tendenz zur Beschränkung des Risikos durch die Gründung von Kapitalgesellschaften steigend. Allerdings ist die rechtlich beschränkte Haftung bei Kapitalgesellschaften oft nur so lange wirksam, als nicht private Mittel teilweise oder ganz der Bank als Sicherheit dienen. In diesen Fällen ist das Privatvermögen den geschäftlichen Risiken unterworfen. Die Gesellschaftsform mit unbeschränkter Haftung ist nur zu empfehlen, wenn unter den Gesellschaftern ein ausgesprochenes Vertrauensverhältnis besteht. Interne vertragliche Beschränkungen leisten nur selten genügend Sicherheit; denn die für den gutgläubigen Dritten nicht erkennbare Überschreitung einer solchen Beschränkung verhindert die Haftung der Gesellschaft und der übrigen Gesellschafter nicht.

Falls keine Gütertrennung besteht, haftet auch das Vermögen der Ehefrau. Der Ausgeschiedene oder ausgeschlossene Teilhaber einer einfachen Gesellschaft oder einer Kollektivgesellschaft wird nicht von der Haftung befreit.

2122 Steuerbelastung

Da die einzelnen Gesellschaftsformen steuerlich unterschiedlich belastet werden, ist bei der Wahl der Rechtsform eines Unternehmens auch die jeweilige Steuerbelastung zu berechnen. Diese hängt nicht unwesentlich von der Rechtsform und vom Sitzkanton der Gesellschaft ab. So besteht zum Beispiel bei einer Aktiengesellschaft mit Fr. 1 Mio steuerbarem Kapital und Fr. 50000.– steuerbarem Reingewinn zwischen dem steuergünstigsten und dem teuersten Kanton eine unterschiedliche kantonale Steuerbelastung von Fr. 7500.–. Bei der Einzelfirma werden das Einkommen und der Firmengewinn dem Firmeninhaber als steuerbares Einkommen zugerechnet. Die Familien-AG unterliegt der wirtschaftlichen Doppelbelastung. Besteuert werden die Aktiengesellschaft und der Aktionär. Zudem sind bei der Rechtsform der

AG die Belange der verdeckten Gewinnausschüttung besonders zu berücksichtigen.

2123 Gründungskosten

Die Gründungsformalitäten sind bei den Personengesellschaften einfacher als bei den Kapitalunternehmungen. Zudem fallen bei den Kapitalunternehmungen nebst den Kosten des Handelsregistereintrages zusätzlich die folgenden Gründungskosten an:
- Kosten der öffentlichen Beurkundung
- Wertpapierdruck
- Emissionsabgaben
- Entschädigungen für die Gründer und Berater

Bei der AG sind die Gründungskosten aktivierbar, müssen jedoch auf fünf Jahre abgeschrieben werden.

2124 Übertragbarkeit der Kapitalanteile

Bei Familienunternehmungen ist die Übertragbarkeit der Kapitalanteile bedeutsam. Erwünscht ist, dass die Kapitalgrundlage durch die Sukzession auf die Nachfolger der Familie erhalten bleibt. Beispielsweise kann eine Barauszahlung der Erben aus dem Gesellschaftsvermögen oder eine Firmenaufteilung die Kapitalbasis eines Unternehmens erheblich schwächen.

2125 Finanzierungsmöglichkeiten

Die Kapitalbeschaffungsmöglichkeiten hängen wesentlich von der Rechtsform des Unternehmens ab. Die Kreditfähigkeit ist von den Haftungsverhältnissen und der Höhe des vorhandenen Eigenkapitals abhängig. Die Banken gehen in der **Praxis** oft von einem Finanzierungsverhältnis zwischen Fremd- und Eigenkapital von 1:1 aus. Den Personengesellschaften ist der Zugang zum Kapitalmarkt weitgehend verschlossen. Die Aufnahme von Anleihen bleibt meist nur kapitalkräftigen juristischen Personen vorbehalten.

2126 Unternehmensführung

Zwischen Personengesellschaften und juristischen Personen bestehen führungsmässige Unterschiede.

Bei den Personengesellschaften liegen Kapitalbesitz und Unternehmensführung meist bei denselben Personen. Bei Kapitalgesellschaften, insbesondere bei kapitalkräftigen Unternehmen, sind Kapitalbesitz und Unternehmensführung oft getrennt. Der einzelne Aktionär hat keinen Anspruch auf seine Wahl in den Verwaltungsrat.

Bei der **Familien-AG** ist oft der Beizug eines Treuhänders (Ausüben des Kontrollstellenmandates) oder Unternehmensberaters erforderlich, was sich positiv auf die Gestaltung der Unternehmensverhältnisse auswirken kann.

2127 Aufenthalts-, Niederlassungs- und Arbeitsbewilligungen für Ausländer

Abgesehen von Sonderfällen gilt in der Schweiz der Grundsatz der Handels- und Gewerbefreiheit. Es steht somit jedermann, auch einem Ausländer, das Recht zu, wirtschaftlich tätig zu werden und zu diesem Zwecke ein Unternehmen zu gründen. Ein Ausländer, der in der Schweiz Wohnsitz nehmen will, benötigt allerdings eine Aufenthaltsbewilligung. Beabsichtigt er zudem, selbst in der zu gründenden Familiengesellschaft mitzuarbeiten, hat er sich zusätzlich eine Arbeitsbewilligung zu beschaffen. Aufenthalt und Niederlassung von Ausländern werden durch das Bundessteuerrecht geregelt. Meistens sind die kantonalen Instanzen für die Erteilung der Bewilligung zuständig.

Die Aufenthaltsbewilligung wird stets befristet. In der Regel wird sie zunächst nur für ein Jahr erteilt, kann aber auf Gesuch hin verlängert werden. Die Niederlassungsbewilligung, die meistens nach zehnjähriger Aufenthaltsdauer erteilt wird, verschafft dem Ausländer weitgehend die Rechtsstellung eines Schweizers.

Aufenthalts- und Niederlassungsbewilligungen gelten nur im erteilenden Kanton und sind beim Wechsel in einen anderen Kanton erneut einzuholen.

Bei der Wahl der Rechtsform sind verschiedene gesetzliche Formvorschriften zu berücksichtigen. Das Obligationenrecht erlässt einige allgemeine, für alle Unternehmensformen gültige Grundsätze.

Das Handelsrecht beruht verfassungsmässig auf dem Grundsatz der Handels- und Gewerbefreiheit (BV 31 ff.). Danach steht es in der Schweiz grundsätzlich jedermann frei, ein kaufmännisches Gewerbe zu betreiben. Die gesetzlichen Regelungen sind im OR in der dritten Abteilung unter dem Titel «Die Handelsgesellschaften und die Genossenschaft» und in der vierten Abteilung unter dem Titel «Handelsregister, Geschäftsfirmen und kaufmännische Buchführung» zu finden.

Wichtigste Nebenerlasse sind die Verordnung über das Handelsregister (HRV), das Bundesgesetz über den unlauteren Wettbewerb (UWG) und das Kartellgesetz (KG). Daneben sind Ortsgebrauch und Handelsusanzen, insbesondere bei der Auslegung des Parteiwillens, zu berücksichtigen.

Als **Einzelkaufmann** wird bezeichnet, wer auf seinen eigenen persönlichen Namen ein nach kaufmännischer Art geführtes Gewerbe betreibt. Nicht unter diesen Begriff fällt die Einmannaktiengesellschaft; diese ist als Handelsgesellschaft zu betrachten. Wenn sich mindestens zwei Personen zur Führung eines nach kaufmännischer Art geführten Gewerbes zusammenschliessen, bilden sie eine **Handelsgesellschaft.**

Wer ein Handels-, Fabrikations- oder ein anderes nach kaufmännischer Art geführtes Gewerbe betreibt, ist verpflichtet, seine Firma mit der Eröffnung des Betriebes am Ort seiner Hauptniederlassung in das Handelsregister eintragen zu lassen. Eintragungspflichtig sind auch alle Zweigniederlassungen des eintragungspflichtigen Hauptunternehmens (OR 935/HRF 71 ff.).

Die Eintragungspflicht gilt ohne jede Einschränkung für Kapitalgesellschaften und Genossenschaften und für bestimmte in der Rechtsform von Einzelfirmen oder Personengesellschaften geführte Handelsgewerbe (Agenturen, Versicherungen, Treuhandunternehmen).

Nach HRV Art. 54 bis 56 ist jedes Handelsunternehmen, das mit Einschluss allfälliger Nebenerwerbe eine jährliche Roheinnahme von Fr. 100000.– und mehr erzielt, im Handelsregister eintragungspflichtig.

Ein nicht eintragungspflichtiges Handelsunternehmen kann sich freiwillig in das Handelsregister eintragen lassen. Dadurch gelangt es in den Genuss des Firmenschutzes.

Wer verpflichtet ist, seine Firma im Handelsregister eintragen zu lassen, ist, unabhängig davon, ob der Eintrag tatsächlich erfolgte, zur kaufmännischen Buchführung verpflichtet (Art. 957 OR). Die tatsächliche Eintragung wird bei Nichterfüllung der Eintragungspflicht, gestützt auf Art. 57 HRV, nötigenfalls von Amtes wegen vorgenommen und bewirkt die Unterstellung unter die Konkurs- und Wechselbetreibung.

Bezüglich der Wahl des Firmennamens sind die Grundsätze der **Firmenwahrheit** und **Firmenklarheit** zu beachten. Danach soll die Firmenbezeichnung nicht zu Täuschungen der Öffentlichkeit führen.

Das Gebot von Ausschliesslichkeit und Schutz der Firma soll jede neue Firma von einer schon bestehenden in genügender Weise unterscheiden. Einzelfirmen sind gegen gleichlautende Firmen am Ort ihrer Eintragung selbst, andere Firmen dagegen gesamtschweizerisch geschützt (Art. 946/951 OR). Eine eingetragene Firma steht dem Berechtigten zum ausschliesslichen Gebrauch zu. Nationale, territoriale und regionale Bezeichnungen bedürfen einer Sondergenehmigung.

Zu weiteren Einzelheiten wird auf die nachstehenden Ausführungen bei den verschiedenen Rechtsformen des Familienunternehmens verwiesen.

214 *Steuerliche Überlegungen*

Die Wahl der Rechtsform eines Familienunternehmens erfolgt selten allein aus steuerrechtlichen Gründen. Der Steuerdruck ist zwar in der Schweiz nicht gering. Ihm auszuweichen bedeutet für manches Familienunternehmen eine erhebliche Kosteneinsparung. Die Vorschriften der Steuergesetzgebung sind deshalb in die Überlegungen zur Wahl der Rechtsform einzubeziehen. Berechnungen für die im einzelnen Fall zu entrichtenden Steuern beeinflussen den Entscheid. Für das Steuerrecht ist die Unterscheidung zwischen Personen- und Kapitalunternehmung von wesentlicher Bedeutung. Personen- und Kapitalunternehmungen werden von verschiedenen Steuersubjekten – natürlichen und juristischen Personen – getragen, und beide Trägerschaften unterstehen verschiedenen Steuersystemen mit verschiedenen Steuerarten. Träger von Personengesellschaften sind ihre Teilhaber (natürliche wie juristische Personen). Bei der Kapitalgesellschaft ist die juristische Person Trägerin selbst. Die Kapitalgeber sind keine Träger des Unternehmens, sie sind lediglich mit einem Kapitaleinsatz beteiligt.

Aus steuerlichen Überlegungen wird die **Familien-AG** sehr oft bevorzugt. Die wirtschaftliche Doppelbesteuerung wirkt sich nicht so stark als Hindernis aus, wie man zunächst meint. Die ausgewiesenen Gewinne werden vorerst bei der AG selbst und erst später bei den Aktionären besteuert. Die Aktionäre entscheiden jedoch selbst, wann und wie Gewinne ausgeschüttet werden. Will sich jemand seines Anteils an einer AG entledigen, so verkauft er die Aktien. Wenn er dabei einen Kapitalgewinn erzielt, wird dieser nach Bundessteuerrecht und dem Recht der meisten Kantone nicht besteuert, sofern die Aktien eine bestimmte Zeit im Privatbesitz waren.

Ein Kollektivgesellschafter dagegen muss bei seinem Ausscheiden aus der Gesellschaft die stillen Reserven als Kapital- oder Liquidationsgewinn versteuern. Ein weiterer Vorteil der Kapitalgesellschaft kann sein, dass die Teilhaber ihren Gewinn nicht am Sitz des Geschäftes, sondern an ihrem Wohnsitz, den sie frei wählen können, zu versteuern haben. Im übrigen ist festzustellen, dass die AHV-Beiträge nur von den Lohnbezügen der Aktionäre entrichtet werden müssen, nicht aber vom ausgewiesenen Ertrag der AG. Beim Einzelunternehmen und bei den Personengesellschaften unterliegt das gesamte Einkommen aus dem Familienunternehmen der AHV-Beitragsberechnung.

Wenn das Vermögen verhältnismässig schwach besteuert wird (landwirtschaftliche Betriebe und Gewerbe) und das Einkommen schwer zu erfassen ist, wäre wohl die Personengesellschaft die geeignete Rechtsform.

Aus den vorangegangenen Ausführungen ist abzuleiten, dass steuerlich folgende Punkte zu beachten sind:
- Sitz- und Wohnsitzverhältnisse
- Art der Finanzierung (Eigenkapital zu Fremdkapital)
- persönliche Beziehung der Teilhaber zum Unternehmen
- stille Reserven und die mögliche Auflösung
- Möglichkeiten der Ausschüttung und ihre Besteuerung
- Übergabe und Nachfolgeverhältnisse

Inwieweit sich die Steuerbelastung aufgrund einer unterschiedlichen Rechtsform ergibt, wird nachstehend an einem einfachen Beispiel dargelegt.

Beispiel: Steuerbelastungsvergleich Einzelfirma-Aktiengesellschaft

Ein verheirateter Geschäftsmann wohnt in Solothurn. Sein Unternehmen wirft jährlich einen Reingewinn von Fr. 20 000.- ab, der auf neue Rechnung vorgetragen wird. Daneben bezieht er einen Lohn von Fr. 70 000.-. Das Betriebskapital beträgt Fr. 100 000.-.

Der Steuerbelastungsvergleich (exkl. Abzüge) ergibt sich wie folgt[1]:

	Einzelfirma Fr.	AG Fr.
Direkte Bundessteuer auf Fr. 90000.–/70000.–	5138	2970
Staats- und Gemeindesteuern auf Fr. 90000.–/70000.–	16700	11625
Total	21838	14595
Ertragssteuern bei der AG: Direkte Bundessteuer Staats- und Gemeindesteuer		1887 1580
Kapitalsteuern bei der AG: Direkte Bundessteuer Staats- und Gemeindesteuer[2]		83 200
Totale Steuerbelastung	21838	18345

Wie das Beispiel zeigt, ist die Steuerbelastung bei der Einzelfirma um Fr. 3493.– höher.

22 Die Einzelfirma

221 Vor- und Nachteile

Eine Einzelfirma liegt vor, wenn eine natürliche Person allein eine kaufmännische Tätigkeit unter einer Geschäftsfirma ausübt. Die Einzelfirma wird benutzt, wenn ein Firmeninhaber die Geschäftspolitik allein bestimmt, was ihm ermöglicht, sich schnell an veränderte Marktverhältnisse anzugleichen. Im Vor-

---

[1] Bei der Einzelfirma werden Reingewinn und Lohnbezüge zusammengerechnet.
[2] Annahme: kein steuerbares Vermögen beim Einzelfirmeninhaber.

dergrund steht die Unternehmerpersönlichkeit. Der Einzelfirmeninhaber ist alleiniger Träger des Risikos, das sich auf sein gesamtes Vermögen erstreckt. Der Firmenaufbau und die Firmenentwicklung werden durch seine Initiative und das Mass seiner Verantwortung geprägt.

Vorteile
- Die Einzelfirma ist sehr anpassungsfähig, da der Firmeninhaber in seiner Entschlussfassung weitgehend frei ist.
- Die Gründungsformalitäten sind einfach und billig.
- Die bei den Kapitalgesellschaften vorliegende wirtschaftliche Doppelbesteuerung entfällt.
- Der Handelsregistereintrag schützt die Firma gegen missbräuchliche Verwendung und hat die Betreibung auf Konkurs zur Folge.
- Die Einzelfirma erlischt nicht durch den Tod das Firmeninhabers. An seine Stelle treten die Erben bezüglich aller Rechte und Pflichten, Forderungen und Verbindlichkeiten. Dies allerdings erst ab dem Zeitpunkt, an welchem die Erbengemeinschaft feststeht.
- Die vom Einzelfirmeninhaber übertragenen Vertretungsrechte (Prokura, Handlungsvollmacht) werden von seinem Tod gemäss Art. 465 OR nicht betroffen, sie sind weiterhin gültig.

Nachteile
- Das Wohlergehen der Einzelfirma ist erheblich von der Arbeitsfähigkeit und der Arbeitsleistung des Unternehmers abhängig. Der langfristige Weiterbestand ist meistens nur möglich, wenn die Nachfolgeschaft mindestens über die gleichen unternehmerischen Fähigkeiten verfügt wie der bisherige Inhaber. Man kann als Nachfolger zwar eine leistungsfähige Belegschaft, eine ausreichende Kapitalausstattung, einen guten Marktbereich und einen Kundenstamm erben, nicht immer jedoch die notwendigen Unternehmerqualitäten.
- Durch eine beschränkte Kapitalkraft und eine schmale Kreditbasis sind der vollen Entfaltung und der Initiative des Einzelunternehmers oft Grenzen gesetzt.

Einzelunternehmen findet man oft im Handel, im Handwerk und im Dienstleistungsbereich, selten in der Industrie.

222 Der Handelsregistereintrag

Eine Einzelfirma besitzt, wer als alleiniger Inhaber ein Geschäft betreibt.

Beispiel:
Treuhandbüro Max Muster. Das Gesetz sieht keine verbindliche Regelung der Einzelfirma vor. Diese ergibt sich aus dem Begriff des Einzelkaufmanns nach Art. 934, 945 OR.

Wenn der jährliche Umsatz Fr. 100000.- beträgt, sind aufgrund einer Anmeldung an das zuständige Handelsregisteramt die folgenden Angaben in das Handelsregister einzutragen.
- Firmenname
- Geschäftszweck
- Sitz der Einzelfirma (Ort)
- Domizil (Geschäftsadresse)

Der Handelsregistereintrag bewirkt, dass der Geschäftsname geschützt ist und der Firmeninhaber der Betreibung auf Konkurs unterliegt. Das Geschäftsvermögen kann nun auch zur Befriedigung von Ansprüchen privater Gläubiger beansprucht werden (SchKG 208).

Handwerksbetriebe (Metzgereien, Dachdeckergeschäfte usw.) sind auch beim Umsatz von über Fr. 100000.- nur eintragungspflichtig, wenn die Art und der Umfang des Geschäftes eine geordnete Buchführung erfordern[1].

Zum Beispiel hat das Bundesgericht festgestellt, dass für einen Bäckereibetrieb mit einem Jahresumsatz von Fr. 65000.- bis Fr. 80000.- keine Buchführungspflicht besteht. Eine Bäckerei hingegen, die über zwei Verkaufsläden verfügte, einen jährlichen Umsatz von mehr als Fr. 400000.- aufwies und in der neben dem Geschäftsinhaber ständig die Ehefrau, die Schwägerin und 6 Ge-

---

[1] Ein freiwilliger Eintrag ist allerdings möglich.

sellen tätig waren, wurde vom Bundesgericht als buchführungspflichtig eingestuft.

Die **freien** Berufe (Ärzte, Anwälte, Architekten usw.) sind nicht im Handelsregister einzutragen, sofern dem Geschäft nicht eine gewisse Grösse (z. B. eine Praxisgemeinschaft mit 10 Angestellten) zukommt.

Für eintragungspflichtige Firmen ist laut Art. 957 ff. OR eine der Art und dem Umfang des Geschäftes entsprechende Buchhaltung zu führen. Bei einfachen Verhältnissen genügt eine einfache Buchhaltung, woraus Inventar sowie Schuld- und Forderungsverhältnisse ersichtlich sind. Auch die Steuerbehörden sind gemäss der bundesgerichtlichen Rechtsprechung verpflichtet, bei gewerblichen Verhältnissen eine einfache Form der Buchführung anzuerkennen.

Die Bilanzaktiven dürfen nur zum Wert eingesetzt werden, der ihnen für das Geschäft zukommt (Art. 960 OR).

Die Geschäftsbücher, die Belege und die Korrespondenzen sind während zehn Jahren vom Tage der letzten Eintragung an aufzubewahren (Art. 962 OR). Bei eventuellen Streitigkeiten können die Geschäftsunterlagen vom Richter herausverlangt werden. Wer die Buchführungs- und Bilanzvorschriften verletzt, kann nach den Bestimmungen des StGB mit Busse oder Gefängnis bestraft werden.

Buchführungs- und Bilanzierungsvorschriften können ein Grund dafür sein, dass sich Geschäftsinhaber dagegen wehren, ihre Firma im Handelsregister eintragen zu lassen. Anderseits sorgen diese Vorschriften für eine gewisse Ordnung. Banken und Geschäftspartner machen zum Beispiel die Aufnahme von Geschäftsbeziehungen oft vom Handelsregistereintrag abhängig.

223 Die Betreibung auf Konkurs

Der im Handelsregister eingetragene Einzelfirmeninhaber unterliegt der Konkursbetreibung. Der Konkurs führt, im Gegensatz zur Betreibung auf Pfändung, wo nur einzelne Vermögenswerte verwertet werden, zur Totalliquidation. Diese wirkt sich für den stark verschuldeten Geschäftsmann vorteilhaft aus, da der Gläubiger nur einen Konkursverlustschein erhält. Der Schuldner kann erst erneut belangt werden, wenn er neues Vermögen erlangt hat.

Bei Pfändungsverlustscheinen können die Gläubiger den Schuldner schon belangen, wenn sein Einkommen über dem Existenzminimum liegt. Von Bedeutung ist der Sachverhalt, dass das nach dem Konkurs vom konkursiten Schuldner erzielte Einkommen vollständig ihm gehört.

Der Vorzug der Betreibung auf Konkurs kann auch freiwillig beansprucht werden. Auch nicht im Handelsregister eingetragene Einzelfirmen und sogar Privatpersonen können die Konkursbetreibung für sich erlangen, indem sie beim Richter die Zahlungsunfähigkeit erklären. Sie geben eine **Insolvenzerklärung** ab, welcher stattgegeben wird, wenn der Schuldner beim zuständigen Richter einen Kostenvorschuss in der Höhe von rund Fr. 2000.– bis Fr. 3000.– hinterlegt.

224 Die Steuern

Die Einzelfirma ist kein selbständiges Steuersubjekt. Die direkten Steuern werden beim Firmeninhaber erhoben. Als Bemessungsgrundlage dient das gesamte Einkommen und Vermögen. Steuerbar sind auch Einkommens- und Vermögensteile, die nicht aus der Einzelfirma stammen.

Im übrigen werden die Steuerfaktoren durch die persönlichen Verhältnisse stark beeinflusst (Wohnort, Zivilstand, Kinderzahl, Konfession).

a) Einkommenssteuern

Die Einkommenssteuer erfasst Einkünfte aus selbständiger Erwerbstätigkeit (Eigenlohn und Gewinn). Diese sind bei der direkten Bundessteuer und bei den Staats- und Gemeindesteuern zusammen mit dem übrigen Einkommen zu versteuern. Problematisch ist, dass die Erhebung der AHV-Beiträge von der rechtskräftigen Veranlagung des Einkommens bei der direkten Bundessteuer ausgeht. Meistens erfolgt die Veranlagung der AHV-Beiträge reichlich spät. Beitragspflichtige, die nicht rechtzeitig genügend flüssige Mittel zur Ablieferung der AHV-Beiträge bereitstellen, erleben oft ein böses Erwachen. Im übrigen ist der nicht rentenberechtigte Teil des Erwerbseinkommens auch mit AHV-Beiträgen behaftet. Da der Beitragspflichtige nie eine direkte Gegenleistung in Rentenform zu erwarten hat, ist dieser Einkommensbestandteil als verdeckte Steuer zu betrachten.

Im übrigen sind folgende steuerliche Sonderfälle zu nennen:

Kapitalbewegungen

Die **Kapitaleinlagen** sind in den meisten Kantonen und bei der direkten Bundessteuer steuerfrei. Steuerliche Folgen entstehen nur in Kantonen, wo private Kapitalgewinne steuerpflichtig sind.

Bei den **Kapitalentnahmen** ist zwischen Bezügen zu Lasten des Kapitalkontos und Bezügen zu Lasten des Geschäftsaufwandes zu unterscheiden. Die ersteren sind steuerfrei, da der Gewinn nicht beeinflusst wird; die letzteren sind steuerbar für Bezüge, die nicht geschäftsmässig begründet sind. Diese werden dem Einkommen als Privatanteil zugerechnet.

Beispiel:

Überhöhte Spesenbezüge, Krankenkassenprämien, Privatanteil der Autospesen usw.

Naturalbezüge

Bei Naturalbezügen stellt der Gesetzgeber auf den Marktwert und nicht auf den Wert ab, den die Einzelfirma diesem Einkommen zumisst. Laut einem Merkblatt der eidgenössischen Steuerverwaltung sind meistens die folgenden Naturalbezüge als steuerpflichtiges Einkommen zu erfassen:

- Warenbezüge aus dem eigenen Geschäft
- Mietwert der Wohnung im eigenen Haus
- Heizung, Strom, Putzmaterial, Privattelefongespräche, Gas, Haushaltartikel
- Löhne für private Bedürfnisse

Privatentnahmen

Privatentnahmen sind steuerlich gleich zu behandeln wie eine vergleichbare Leistung, die nicht dem Unternehmer, sondern einem unabhängigen Dritten zukäme. Die Überführung von Geschäftsvermögen ins Privatvermögen entspricht steuerlich der Veräusserung von Geschäftsvermögen. Bei der direkten Bundessteuer wird die Privatentnahme nach Art. 21/1 lit. d BdBSt als Kapitalgewinn besteuert.

Besteuert wird die Differenz zwischen dem Einkommenssteuerwert (Wert, der den einzelnen Aktiven und Passiven bei der einkommenssteuerrechtlichen Erfolgsermittlung zugemessen wird) und dem Verkehrswert (Wert, der einem Vermögensgegenstand im wirtschaftlichen Tauschverkehr, bei Kauf und Verkauf, unter normalen Verhältnissen beigemessen wird).

Ebenfalls als Privatentnahme wird eine Schenkung von Geschäftsvermögen betrachtet. Der Schenkgeber hat hiefür über die stillen Reserven auf der Schenkung abzurechnen. Die Besteuerung wird aufgeschoben, sofern der Beschenkte buchführungspflichtig ist und das Unternehmen in seiner Buchhaltung zu den Einkommenssteuerwerten weiterführt.

Beispiel einer Privatentnahme

Ein Einzelfirmeninhaber überführt verschiedene Aktiven ins Privatvermögen. Der Verkehrswert beträgt Fr. 120000.–, der Einkommenssteuerwert Fr. 60000.–. Durch diesen Vorgang realisiert er einen steuerpflichtigen privaten Kapitalgewinn von Fr. 60000.–.

Die Steuerbehörden gehen vom verbuchten Sachverhalt aus. Man muss sich deshalb bei der Verbuchung gewisser Geschäfte jeweils Rechenschaft darüber geben, ob der entsprechende Buchungstatbestand zu einer Steuerbelastung führt.

Erbvorbezug

Der ganz oder teilweise unentgeltliche Übergang einer Einzelfirma auf einen pflichtteilsgeschützten oder erbvertraglich eingesetzten Erben wird in der Steuerpraxis als Fortsetzung des Geschäftsbetriebes behandelt.

Die stillen Reserven werden nicht als Einkommen besteuert. Die Besteuerung entsteht nur, wenn beim Erbvorbezug gewisse Aktiven ins Privatvermögen des bisherigen Geschäftsinhabers übertragen werden.

Beispiel eines Erbvorbezuges

Herr A hat zwei Söhne, die im Unternehmen mitarbeiten. Die Frau ist vorverstorben. Herr A tritt das Geschäft als Erbvorbezug seinen zwei Söhnen ab. Sofern die beiden Söhne die Gesellschaft des Vaters zu Buchwerten übernehmen, erfolgt keine Besteuerung der stillen Reserven.

Verpachtung von Geschäftsvermögen

Die Verpachtung einer Einzelfirma löst nur eine Steuerpflicht für den Liquidationsgewinn aus, wenn jede spätere Übernahme des Geschäftes durch den bisherigen Inhaber oder eine diesem nahestehende Person ausgeschlossen ist. Solange jedoch die Möglichkeit der Geschäftsrücknahme besteht, bleiben die Aktiven und Passiven noch an den Geschäftsbetrieb gebunden und bedeuten keine Realisation.

b) Vermögenssteuern

Die Vermögenssteuer wird als Ergänzungssteuer zur Einkommenssteuer in den Kantonen und Gemeinden auf dem Reinvermögen erhoben. Die Bewertung erfolgt in der Regel nach dem Verkehrswert der einzelnen Vermögensobjekte. Bei der Vermögensaufteilung eines Einzelunternehmers sind stets Vermögensobjekte festzustellen, die eindeutig dem Privat- oder dem Geschäftsvermögen zugeteilt werden können.

Beispiele

Fabrikliegenschaften und Produktionsmittel sind eindeutig Geschäftsvermögen. Hausrat und persönliche Gebrauchsgegenstände sowie das private Wohnhaus sind eindeutig Gegenstände des Privatvermögens.

Gewisse Vermögenswerte können jedoch nicht absolut dem Privat- oder dem Geschäftsvermögen zugeteilt werden. Aus der

Praxis wurden hiefür spezielle Zuteilungsregeln entwickelt. Danach ist bei jedem Vermögensobjekt aufgrund der individuellen Situation zu entscheiden, ob es sich um Geschäfts- oder Privatvermögen handelt. Von praktischer Bedeutung hiefür ist die äussere Beschaffenheit eines Gutes. Diese ist jedoch nicht allein massgebend. Aus der Rechtsprechung des Bundesgerichtes sind **Abgrenzungskriterien** entstanden. Danach gehört ein Wirtschaftsgut dann zum Geschäftsvermögen, wenn es für Geschäftszwecke erworben wurde und dem Geschäft tatsächlich dient. Massgebend hiefür sind das Erwerbsmotiv und die Zweckbestimmung. Wenn diese beiden Voraussetzungen vorliegen, handelt es sich stets um Geschäftsvermögen.

Beispiele für Geschäftsvermögen
- Ein Automechaniker hat ein Gebäude erworben und betreibt darin eine Reparaturwerkstätte.
- Ein Personenwagen wurde für einen Handelsreisenden gekauft und wird von diesem hauptsächlich für die Reisetätigkeit benutzt.

Beispiele für Privatvermögen
- Ein Einzelfirmeninhaber erwirbt ein Ferienhaus zu Erholungszwecken für die Familie.
- Ein Motorrad wird lediglich für Vergnügungsfahrten benutzt.

Sofern für gewisse Vermögensobjekte nachträglich eine Zweckänderung eintritt, handelt es sich steuerlich um eine Privatentnahme oder eine Überführung von Privat- in Geschäftsvermögen.

Beispiel
Das für den Reparaturbetrieb erworbene Lokal wird nur noch als Garage für das Privatfahrzeug benutzt. In diesem Fall liegt eine Zweckänderung vor. Es handelt sich um eine Privatentnahme, die steuerliche Konsequenzen nach sich ziehen kann.

Bei der Beurteilung derartiger Fälle ist festzustellen, dass es grundsätzliche Pflicht des Einzelfirmeninhabers ist, Privatentnahmen im Zeitpunkt der Zweckänderung buchhalterisch erkennbar zum Ausdruck zu bringen. Ein Nichtverbuchen dieser Vorgänge kann im strengsten Fall zur Strafsteuerpflicht führen.

c) Die Grundstückgewinnsteuern

Grundstückgewinne entstehen aus der Veräusserung von Geschäftsliegenschaften. Sie werden in den einzelnen Kantonen und Gemeinden unterschiedlich besteuert. In den Kantonen, die die Grundstückgewinnsteuer auf private Liegenschaften beschränken, sind Veräusserungsgewinne auf den Geschäftsliegenschaften den Einkünften aus selbständiger Erwerbstätigkeit zuzurechnen. Sie werden mit der Einkommenssteuer erfasst.

In den übrigen Kantonen unterliegt die Differenz zwischen dem Verkaufserlös und den Anlagekosten der Grundstückgewinnsteuer. Auf den wiedereingebrachten Abschreibungen wird die Einkommenssteuer erhoben.

Bei der **direkten Bundessteuer** sind Veräusserungsgewinne auf Geschäftsgrundstücken nur dann einkommenssteuerpflichtig, wenn sie in einer zur Buchführung nach Obligationenrecht verpflichteten Gesellschaft erzielt werden.

225 *Der Landwirt als Selbständigerwerbender*

In der Schweiz werden nach wie vor die meisten Landwirtschaftsbetriebe als Familienunternehmen geführt. Deshalb sollen auch einige wichtige Anliegen der Landwirtschaft berücksichtigt werden.

Als Landwirt ist zu betrachten, wer Eigentümer oder Pächter eines landwirtschaftlichen Betriebes ist.

Definitionsgemäss bedeutet Landwirtschaft die Nutzung der Bodenkräfte zur Erzeugung pflanzlicher und tierischer Rohstoffe. Sie umfasst Ackerbau, Wiesen- und Weidewirtschaft, Viehzucht, Garten- und Weinbau; auch Jagd- und Fischfang werden zu ihr gerechnet. Ihre beiden Hauptzweige, Bodennutzung und Viehhaltung, ergänzen und fördern sich gegenseitig.

Die Betriebsgrössen bemessen sich nach Ausstattung, Betriebsmitteln, Arbeitskräften und Flächenumfang. Aus Rentabi-

litätsgründen nahmen in den letzten Jahrzehnten die Betriebs-
konzentration und die Spezialisierung zu.

Landwirtschaftsbetriebe sind für sich allein nicht buchführungspflichtig[1]. Das steuerbare Einkommen muss deshalb meistens geschätzt werden.

Für die Schätzungen, die sich zwangsläufig auf Erfahrungs-
zahlen abstützen, ist die Anwendung der sogenannten Netto-
Rohertrags-Methode besonders zweckmässig. Bei der Berech-
nung des **Netto-Rohertrags** geht man vom Wert der gesamten
Bareinnahmen und der Naturalleistungen des Betriebes an den
Haushalt (eingeschlossen Mietwert der eigenen Wohnung des
Betriebsinhabers) sowie des Vieh- und Holzzuwachses aus.

Vom Rohertrag wird sodann der sachliche Betriebsaufwand
abgezogen. Dieser umfasst die Jahresausgaben für den Zukauf
von Saatgut, Futter und Düngemitteln, die Ausgaben für den
Tierarzt, für Schaden-, Haftpflicht- und Unfallversicherungen,
für Treibstoff, Strom- und Wasserverbrauch, für den Unterhalt
von Gebäuden und Geräten sowie die jährlichen Abschreibungen
auf Gebäuden, Vieh und Betriebsinventar. Der Netto-Rohertrag
hält sich für alle Betriebe gleicher Grösse innerhalb des gleichen
Bodennutzungssystems auf ungefähr gleicher Höhe. Er dient
deshalb bei der **Steuerveranlagung** als mittlere Erfahrungszahl.

Zur Ermittlung des steuerbaren landwirtschaftlichen Einkommens werden vom gesamten Netto-Rohertrag die nachgewiese-
nen Kosten für Löhne, Schuld- und Pachtzinsen abgezogen. Die
Lohnausgaben umfassen die tatsächlich ausbezahlten, bei der
AHV gemeldeten Barlöhne und den Geldwert der Naturalleistungen (Selbstkosten für Verpflegung und Wohnung für die auf
dem Betriebe tätigen Personen) exkl. Betriebsinhaber.

Subventionen an Landwirtschaftsbetriebe führen zu einer Verbesserung der Vermögenslage des Betriebsinhabers und stellen
deshalb steuerbares Einkommen dar. Sie können indessen zu Abschreibungen auf den subventionierten Anschaffungen verwendet werden.

---

[1] Auch dann nicht, wenn die jährlichen Roheinnahmen Fr. 100 000.- übersteigen.

Landwirte, deren steuerpflichtiges Einkommen nach den Ertragsnormen festgesetzt wird, erfüllen ihre Aufzeichnungspflicht, indem sie die besonderen amtlichen Fragebogen für Landwirte vollständig und genau ausfüllen und der Veranlagungsbehörde die der Nachprüfung dieser Angaben dienlichen Belege (insbesondere AHV-Abrechnungen, Zinsquittungen, Futterkäufe, Milchabrechnungen usw.) auf Verlangen einreichen.

Verschiedene **Kantone** stellen die Landwirtschaft bezüglich der Besteuerung dem übrigen Gewerbe gleich. Das setzt allerdings voraus, dass eine Buchhaltung geführt oder dass zumindest das Geschäftsergebnis auf einem amtlichen Fragebogen ausgewiesen wird. Davon ausgenommen sind Talbetriebe bis 10 ha und Bergbetriebe bis 20 ha. Der sachliche Aufwand wird mit einer Pauschale berechnet; damit können die Umtriebe sowohl für den Steuerpflichtigen wie für die Veranlagungsbehörde in Grenzen gehalten werden. Für die Festlegung der pauschalen Ertrags- und Aufwandansätze wird der Landwirtschaft ein Mitspracherecht eingeräumt.

23 Die Personengesellschaften

231 Einleitung

Zu den Personengesellschaften des schweizerischen Rechts zählen, nach geltender Auffassung, die einfache Gesellschaft, die Kollektiv- und die Kommanditgesellschaft. Die Mitgliedschaft beruht auf der Persönlichkeit der Teilhaber, auf ihren persönlichen Fähigkeiten und auf ihrer persönlichen Kreditwürdigkeit. Abgrenzungsmerkmale zu den Kapitalgesellschaften sind:
- keine Rechtspersönlichkeit
- nur beschränkte Rechtsfähigkeit
- in der Regel Gesamthandgemeinschaft
- persönliche und solidarische Haftung der Mitglieder

- erschwerte Übertragbarkeit der Mitgliedschaft
- kleiner Mitgliederkreis

Die Personengesellschaft kann handelsrechtlich alle Rechtsformen annehmen, die einer natürlichen Person zum Betrieb eines kaufmännischen Unternehmens offenstehen. Sie tritt als Gesellschaftsunternehmen mit natürlichen und juristischen Personen als Kommanditären in Erscheinung.

Das Innenverhältnis der Personengesellschaften beruht weitgehend auf der Regelung der einfachen Gesellschaft, deren Grundsätze mangels anderer gesetzlicher Bestimmungen oder vertraglicher Vorschriften subsidiär auch für die Kollektiv- und Kommanditgesellschaft zutreffen.

2311 Die Buchhaltung als Besteuerungsgrundlage

Die Mehrzahl der Steuerordnungen in Bund und Kantonen kennt keine steuerrechtliche Buchführungspflicht. Der Kreis der buchführungspflichtigen Unternehmen wird deshalb durch das Obligationenrecht und ergänzend dazu durch die bundesgerichtliche Rechtsprechung bestimmt.

Die Anerkennung der Buchhaltung als taugliches Veranlagungsmittel basiert auf den Grundsätzen ordnungsmässiger Buchführung. Gemäss Art. 957 OR ist nach Art und Umfang des Geschäftes zu bestimmen, welche Bücher zur Feststellung von Vermögen und Einkommen zu führen sind. Die ordnungsgemässe Buchführung bezieht sich auf die buchhalterischen Aufzeichnungen und auf die Beschaffung der erforderlichen Unterlagen (Belege, Auszüge, Abrechnungen usw.). Nicht Bestandteil der Buchhaltung ist die Geschäftskorrespondenz. Als Buchhaltungsunterlagen fallen in Betracht:
- Grundbücher (Kassa-, Postcheck-, Bankbücher zur Erfassung des Zahlungsverkehrs)
- Inventare (Debitoren- und Kreditorenlisten, Wareninventar)
- Hilfsbücher (Lohnbücher, Debitoren-, Kreditoren-, Lagerbuchhaltung usw.)
- Hauptbuchhaltung mit Bilanz und Erfolgsrechnung

Damit die Buchhaltungskontrolle durch die Steuerbehörde gewährleistet ist, sind sämtliche Buchungen durch gültige Belege nachzuweisen. Dadurch soll die Nachprüfung durch einen sachverständigen Dritten (Bücherexperten der Steuerbehörde) sichergestellt sein.

Im übrigen ist die Buchhaltung während 10 Jahren aufzubewahren. Das Gesetz verlangt formell keine doppelte Buchhaltung. Die **Praxis** anerkennt für Gewerbebetriebe eine Buchhaltung als Veranlagungsgrundlage auch dann, wenn lediglich der laufende Zahlungsverkehr verbucht wird. In diesen Fällen sind jedoch vollständige und richtige Inventarlisten zur Ermittlung periodengerechter Geschäftsergebnisse erforderlich.

Das System der doppelten Buchhaltung ist gegenüber der einfachen Buchhaltung wesentlich vorteilhafter, weil es eine leichtere Nachprüfbarkeit und eine bessere Übersicht über den Geschäftsverkehr ermöglicht.

Die Steuerpflichtigen haben Anspruch auf die Veranlagung nach dem Buchhaltungsergebnis, sofern die Buchhaltung beweiskräftig ist. Eine mangelhafte Buchhaltung kann durch die Steuerbehörde als Beweismittel abgewiesen werden.

Dieser Sachverhalt wird nachfolgend durch ein krasses Beispiel dargestellt:

Beispiel, das zur Abweisung der Buchhaltung führt
Herr A bilanziert wie folgt:

	31. Dezember 19.0 Fr.	1. Januar 19.1 Fr.
Angefangene Arbeiten	300 000	
Debitoren	50 000	
Debitoren und angefangene Arbeiten (zusammengefasst in derselben Bilanzposition)		400 000

Durch die angeführte Bilanzierungspraxis werden dem Fiskus Fr. 50 000.– an steuerbarem Einkommen entzogen, da der Gewinn im Jahre 19.0 entsprechend höher ist. Die Abweisung der Buchhaltung als Beweismittel ist gerechtfertigt.

Ein wichtiges Mittel, um die materielle Richtigkeit eines Buchhaltungsergebnisses nachzuprüfen, sind **Erfahrungszahlen**[1].

Durch einen Vergleich wird festgestellt, ob ausserordentliche Abweichungen, zum Beispiel bezüglich der Bruttogewinnmarge, vorliegen. Je nachdem ist die materielle Richtigkeit der Buchhaltungszahlen in Frage zu stellen.

Wenn aufgrund von Erfahrungszahlen die Richtigkeit des Buchhaltungsabschlusses bezweifelt wird, ist zuvor abzuklären, ob beim Steuerpflichtigen besondere Verhältnisse vorliegen, die diese Abweichung erklären. Vorerst erhält der Steuerpflichtige die Möglichkeit, den abweichenden Sachverhalt zu erklären. Sofern die Erklärung plausibel ist, muss die Steuerbehörde eine ordnungsgemäss geführte Buchhaltung anerkennen. Andernfalls wird die Veranlagung nach Erfahrungszahlen unter Wahl des zutreffenden Anknüpfungspunktes und in Abweichung des Buchhaltungsergebnisses vorgenommen.

Im weiteren dienen Erfahrungszahlen bei formell unrichtigen oder fehlenden Buchhaltungen als Veranlagungshilfe. In diesen Fällen wird der Unternehmensgewinn nach Ermessen festgelegt. Der Steuerpflichtige verwirkt die Mitwirkungspflicht im Veranlagungsverfahren; zudem wird ihm eine Ordnungsbusse auferlegt. Die Veranlagung nach Ermessen erfolgt durch Schätzungen. Nebst den Erfahrungszahlen ist auch der Lebensaufwand des Steuerpflichtigen eine Veranlagungshilfe.

Beispiel für eine Veranlagung nach Erfahrungszahlen

Herr A gab seine Erwerbstätigkeit als selbständig Erwerbender auf Ende des Jahres 19.4 auf. Die Buchhaltung der letzten vier Jahre zeigt folgende Zahlen:

---

[1] Es handelt sich um statistische Masswerte, die bestimmte Vergleiche in der Struktur von Erfolgsrechnungen branchenmässig gleicher Unternehmungen zulassen.

Jahr	Honorare Fr.	Personalaufwand Fr.	Bruttogewinn Fr.	% vom Umsatz
19.1	450 000	370 000	80 000	20
19.2	470 000	380 000	90 000	19
19.3	490 000	385 000	105 000	21
19.4	520 000	370 000	150 000	29

Bei der Veranlagung zur Jahressteuer machte die Steuerbehörde geltend, A habe im letzten Geschäftsjahr stille Reserven auf den angefangenen Arbeiten aufgelöst und dadurch einen Kapitalgewinn erzielt. Sie ermittelte den durchschnittlichen Bruttogewinn der letzten vier Geschäftsjahre mit 22% und berechnete den Kapitalgewinn wie folgt:

Buchmässiger Personalaufwand 19.4   Fr. 370 000 = 78%

Soll-Umsatz   Fr. 478 000
Ist-Umsatz   Fr. 520 000
Kapitalgewinn   Fr.   42 000

Dieser Kapitalgewinn musste als Einkommen versteuert werden.

2312 Die Abgrenzung von Geschäfts- und Privatvermögen
Die Unterscheidung zwischen Geschäfts- und Privatvermögen ist für die Besteuerung der Inhaber von Personengesellschaften sehr wichtig. Im Gegensatz zu den Personen- ist bei Kapitalgesellschaften nicht zwischen Geschäfts- und Privatvermögen zu unterscheiden, da sie nur über Geschäftsvermögen verfügen.
Die Abgrenzung von Geschäfts- und Privatvermögen dient folgenden Zwecken:
- Ein Vermögensstandgewinn wird unter Berücksichtigung von Wertveränderungen ermittelt. Es sind jedoch nur Wertvermehrungen und Wertverminderungen des Geschäftsvermögens zu berücksichtigen. Wertveränderungen auf Objekten des Privat-

vermögens fallen für die Gewinnermittlung ausser Betracht. Abschreibungen sind nur auf Geschäftsvermögen zulässig.

Beispiel:
Ein buchführungspflichtiger Unternehmer führt keine Buchhaltung. Aufgrund des in den Steuererklärungen deklarierten Geschäftsvermögens ist in den Jahren 19.1 bis 19.4 eine Vermögenszunahme von Fr. 160000.– festzustellen.
Die Steuerbehörde schätzt nun den Pflichtigen wie folgt ein:

Einkommen laut Vermögenszunahme in den Jahren 19.1 bis 19.4 Fr. 160000.– : 4	Fr. 40000.–
Kosten für den Lebensaufwand nach BIGA-Zahlen	Fr. 20000.–
Steuerbares Einkommen je Jahr	Fr. 60000.–

– Realisierte Vermögensgewinne werden steuerrechtlich verschieden behandelt, je nachdem diese auf Geschäfts- oder Privatvermögen anfallen.
  Realisierte Gewinne auf Geschäftsvermögen sind steuerbar. Private Kapitalgewinne sind nach der Steuergesetzgebung der meisten Kantone und der direkten Bundessteuer steuerfrei.

Beispiel
Ein Geschäftsinhaber erzielt an der Börse Kapitalgewinne. Wenn diese Gewinne mit privatem Vermögen erzielt werden, handelt es sich um sogenannte «steuerfreie private Kapitalgewinne». Wenn nun allerdings die Gewinne aus dem Einsatz von Geschäftsvermögen entstanden sind, muss der Gewinn als Einkommen versteuert werden, da er der Buchführungspflicht unterliegt.
– Im **Sozialversicherungsrecht** wird nur der Gewinn aus dem Geschäftsvermögen zum beitragspflichtigen Erwerbseinkommen gerechnet.
– Die unterschiedliche einkommenssteuerrechtliche Behandlung führt dazu, dass Überführungen vom Geschäftsvermögen ins Privatvermögen steuerlich als Realisation behandelt werden. Die Überführung löst regelmässig die Steuerpflicht für die überführten stillen Reserven aus. Man muss sich des-

halb stets genau überlegen, ob ein Objekt ins Privat- oder Geschäftsvermögen aufzunehmen ist.

232 *Die einfache Gesellschaft (Art. 530 bis 551 OR)*

2321 Einleitung

Die einfache Gesellschaft[1] ist eine personenbezogene Rechtsgemeinschaft, die, meistens ohne ein kaufmännisches Unternehmen zu betreiben, wirtschaftliche oder nichtwirtschaftliche Zwecke verfolgt und deren Teilhaber mit dem gesamten Vermögen primär, unbeschränkt und solidarisch für die Verbindlichkeiten der Gesellschaft haften. Eine Aussengesellschaft ist sie, wenn die gesellschaftsrechtliche Bindung Dritten gegenüber zu erkennen gibt, dass ihre Vertreter im Namen der Gesellschaft handeln.

Die personenbezogene Struktur kommt wie folgt zum Ausdruck:

- Jedes Mitglied hat gleiche Rechte und Pflichten (inkl. Konkurrenzverbot als Bestandteil der Treuepflicht).
- Die Mitgliedschaft ist grundsätzlich nicht übertragbar und unvererblich.
- Beim Ausscheiden eines Teilhabers ist die Auflösung der Gesellschaft vorgesehen.

Die einfache Gesellschaft bietet sich an, wenn man zu zweit oder mit mehreren Personen eine Gesellschaft ohne grosse Formalitäten gründen möchte.

Die einfache Gesellschaft ist oft eine Gelegenheitsgesellschaft mit dem Ziel, ein einmaliges kurzfristiges Geschäft gemeinsam für alle Gesellschafter (vornehmlich Familienunternehmungen) durchzuführen und die Gesellschaft dann zu liquidieren.

Beispiel

Mehrere Baugeschäfte schliessen sich zwecks Erstellung eines Wohnviertels zu einer einfachen Gesellschaft zusammen. Jede

---

[1] Andere Bezeichnungen: Konsortium oder Interessengemeinschaft.

Familie behält ihr eigenes Baugeschäft, nur zur Ausführung des Wohnviertels macht sie gemeinsame Sache mit den andern; ist das Werk vollendet, wird abgerechnet, und die Gesellschaft löst sich auf[1].

Die einfache Gesellschaft entsteht durch formlosen Vertrag mit Dispositionsfreiheit oder durch konkludentes (schlüssiges) Verhalten. Es handelt sich um eine lose geschäftliche Verbindung, die nach aussen keine Rechtspersönlichkeit darstellt.

Als Teilhaber kommen natürliche oder juristische Personen oder auch Personenvereinigungen in Frage. Die Aufnahme eines neuen Gesellschafters bedingt den Abschluss eines neuen Gesellschaftsvertrages.

Vorteile:
- Mit Ausnahme des schriftlichen oder mündlichen Vertrages schreibt das Gesetz keine Formalitäten vor.
- Durch den Zusammenschluss von mehreren Personen oder Firmen steigt die Kreditwürdigkeit, da jeder Beteiligte solidarisch für die gesamte Schuld haftet.
- Nach erreichtem Betriebszweck ist die Auflösung der Gesellschaft ohne weitere Formalitäten möglich.
- Die einfache Gesellschaft als solche ist nicht steuerpflichtig. Jeder Beteiligte versteuert seinen Ertrag aus der Gesellschaft selbst.

Nachteile
- Wegen der Solidarhaftung muss möglicherweise ein Gesellschafter für die ganze Schuld aufkommen, wenn die anderen Gesellschafter nicht zahlungsfähig sind, obwohl ihn kein Verschulden trifft.
- Es ist je nach den vertraglichen Bestimmungen denkbar, dass ein Gesellschafter allein eine Verpflichtung im Namen der Gesellschaft eingeht, die anderen aber dann trotzdem haften müssen.

---

[1] Die Gesellschaft löst sich auf, wenn einer der Gründe nach Art. 545 OR vorliegt oder wenn einer der Gesellschafter den Vertrag nach Art. 546 OR kündigt.

- Der einzelne Gesellschafter ist in seinen Interessen durch das Konkurrenzverbot nach Art. 536 OR eingeengt. Für die Gesellschaft kann dies allerdings von Vorteil sein.
- Die Mitgliedschaft ist nicht übertragbar und daher unverkäuflich.
- Die einfache Gesellschaft kann nicht im Handelsregister eingetragen werden und unterliegt nicht der obligationenrechtlichen Buchführungspflicht. Die Rechtsbeziehungen und Rechtswirkungen beziehen sich deshalb stets auf die beteiligten Gesellschafter. Diese müssen sich somit bewusst sein, dass sie, gemäss Art. 544/3 OR unter Vorbehalt einer anderen Vereinbarung, persönlich und solidarisch für die eingegangenen Verbindlichkeiten haftbar sind.

Da die einfache Gesellschaft oft nur vorübergehend ist, wird die Ausarbeitung eines schriftlich abgefassten Gesellschaftsvertrages[1] in der **Praxis** oft unterlassen. Um jedoch spätere Unannehmlichkeiten zu vermeiden, ist dringend zu empfehlen, die wichtigsten Bestimmungen des Gesellschaftsverhältnisses, insbesondere allfällige Abweichungen von der gesetzlichen Regelung, in einem schriftlichen Gesellschaftsvertrag festzuhalten. Zu regeln sind zum **Beispiel** die folgenden Punkte:
- Aufteilung von Gewinn und Verlust
- Stimmrechtsverhältnisse
- Geschäftsführungskompetenzen
- Auflösung der Gesellschaft
- Kapitalbeteiligung
- Fortsetzung der Gesellschaft über den Tod eines Gesellschafters hinaus

Die **Steuerpflicht** fällt bei der einfachen Gesellschaft am Hauptsteuerdomizil an, sofern ständige Anlagen und Einrichtungen vorhanden sind. In diesen Fällen kommt der einfachen Gesellschaft die Eigenschaft einer Betriebsstätte zu. Die Beteiligung an der einfachen Gesellschaft stellt ein Spezialsteuerdomizil dar. Die Steuerausscheidung erfolgt gleich wie beim Einzelkaufmann, der ausserhalb seines Wohnsitzkantons einen Geschäftsbetrieb führt.

[1] Siehe Anhang 1.

Der Kanton, in dem sich die Tätigkeit der Gesellschaft abwickelt, kann demzufolge einen Anteil des Gesellschafters am Kapital und am Gewinn besteuern. In den übrigen Fällen stellt die Beteiligung an einer einfachen Gesellschaft ein Nebensteuerdomizil dar. Das Einkommen und Vermögen werden am Wohnsitz oder am Sitz der Gesellschaft besteuert.

Nach einer bundesgerichtlichen Rechtsprechung wird die einfache Gesellschaft bei der **Warenumsatzsteuer** steuerrechtlich als eigenes Steuersubjekt betrachtet. Wenn die Steuerschulden nicht bezahlt werden, haften die Gesellschafter solidarisch hiefür.

Die nachfolgende **Übersicht** enthält zusammengefasst die wichtigsten Punkte, die bei der einfachen Gesellschaft zu beachten sind:

Mindestzahl der Gesellschafter	zwei
Festlegung der Gesellschaftsstruktur	in Gesellschaftsvertrag
Formvorschriften bei der Gründung	keine
Rechtspersönlichkeit	keine
Firma	Die einfache Gesellschaft hat keine eigene Firma. Die Geschäfte werden unter dem Namen eines der Gesellschafter oder im Namen aller oder mehrerer Gesellschafter getätigt.

Haftung für die Gesellschaftsschulden	Sie ist nicht gesellschaftsrechtlich, sondern nach den Grundsätzen über die Stellvertretung geregelt. Wer, wenn auch für die Gesellschaft, nach aussen in eigenem Namen auftritt, haftet nur persönlich. Werden die Geschäfte nach aussen im Namen der Gesellschafter getätigt, so haften mangels anderer Abreden die Gesellschafter dem Dritten solidarisch.
Geschäftsführung	Mangels anderer Abrede oder Gesellschaftsbeschluss steht die Geschäftsführung allen Gesellschaftern zu. Jeder kann ohne Mitwirkung der andern handeln, solange nicht ein ebenfalls zur Geschäftsführung befugter Gesellschafter Einspruch erhebt.
Vertretung nach aussen	Es gelten die Grundsätze nach Art. 32 bis 40 OR über die vertragliche Stellvertretung.

2322 Die stille Gesellschaft

Wenn das Gesellschaftsverhältnis nach aussen nicht in Erscheinung tritt, liegt, als Abart der einfachen Gesellschaft, eine stille Gesellschaft vor, die regelmässig wirtschaftliche Ziele verfolgt.

Es wird vereinbart, dass nur eine Person als Partner im Verkehr mit Dritten auftritt, während die stillen Partner nur intern an der Gesellschaft beteiligt sind. Nach aussen haftet nur der geschäftsführende Partner, während die stillen Partner lediglich gesellschaftsintern, laut den vertraglichen Abmachungen, gegenüber den Partnern rechtlich verpflichtet werden können.

Das Gesetz enthält keine Vorschriften über die stille Gesellschaft, deshalb ist der Anteil der stillen Teilhaber am Verlust besonders zu regeln. Sofern nichts anderes vereinbart ist, hat jeder Gesellschafter gleichen Anteil am Gewinn oder Verlust. Wenn stille Teilhaber nur mit einer Kapitaleinlage beteiligt und nicht aktiv tätig sind, ist eine Verabredung, der stille Teilhaber habe einen Verlustanteil zu tragen, gemäss Art. 533/3 OR nicht gültig.

Zwischen der stillen Gesellschaft und der Kommanditgesellschaft besteht eine gewisse Ähnlichkeit. Die Position des Geschäftsinhabers ist mit derjenigen des Komplementärs vergleichbar. Er hat nach aussen die alleinige Verfügungsgewalt über die Einlage des stillen Teilhabers. Rechtlich ist die Kapitaleinlage des stillen Teilhabers als Eigenkapital zu betrachten.

Die Auflösung des Gesellschaftsverhältnisses führt nicht zur Vermögensliquidation, sondern nur zur Abfindung der stillen Teilhaber für die Kapitalanteile. Bei Auflösung der Gesellschaft können die stillen Teilhaber bei der Erstellung der Auseinandersetzungsbilanz mitwirken. Der Abfindungsanspruch bezieht sich auf das gesamte Gesellschaftsvermögen.

Die stille Gesellschaft wird in der **Praxis** gelegentlich mit dem Darlehen[1] verwechselt. Zur Unterscheidung mögen die folgenden Merkmale dienen:

- Den stillen Teilhabern kommt die Möglichkeit zu, die Geschäftsführung des Partners laufend zu überwachen und zu beeinflussen, namentlich durch die Möglichkeit des Zustimmungsrechts bei ausserordentlichen Geschäften.
- Die Partner können über Verwendungszweck und Bilanzierung der stillen Einlage mitbestimmen.
- Die längere Kündigungsfrist. Der Gesellschaftsvertrag ist laut Art. 546/1 OR auf sechs Monate kündbar. Beim Darlehensvertrag ist eine Kündigung auf sechs Wochen möglich (Art. 318 OR).
- Wesentliches Merkmal der stillen Gesellschaft ist die Verlustbeteiligung. Das Darlehen kann im Verlustfall als echte Forderung geltend gemacht werden.
- Das Darlehen ist verzinslich, sofern dies im Vertrag vereinbart wurde.

---

[1] Das Darlehen beruht auf vertraglicher Grundlage. Es ist gekennzeichnet durch die vertragliche Vereinbarung und die gegenseitige Verpflichtung auf Darlehenshingabe und -rückzahlung.

Die **stille** Gesellschaft kann nicht ein steuerpflichtiges Unternehmen sein, da sie nach aussen nicht in Erscheinung tritt. Die Umsätze sind dem oder den Gesellschaftern zuzurechnen, die sie in eigenem Namen erbringen.

Die nachfolgende **Übersicht** enthält zusammengefasst die wichtigsten Punkte, die bei einer stillen Gesellschaft zu beachten sind:

Rechtsregeln	Art. 530 bis 551 OR, besonders Art. 535, 540, 541, 543
Mindestzahl der Gesellschafter	zwei
Festlegung der Gesellschaftsstruktur	in Gesellschaftsvertrag
Formvorschriften bei der Gründung	keine
Rechtspersönlichkeit	keine
Firma	keine Der stille Gesellschafter tritt nicht nach aussen in Erscheinung, sondern ist nur intern am Erfolg oder Misserfolg der Gesellschaft beteiligt.
Haftung für die Gesellschaftsschulden	Der stille Gesellschafter haftet nicht nach aussen.
Geschäftsführung	Der stille Gesellschafter nimmt an der Geschäftsführung nicht teil. Er hat aber ein unabdingbares Recht auf Einsichtnahme in die Geschäftsangelegenheiten.
Vertretung nach aussen	Sie steht dem stillen Gesellschafter nicht zu.

2323 Das Partizipationsgeschäft

Beim Partizipationsgeschäft vereinbaren einige Partner die gemeinsame Durchführung eines gewinnversprechenden Geschäftes, um nach seiner Abwicklung den Gewinn im vereinbarten Verhältnis zu verteilen. Bekannt sind in der **Praxis** insbesondere die Metà-Geschäfte, bei denen zwei Gesellschafter zu gleichen Teilen mit hälftiger Beteiligung eine Transaktion durchführen. Wenn mehr als zwei Partizipanten vorhanden sind, wird in der Regel ein Partizipationsführer mit der Durchführung des Geschäftes beauftragt.

Beispiel

Ein Spekulant kauft in der Umgebung einer Stadt ein grosses Grundstück, von dem die Partizipanten glauben, es werde in einiger Zeit baureif. Das Grundstück wird in kleinere Teile (Parzellen) zerlegt, und diese werden für gemeinsame Rechnung zu einem vorteilhaften Preis verkauft. Wenn dies gelingt, wird über das Partizipationsverhältnis abgerechnet und der Gewinn verteilt.

Partizipationsgeschäfte werden häufig auch für **Börsengeschäfte** verwendet. Nach aussen ist die Partizipation nicht ersichtlich. Die einzelnen Partizipanten handeln in jedem Fall in ihrem eigenen Namen.

2324 Das Baukonsortium

Grosse Bauausführungen übersteigen oft der Grösse und der Komplexität der Arbeit wegen die Möglichkeiten eines einzelnen Familienunternehmens. Deshalb schliessen sich mehrere Bauunternehmungen zwecks Errichtung eines gemeinsamen grösseren Bauwerkes zu einem Baukonsortium nach den obligationenrechtlichen Bestimmungen der einfachen Gesellschaft zusammen. Die meisten gesetzlichen Bestimmungen bedeuten jedoch ergänzendes Recht und sind von den Beteiligten durch einen Konsortialvertrag abänderbar.

Die vom Konsortium auszuführenden Arbeiten werden meistens von Unternehmen verschiedener Kantone übernommen. Grossbaustellen ziehen sich über eine Dauer von mehreren Jahren hin und beinhalten verschiedene Einrichtungen wie Baubaracken, Geleiseanlagen usw. Sofern einem der beteiligten Unternehmen im Kanton der Baustelle eine Betriebsstätte[1] zukommt, werden die auf diese Unternehmung entfallenden Gewinne besteuert.

Die Anteile am Konsortium sind in die Steuerausscheidung einzubeziehen. Die Tätigkeit des Baukonsortiums wird bei umfangreichem Geschäftsverkehr buchhalterisch in einer selbständigen Rechnung erfasst. Die Kapitalanteile am Baukonsortium sind stets separat[2] in der Buchhaltung der Konsorten auszuweisen. Zur Bilanzierung dieser Kapitalanteile in der Bilanz des Konsorten bieten sich folgende Möglichkeiten an:

a) Ausweis als Anteil am Vermögen und an den Schulden des Baukonsortiums.

b) Ausweis als Anteil an den einzelnen Positionen der Konsortialbilanz.

c) Summarischer Ausweis als Kapitalanteil am Baukonsortium.

Bei wenig Geschäftsverkehr können die buchungspflichtigen Geschäftsfälle auch in den Konten der Konsorten verbucht werden.

Ein latentes Engagement aus der Solidarhaftung gemäss Art. 544/3 OR ist unter dem Bilanzstrich als Bilanzanmerkung auszuweisen.

233 Die Kollektivgesellschaft (Art. 552 bis 593 OR)

2331 Vor- und Nachteile

Die Kollektivgesellschaft ist ein Zusammenschluss von zwei oder mehreren natürlichen Personen mit dem Zweck, ein kaufmännisches Unternehmen unter einer gemeinsamen Firma mit

---

[1] Als Betriebsstätte eines Unternehmens gilt eine ständige Geschäftseinrichtung, in welcher ein qualitativ oder quantitativ wesentlicher Teil der Tätigkeit eines Unternehmens ausgeübt wird.
[2] Aus Gründen der Bilanzklarheit nicht als Beteiligung auszuweisen.

unbeschränkter[1] solidarischer[2] und subsidiärer[3] Haftung sämtlicher Gesellschafter zu betreiben. Der Gesellschaft kommt keine eigene Rechtspersönlichkeit zu, im Verkehr mit Dritten kann sie jedoch ähnlich wie eine juristische Person[4] auftreten. Sie kann Rechte erwerben, Verbindlichkeiten eingehen, vor Gericht klagen und verklagt werden, betreiben und betrieben werden.

Die Gesellschafter können sich für die Schulden der Gesellschaft verbürgen. Die Kollektivgesellschaft haftet für den Schaden aus unerlaubten Handlungen durch ihre Organe.

Das Obligationenrecht unterscheidet zwischen zwei Arten von Kollektivgesellschaften, einer **kaufmännischen und einer nichtkaufmännischen.** Die letztere fällt als Rechtsform eines Unternehmens ausser Betracht, da sie nicht für wirtschaftliche Zwecke vorgesehen ist.

Die nachfolgenden Ausführungen beziehen sich deshalb auf die kaufmännische Kollektivgesellschaft. Sie ist durch einen formlosen Vertrag entstanden und buchführungspflichtig.

Der Eintrag in das Handelsregister und ein besonderer Gründungsakt sind für das Entstehen dieser Kollektivgesellschaft nicht erforderlich. Der Handelsregistereintrag hat keine konstitutive Wirkung. Als Gesellschafter sind nur natürliche Personen zugelassen.

Für die Auflösung der Gesellschaft gilt das Recht der einfachen Gesellschaft; die Fortsetzung der Gesellschaft nach dem Tod oder dem Ausscheiden eines Gesellschafters ist durch vertragliche Vereinbarung möglich.

---

[1] Die Gesellschafter haften auch mit dem gesamten Privatvermögen.

[2] Jeder einzelne Gesellschafter haftet den Gläubigern für die Erfüllung sämtlicher Gesellschaftsschulden; ein neu eingetretener Gesellschafter auch für die vor seinem Beitritt entstandenen Verbindlichkeiten.

[3] Der einzelne Gesellschafter kann erst persönlich belangt werden, wenn über die Gesellschaft der Konkurs eröffnet oder diese erfolglos betrieben wurde. Die subsidiäre Haftung ist aufgehoben, wenn sich ein Gesellschafter persönlich gegenüber bestimmten Gläubigern solidarisch verbürgt. Dadurch kann ein Gläubiger den Solidarbürgen vor der Kollektivgesellschaft belangen.

[4] Nach herrschender Auffassung ist die Kollektivgesellschaft keine juristische Person, sondern eine Gesamthandgemeinschaft, die in mancher Hinsicht wie eine juristische Person behandelt wird.

Die Gesellschaft kann in eigenem Namen Rechte erwerben und sich verpflichten. Grundstücke sind auf den Namen der Gesellschaft im Grundbuch registrierbar. Die Rechtsbeziehungen der Gesellschafter untereinander richten sich primär nach dem Gesellschaftsvertrag und sekundär nach dem Gesetz.

Die Partner können sich über das Gesellschaftsverhältnis mündlich einigen. Die Erfahrung zeigt, dass der durch einen Fachmann geprüfte und auf die jeweiligen Verhältnisse abgestimmte schriftliche Gesellschaftsvertrag[1] nur zu empfehlen ist. Dadurch entstehen klare und beweisbare interne Rechtsverhältnisse. Zwistigkeiten werden im Keime erstickt.

Vorteile
- Die Gesellschaft ist im Aussenverhältnis Trägerin von Rechten und Pflichten.
- Der Entscheidungsweg ist einfach, sofern nicht zu viele Gesellschafter mitwirken.
- Die Kreditmöglichkeiten sind gut, sofern die Gesellschafter noch über persönliches Vermögen verfügen.
- Der Gründungsvorgang ist einfach: ein formloser Vertrag zwischen den Gesellschaftern und die Anmeldung an das Handelsregister genügt.

Nachteile
- Die Solidarhaftung führt dazu, dass möglicherweise ein Gesellschafter allein für die gesamten Gesellschaftsschulden aufkommen muss.
- Durch die Kollektivgesellschaft ist man relativ eng mit einem Geschäftspartner verbunden. Wenn sich die Zusammenarbeit nicht in der gewünschten Richtung entwickelt, können harte Auseinandersetzungen den Fortbestand der Gesellschaft gefährden. Die Zweimannführung bei einer Kollektivgesellschaft wird von der Organisationslehre als unbefriedigend gewertet, da die Gefahr von Meinungsverschiedenheiten gross ist; dies könnte das weitere Gedeihen der Gesellschaft gefährden.

[1] Siehe Anhang 2.

- Beim Austritt eines Gesellschafters sind oft schwierige vermögensrechtliche Probleme zu lösen, da das Eigenkapital auf 6 Monate kündbar ist.
- Die Weiterführung der Gesellschaft ist unter Umständen in Frage gestellt.
- Die Produktionsfaktoren Arbeit und Kapital sind nicht sauber getrennt.

2332 Geschäftsführung

Von Gesetzes wegen sind grundsätzlich sämtliche Gesellschafter zur Geschäftsführung berechtigt und verpflichtet[1]. Diese Möglichkeit birgt die Gefahr der uneinheitlichen Willensbildung in sich. Der Gesellschaftsvertrag kann daher nach Art. 563 OR durch Handelsregistereintrag auf einen einzigen Gesellschafter beschränkt werden. In der **Praxis** dürften jedoch die übrigen Gesellschafter in den wenigsten Fällen bereit sein, auf eine Teilnahme an der Geschäftsführung zu verzichten und dennoch die volle finanzielle Mitverantwortung zu tragen. Interne Beschränkungen bezüglich der Geschäftsführung sind nach Art. 564/2 OR gegenüber gutgläubigen Dritten nicht gültig.

Nach dem Gesetz ist die Mitgliedschaft bei der Kollektivgesellschaft nicht übertragbar. Deshalb kann in einem Vertrag die Bestimmung aufgenommen werden, dass auch nach dem Ausscheiden oder Tod eines Gesellschafters die Gesellschaft mit den Erben weiterbestehen soll. Den Erben kann auch vertraglich das Recht auf Vorschlag eines Nachfolgers eingeräumt werden. In diesem Falle sind die übrigen Erben von der Geschäftsführung auszuschliessen und finanziell abzufinden. Daher sind gewisse Eigenkapitalbestandteile auch während der Dauer des Gesellschaftsverhältnisses mit dem Risiko der Rückzahlung belastet.

Das Vermögen der Kollektivgesellschaft ist als Sondervermögen verselbständigt und steht den Gesellschaftern gesamthandschaftlich zu. Jeder Gesellschafter hat einen Beitrag zu leisten.

---

[1] Die Geschäftsführung und Vertretung der Gesellschaft nach aussen kann durch einen entsprechenden Eintrag im Handelsregister auf einzelne Personen beschränkt werden.

Die Kollektivgesellschaft ist zum Eintrag in das Handelsregister und damit zur Buchführung gemäss den allgemeinen Buchführungsbestimmungen verpflichtet. In der Bilanz sind die Kapitalanteile der Gesellschafter auszuweisen. Im übrigen ist laut den Bestimmungen von Art. 558 ff. OR eine Gewinn- und Verlustrechnung zu erstellen.

2333 Gesellschaftsvermögen und -kapital

Das **Eigenkapital** der Kollektivgesellschaft ergibt sich primär aus dem Gesellschaftsvertrag (Art. 531 OR).

Jeder Teilhaber hat eine Kapitalsumme zu leisten, deren Höhe vertraglich festzulegen ist. Nach Art. 560/2 OR und bundesgerichtlicher Rechtsprechung sind die Gesellschafter nicht verpflichtet, höhere Einlagen zu leisten, als dies im Vertrag vorgesehen ist. Durch Verlust verminderte Einlagen sind nicht zu ergänzen. Im weiteren wird das Eigenkapital auch durch die Bestimmungen über die finanziellen Ansprüche der Teilhaber auf Zins, Gewinnanteil sowie die Regelung der Abfindung beim Ausscheiden beeinflusst.

Die vertraglich vereinbarten Honorare für die Arbeitsleistung sowie der Zins auf den Kapitaleinlagen (ohne besondere Vereinbarung beträgt dieser laut Art. 558/2 OR 4%) können unabhängig vom Geschäftsergebnis auszurichten und zu beziehen sein, da sie als Gesellschaftsschulden gelten. Laut Art. 560/1 OR kann ein allfälliger Gewinnanteil nur bezogen werden, sofern die ursprünglichen Einlagen nicht durch Verluste vermindert wurden.

Nicht bezogene Honorare, Zinsen und Gewinnanteile dürfen nur bei Einverständnis der übrigen Teilhaber zur Erhöhung der Kapitaleinlagen verwendet werden. Da die Bewertungsvorschriften im Gesetz nicht definiert werden (Art. 960 OR stellt nur fest, dass die Bewertung der Aktiven und Passiven zum Geschäftswert zu erfolgen hat), sind ergänzende Bestimmungen zur Bewertung im Gesellschaftsvertrag zu empfehlen. Da das Gesetz keine Selbstfinanzierung der Kollektivgesellschaft vorschreibt, ist zum Beispiel eine vertragliche Bestimmung, einen Teil des Reingewinnes einem Reservekonto zuzuweisen, sinnvoll.

Die von den Gesellschaftern eingebrachten oder von der Gesellschaft erworbenen Vermögenswerte stehen im Gesamteigentum der Gesellschafter[1].

2334 Die Steuern

Steuerlich wird die Kollektivgesellschaft in der Regel nicht als eigenes Steuersubjekt betrachtet. Jeder Teilhaber ist für seinen Anteil an Einkommen und Vermögen selbständig steuerpflichtig. Das **Bundesgericht** hat durch seine Rechtsprechung Kollisionsnormen[2] entwickelt.

Die nachfolgenden Ausführungen beziehen sich auf im Handelsregister eingetragene und damit buchführungspflichtige Gesellschaften. Bei nichtbuchführungspflichtigen Gesellschaften werden bei der direkten Bundessteuer und in den meisten Kantonen Kapital und Liquidationsgewinne nicht besteuert.

Der einzelne Gesellschafter eines buchführungspflichtigen Unternehmens ist an seinem Wohnort (Mittelpunkt der Lebensbeziehungen) unbeschränkt steuerpflichtig.

Die wirtschaftliche Zugehörigkeit, begründet durch den Sitz der Gesellschaft, führt zu einer beschränkten Steuerpflicht am betreffenden Ort. Dieser Ort führt unter Umständen zu einem Nebensteuerdomizil[3] des betreffenden Steuerpflichtigen[4].

a) Die Einkommenssteuern

Als Einkommen müssen die Gesellschafter Saläre, Zinsen auf den Kapitaleinlagen und Gewinnanteile versteuern. Die Anteile am Gesellschaftsgewinn und die Zinsen sind von den einzelnen Gesellschaftern am Wohnsitz zu versteuern.

---

[1] Das Gesamthandprinzip stellt sicher, dass das Gesellschaftsvermögen ein vom Privatvermögen der Gesellschafter getrenntes Sondervermögen ist, das vom einzelnen Gesellschafter nicht veräussert werden darf.

[2] Eigenes Steuersubjekt ist die Kollektivgesellschaft für die Warenumsatzsteuer und die direkte Bundessteuer auf Rückvergütungen und Rabatten sowie für die Rückforderung der Verrechnungssteuer.

[3] Für die Kantone verbindliche Ausscheidungsregeln.

[4] Das kann auch durch eine ständige Geschäftseinrichtung begründet sein. Sofern Sitz der Gesellschaft und Wohnsitz des Gesellschafters identisch sind, ist nicht zwischen Haupt- und Nebensteuerdomizil zu unterscheiden.

Für die Besteuerung ist es unerheblich, ob Beträge, die der Einkommenssteuer unterliegen, ausbezahlt oder nur gutgeschrieben wurden.

Beispiel

Nach Art. 560 OR ist ein Gewinnanteil erst wieder auszahlbar, wenn die durch einen Verlust entstandene Verminderung der Kapitalanteile ausgeglichen wurde. Wenn nun der Kapitalanteil des Gesellschafters A von Fr. 60 000.– durch Verluste auf Fr. 45 000.– vermindert wurde, ihm jedoch im nächsten Geschäftsjahr ein Gewinnanteil von Fr. 15 000.– zukommt, so darf dieser Gewinnanteil zwar nicht ausgeschüttet werden, er stellt jedoch steuerpflichtiges Einkommen des Kollektivgesellschafters dar.

Die Gewinnanteile und Zinsen sind am Geschäftssitz der Kollektivgesellschaft zu versteuern. Am Wohnsitz ist das Salär steuerbar.

Durch eine geschickte Wahl des Geschäfts- bzw. Wohnortes kann ein vorhandenes Steuergefälle zwischen zwei Kantonen oder Gemeinden besser ausgenützt werden.

b) Die Vermögenssteuern

Das Vermögen wird für die Vermögenssteuer zum Verkehrswert (Buchwert und stille Reserven) bewertet.

Wichtig ist die klare Unterscheidung zwischen Geschäfts- und Privatvermögen. Sie kann im allgemeinen bei der Kollektivgesellschaft klarer und eindeutiger vorgenommen werden als bei der Einzelfirma, weil die Möglichkeit besteht, dass der Gesellschafter mit der Gesellschaft Vertragsgeschäfte abwickelt. Es sind jedoch Fälle denkbar, wo Eigentum und Nutzung auseinanderfallen, indem zum Beispiel Gesellschaftsvermögen von Gesellschaftern privat genutzt wird.

Zur genauen Beurteilung, ob ein Vermögensobjekt Privat- oder Geschäftsvermögen sei, bestehen zwei verschiedene Auffassungen:

Die einen stellen auf die zivilrechtlichen Verhältnisse ab, die andern auf die wirtschaftliche Zweckbestimmung. Die bundesgerichtliche Rechtsprechung stellt auf beide Auffassungen ab.

Ein wichtiges Kriterium ist, ob ein Vermögensobjekt entgeltlich oder unentgeltlich genutzt wird.

Wenn zum Beispiel ein Gesellschafter das Vermögensobjekt der Gesellschaft gegen ein angemessenes Entgelt überlässt, handelt es sich um Privatvermögen. Es liegt ein Rechtsgeschäft vor, das auch mit Dritten abgeschlossen werden könnte. Überlässt dagegen der Gesellschafter der Gesellschaft ein Vermögensobjekt gratis oder nur gegen ein unangemessen tiefes Entgelt zur Nutzung, so gehört es zum Geschäftsvermögen.

Beispiel
Die Kollektivgesellschafter A und B betreiben eine Autogarage. Als Eigentümer sind beide Gesellschafter im Grundbuch eingetragen. Die Liegenschaft wird der Gesellschaft unentgeltlich zur Verfügung gestellt. Es handelt sich um Geschäftsvermögen.

Zum Gesellschaftsvermögen gehören Objekte, die im Namen der Gesellschaft erworben wurden bzw. gehalten werden. Bei Liegenschaften ist zum Beispiel der Grundbucheintrag massgebend. Bei beweglichen Objekten geben normalerweise die Verträge Auskunft, ob eine Zurechnung zum Gesellschaftsvermögen zu erfolgen hat. Wichtiges Indiz für die Beurteilung ist die Buchhaltung der Gesellschaft. Wenn die Objekte nicht eindeutig als Geschäftsvermögen feststehen, zum Beispiel Renditehäuser, Wertschriften, können nötigenfalls weitere Indizien wie Erwerbsmotiv, Mittelherkunft, Verpfändung usw. herangezogen werden. Insbesondere die Finanzierung aus Gesellschaftsmitteln führt zu der Auffassung, dass ein Objekt als Gesellschaftsvermögen zu betrachten sei.

Die nachfolgende **Übersicht** enthält zusammengefasst die wichtigsten Punkte, die bei einer Kollektivgesellschaft zu beachten sind:

Rechtsregeln	Art. 552 bis 593 OR
Mindestzahl der Gesellschafter	zwei

Festlegung der Gesell-schaftsstruktur	in Gesellschaftsvertrag
Formvorschriften bei der Gründung	Eintrag ins Handelsregister
Rechtspersönlichkeit	ja
Firma	Sie muss entweder die Namen aller Gesellschafter enthalten oder wenigstens den Familiennamen eines der Gesellschafter und einen das Gesellschaftsverhältnis andeutenden Zusatz, zum Beispiel: & Cie, Gebrüder X, A Söhne. Die Firma muss sich, nötigenfalls durch Zusätze, von jeder andern am gleichen Ort eingetragenen Gesellschaft unterscheiden.
Haftung für die Gesell-schaftsschulden	Alle Gesellschafter haften solidarisch für die Schulden der Gesellschaft, und zwar mit ihrem ganzen Vermögen.
Geschäftsführung	Es gelten die Grundsätze der einfachen Gesellschaft. Sofern nicht durch Gesellschaftsvertrag oder durch Gesellschaftsbeschluss etwas anderes bestimmt ist, steht sie allen Gesellschaftern zu.
Vertretung nach aussen	Jeder einzelne Gesellschafter ist grundsätzlich zur Vertretung berechtigt. Ausschluss einzelner Teilhaber davon oder Kollektivvertretung können vereinbart werden, sind aber im Handelsregister einzutragen.

2341 Vor- und Nachteile

Die Kommanditgesellschaft ist ein Zusammenschluss mehrerer Personen zur Führung eines Unternehmens, wobei mindestens ein Gesellschafter als Komplementär **unbeschränkt** und mindestens einer als **Kommanditär** nur beschränkt mit der im Handelsregister eingetragenen Kommanditsumme haftet[1]. Da die persönliche Haftung entfällt, können auch juristische Personen und Handelsgesellschaften als Kommanditäre auftreten.

Wirtschaftlich betrachtet kommt die Kommanditgesellschaft den Kapitalgesellschaften nahe. Durch die Kommanditäre tritt das Element der persönlichen Arbeitsleistung regelmässig zugunsten einer blossen Kapitalbeteiligung in den Hintergrund, und das Kommanditkapital stellt eine Art festes und gegen willkürliche Verminderung geschütztes Grundkapital dar[2].

Die Kommanditgesellschaft entsteht gleich wie die Kollektivgesellschaft und ist dieser auch bezüglich ihrer beschränkten Rechtsfähigkeit gleichgestellt.

Die Firma darf nur den Eigennamen der unbeschränkt haftenden Gesellschafter mit einem das Gesellschaftsverhältnis andeutenden Zusatz enthalten (Art. 947/3/4 OR). Sind die Eigennamen von Kommanditären in der Firmenbezeichnung enthalten, werden sie zu unbeschränkt haftenden Gesellschaftern (Art. 607 OR). Der Ein- und Austritt von Kommanditären (exkl. der einzige Kommanditär) führt nicht zu einer Firmenänderung.

Die **Geschäftsführung** steht dem Komplementär zu. Kommanditäre vertreten gegenüber der Gesellschaft meistens nur finanzielle Interessen; das Gesetz schliesst sie von der Geschäftsführung aus. Es ist allerdings nicht untersagt, einem Kommanditär die Prokura oder Handlungsvollmacht zu erteilen. Wenn er nicht ausdrücklich als blosser Stellvertreter der Gesellschaft auftritt,

---

[1] Für vor dem Handelsregistereintrag abgeschlossene Geschäfte haftet der Kommanditär wie ein unbeschränkt haftender Gesellschafter.

[2] Der Kommanditär hat kein Widerspruchsrecht gegen Handlungen, die zum gewöhnlichen Geschäftsbetrieb gehören, und ein bescheidenes Einsichtsrecht in die Jahresrechnungen und in die Geschäftsbücher.

wird er gutgläubigen Dritten gegenüber aus diesem Geschäft unbeschränkt haftbar wie ein Kollektivgesellschafter (Art. 655 OR).

In der **Praxis** werden gelegentlich die Nachkommen von Komplementären als Kommanditäre aufgenommen, bevor diese mündig sind. Hiefür ist jedoch die Zustimmung des Beistandes oder der Vormundschaftsbehörde notwendig.

Für die Beteiligung der Kinder an einer Familiengesellschaft ist die Kommanditgesellschaft geeignet. Die Kinder müssen nur ihre Kapitaleinlagen leisten, zu weiteren Zahlungen kann man sie nicht verpflichten, auch wenn die Gesellschaft in Konkurs gerät. Die Kommandite wird den Kindern oft als Schenkung oder als ausgleichspflichtiger Vorempfang zugewiesen. Wenn die Kinder zu Lebzeiten des Vaters zu Kommanditären werden, kann der Gesellschaftsvertrag im Falle des Ablebens des Vaters vorsehen, dass die Kinder bei Mündigkeit, Neigung und Eignung zu Komplementären werden.

Bei der Kommanditgesellschaft gelten die gleichen **Vor- und Nachteile** wie bei der Kollektivgesellschaft. Zusätzlich zu erwähnen sind:

Vorteile:
- Durch die Kommanditgesellschaft besteht die Möglichkeit, zusätzliches Eigenkapital aufzunehmen, ohne dass der Gesellschafter auch persönlich in der Gesellschaft mitarbeiten muss. Die Vorteile der Personengesellschaft sind mit jenen der Kapitalgesellschaft verbunden. Die Kapitalbeschaffung durch Aufnahme neuer Kommanditäre ist wegen der beschränkten Haftung oft nicht sehr schwierig. Die Kapitalbasis lässt sich durch neue Kommanditeinlagen erheblich erweitern, was sich letztlich auch auf die Kreditfähigkeit der Gesellschaft positiv auswirken kann.
- Die Kommanditäre sind von der Geschäftsführung ausgeschlossen, und ihre Kontrollrechte sind relativ gering, da eine Kontrollstelle nicht vorgeschrieben wird. Allerdings zeigt die **Praxis,** dass entsprechend dem Umfang der Kapitalbeteiligung die Kommanditäre einen grossen, oft sogar beherrschenden Einfluss auf die Gesellschaft ausüben.

- Für die Kommanditäre ist das Risiko klar begrenzt; sofern die im Handelsregister eingetragene Summe einbezahlt wurde, erfolgt kein weiterer Rückgriff auf das Privatvermögen.

Nachteile:
- Im Konkursfall sind die Kommanditäre schlechter gestellt als die Darlehensgläubiger, da erst Anspruch auf die Einlage besteht, wenn alle Gläubiger bezahlt wurden.
- Das Verhältnis von Unternehmensleitung und Kapitaleinfluss ist in der Kommanditgesellschaft eine besonders schwierige Frage. Deshalb ist diese Gesellschaftsform in der Schweiz nicht sehr verbreitet.

2342 Geschäftsführung und Gesellschaftskapital

Die Kapitalanteile bei der Kommanditgesellschaft sind vom Gesellschaftsvertrag abhängig. Die Komplementäre haften bei der Kommanditgesellschaft solidarisch und subsidiär. Die Kommanditsumme kann beliebig hoch, zum Beispiel auch Fr. 1.–, sein. Die im Handelsregister eingetragene Kommanditsumme muss nicht voll einbezahlt sein. Die **Kommanditeinlage** entspricht dem einbezahlten Kapitalanteil. Das nicht einbezahlte Kapital entspricht einer Forderung der Gesellschaft an die Kommanditäre.

Beispiel eines Gesellschaftsverhältnisses mit nicht voll einbezahlter Kommanditsumme:

	Aktiven Fr.	Passiven Fr.
Verschiedene Aktiven	125 000	
Nicht einbezahlte Kommandite	25 000	
Kapital Komplementär		100 000
Kapital Kommanditär		50 000
	150 000	150 000

Die Mitgliedschafter können nach den Bestimmungen des Gesellschaftsvertrages – oder jederzeit – vom Kommanditär die Leistung der Kommandite oder die Wiedereinzahlung des eventuell zurückbezahlten Liberierungsbetrages fordern.

Die Gesellschaftsgläubiger oder die Konkursverwaltung der Gesellschaft dagegen können erst nach Auflösung der Gesellschaft gegen noch liberierungspflichtige Kommanditäre vorgehen (Art. 610 OR).

Bei nachträglichem Beitritt als Kommanditär erstreckt sich die Haftung neuer Kommanditäre auch auf bereits bestehende Verbindlichkeiten (Art. 612 OR). Privat- und Gesellschaftsverbindlichkeiten sind bei den Kommanditären streng voneinander zu trennen (Art. 616/1 OR). Privatgläubiger können nur auf den allfälligen Zins- und Gewinnanspruch sowie den Liquidationsanteil greifen, wobei sie die Fälligkeit des letzteren vorerst durch Kündigung des Gesellschaftsvertrages herbeizuführen haben (Art. 613 OR). Im Gegensatz zu den Komplementären unterliegen die Kommanditäre in der Regel nicht der Konkursbetreibung.

Die Kapitaleinlage kann erfolgen durch:
- Geldzahlung
- Sacheinlage
- Arbeitsleistungen, die für die Gesellschaft einen Gegenwert darstellen
- Tilgung oder Übernahme von Gesellschaftsschulden
- Verrechnung mit Forderungen gegenüber der Gesellschaft

Sofern die Kommandite nicht oder nur teilweise bar bezahlt wird, sind die Sacheinlagen mit ihrem Wertansatz im Handelsregister einzutragen (Art. 596/2 OR). Kommanditäre, die das im Handelsregister eingetragene Kapital voll einbezahlt haben, können nicht weiter belangt werden, sofern nicht eine Sacheinlage zu überhöhten Wertansätzen vorliegt. Die Gläubiger der Gesellschaft haben das Recht nachzuweisen, dass dieser Wertansatz dem wirklichen Wert der eingebrachten Gegenstände nicht entsprach (Art. 608/3 OR).

Wenn die Gesellschaft vor dem Handelsregistereintrag Geschäfte mit Dritten tätigt, haften die Kommanditäre unbeschränkt, soweit sie nicht beweisen können, dass dem Geschäftspartner die Beschränkung ihrer Haftung bekannt war (Art. 606 OR). Wird die Kommanditsumme durch Vertrag oder Bezüge vermindert, so wird diese Verminderung für Dritte erst mit dem Eintrag in das Handelsregister und mit der Publikation im SHAB wirksam. Für die in diesem Zeitpunkt bereits bestehenden Verbindlichkeiten bleibt der Kommanditär mit der früheren Kommanditsumme haftbar (Art. 609 OR).

Das Gesetz (Art. 601 OR) hat zur Gewinn- und Verlustbeteiligung bei der Kommanditgesellschaft keine ergänzende Regelung getroffen. Sofern es an Vereinbarungen über eine Beteiligung des Kommanditärs am Gewinn und am Verlust fehlt, entscheidet der Richter nach freiem Ermessen. Gewinne kann man nur beziehen, soweit dadurch die Kommanditeinlage nicht vermindert wird.

Beispiel

Auch das Recht zur Verzinsung der Kommandite besteht nicht von Gesetzes wegen, sondern bedarf einer vertraglichen Abrede. Sofern diese besteht, liegt der Zinsanspruch nur soweit vor, als dadurch die Kommanditeinlage nicht vermindert wird (Art. 611/1 OR).

Um Eventualitäten vorzubeugen, sollten Gewinn- und Bilanzpolitik grundsätzlich in einem Gesellschaftsvertrag geregelt sein[1].

Nach Art. 600/3 hat jeder Kommanditär von Gesetzes wegen Anspruch auf eine Abschrift der jährlichen Gewinn- und Verlustrechnung und der Bilanz sowie das Recht zur Einsichtnahme in die Bücher und Papiere der Gesellschaft; ferner hat er das Recht, zu diesem Zweck einen Sachverständigen beizuziehen, der im Streitfall vom Richter bezeichnet wird.

[1] Siehe Anhang 3.

2343 Die Steuern

Die Steuern bei der Kommanditgesellschaft richten sich nach den Normen der Kollektivgesellschaft. Der Kommanditär wird nur für das Einkommen aus seiner Beteiligung als Selbständigerwerbender betrachtet. Entschädigungen der Kommanditgesellschaft für Arbeitsleistungen sind für den Kommanditär Einkünfte aus unselbständiger Erwerbstätigkeit.

Die nachfolgende **Übersicht** enthält zusammengefasst die wichtigsten Punkte, die bei einer Kommanditgesellschaft zu beachten sind:

Rechtsregeln	Art. 594 bis 619 OR
Mindestzahl der Gesellschafter	zwei, wovon mindestens einer unbeschränkt und mindestens einer beschränkt als Kommanditär haften müssen.
Festlegung der Gesellschaftsstruktur	in Gesellschaftsvertrag
Rechtspersönlichkeit	ja
Firma	Sie muss den Familiennamen wenigstens eines unbeschränkt haftenden Gesellschafters und einen das Gesellschaftsverhältnis andeutenden Zusatz (zum Beispiel & Co.) enthalten. Der Name des Kommanditärs darf nicht darin enthalten sein. Die Firma muss sich, nötigenfalls durch Zusätze, von jeder andern am gleichen Ort eingetragenen Gesellschaft unterscheiden.

Haftung für die Gesellschaftsschulden	Es gibt zwei Arten von Gesellschaftern: – Die unbeschränkt haftenden Gesellschafter haften für die Verpflichtungen der Gesellschaft unbeschränkt und solidarisch und mit ihrem ganzen Vermögen. – Die Kommanditäre haften nur bis zur Höhe der eingetragenen Kommanditsumme.
Geschäftsführung	Sie steht ausschliesslich den unbeschränkt haftenden Gesellschaftern zu, und zwar nach den für die Kollektivgesellschaft geltenden Regeln.
Vertretung nach aussen	Die Kommanditgesellschaft wird nach den für die Kollektivgesellschaft geltenden Rechtsregeln durch die unbeschränkt haftenden Gesellschafter vertreten. Wird der Kommanditär zur Vertretung berechtigt, so erfolgt das dadurch, dass ihm Prokura oder Handlungsvollmacht nach Art. 458 ff. OR erteilt wird.

24 Die Kommanditaktiengesellschaft (Art. 764 bis 771 OR)

Die Kommanditaktiengesellschaft ist eine in der Schweiz nur wenig verbreitete Gesellschaftsform. Sie vereinigt in sich Merkmale der Kommanditgesellschaft und der Aktiengesellschaft und wird angewendet, wenn ein oder mehrere Unternehmer als geschäftsführende und unbeschränkt haftende Gesellschafter eine verhältnismässig grosse Kommanditsumme benötigen – wobei der aufzubringende Betrag zum voraus in Aktien zerlegt wird, damit durch Zeichnung seitens Dritter (und ihrer selbst) das erforderliche Kapital leichter beschafft werden kann. Die Gesellschaft untersteht in vielen Belangen den Regeln der AG, ist aber wesentlich schwerfälliger ausgestaltet.

Die **Firma** der Kommandit-AG wird gebildet wie diejenige einer Kommanditgesellschaft. Sie muss den Familiennamen mindestens eines der unbeschränkt haftenden Gesellschafter mit einem das Gesellschaftsverhältnis andeutenden Zusatz enthalten; die Namen anderer Personen als der unbeschränkt haftenden Gesellschafter dürfen im Firmennamen nicht erscheinen.

Bei der Kommandit-AG ist eine **Aufsichtsstelle** erforderlich, welche die Kontrolle in Verbindung mit der dauernden Überwachung der Geschäftsführung ausübt. Bei der Bestellung der Aufsichtsstelle haben die Mitglieder der Verwaltung kein Stimmrecht, zudem können die Statuten weitere Obliegenheiten für die Aufsichtsstelle vorsehen.

Die Aufsichtsstelle kann namens der Gesellschaft die Mitglieder der Verwaltung zur Rechenschaft ziehen und vor Gericht belangen; ihre Mitglieder sind im Handelsregister einzutragen. Bei arglistigem Verhalten der Verwaltung ist die Aufsichtsstelle zur Durchführung von Prozessen auch dann berechtigt, wenn ein Beschluss der Generalversammlung entgegensteht.

Die Gesellschaft wird **beendigt** durch das Ausscheiden, den Tod, den Eintritt der Handlungsunfähigkeit oder den Konkurs sämtlicher unbeschränkt haftenden Gesellschafter. Für die Auflösung der Kommandit-AG gelten im übrigen die gleichen Auflösungsgründe und die gleichen Vorschriften wie für die Auflösung der AG; doch kann eine Auflösung durch Beschluss der Generalversammlung vor dem in den Statuten festgesetzten Termin nur mit Zustimmung der Verwaltung erfolgen.

Für die **Übernahme** der Kommandit-AG durch eine AG oder eine andere Kommandit-AG gelten die Bestimmungen über die Fusion von Aktiengesellschaften.

Der unbeschränkt haftende Gesellschafter hat das Recht der Kündigung wie ein Kollektivgesellschafter. Macht einer von mehreren unbeschränkt haftenden Gesellschaftern von seinem Kündigungsrecht Gebrauch, wird die Gesellschaft, sofern die Statuten nichts anderes bestimmen, von den übrigen fortgesetzt.

25 Die Aktiengesellschaft (Art. 620 bis 763 OR)

251 Konstruktion

2511 Allgemeines

Im Jahre 1985 wurden in der Schweiz 7800 Aktiengesellschaften gegründet und 2400 infolge Geschäftsaufgabe, Konkurs usw. aufgelöst. Der Gesamtbestand betrug damit Ende 1985 130 900 Gesellschaften oder über 5400 mehr als vor Jahresfrist. Die Zunahme beträgt 4,3%. Demgegenüber wuchs die Zahl der Einzelfirmen nur um 1,4% auf gut 94 200. Auf die übrigen Unternehmensformen (Kollektiv- und Kommanditgesellschaften, GmbH sowie Genossenschaften) entfielen bei einer Zunahme von 1,9% gegenüber dem Vorjahr Ende 1985 rund 32 100 Firmen. Mehr als die Hälfte (rund 51%) der insgesamt 257 200 Firmen der erwähnten Rechtsformen entfiel somit auf Aktiengesellschaften. Gemessen am Aktienkapital bewegen sich die Anteile ungefähr im selben Rahmen. Das mittlere Aktienkapital schliesslich nahm gegenüber dem Vorjahr von Fr. 662 000.– auf Fr. 665 000.– zu. Der zahlenmässige Anteil der Aktiengesellschaften mit dem gesetzlichen Mindestkapital von Fr. 50 000.– liegt mit 48,4% recht hoch, während ihr kapitalmässiger Anteil allerdings lediglich 3,6% beträgt. Dies lässt darauf schliessen, dass vielen Familienunternehmen die Rechtsform der Aktiengesellschaft zukommt.

Die nachfolgenden Ausführungen beschränken sich auf die Einzelheiten, die für das Familienunternehmen als Aktiengesellschaft von Bedeutung sind. Gemäss gesetzlicher Definition in Art. 620/1 OR ist die AG eine Gesellschaft mit eigener Firma, deren zum voraus bestimmtes Kapital in Teilsummen (Aktien) zerlegt ist und für deren Verbindlichkeiten nur das Gesellschaftsvermögen haftet.

Die AG ist, als klassische **Kapitalgesellschaft,** in der Schweiz eine sehr beliebte Gesellschaftsform. Dies ist im wesentlichen auf folgende Gründe zurückzuführen:
- Die grundsätzliche Anonymität des Gesellschafterkreises. Zum Beispiel muss die Gesellschaft bei Inhaberaktien nicht einmal selbst wissen, wer ihre Aktionäre sind.
- Durch die mögliche Teilbarkeit und Handelbarkeit des Eigentums am Unternehmen aufgrund von Einzelaktien ist die Aktiengesellschaft erbrechtlich interessant.
- Die Eignung zur Beschaffung von Risikokapital. Aktionäre können sich aus rein finanziellen Gründen, ohne eigene Arbeitsleistung, an einer Aktiengesellschaft beteiligen.
- Die Beschränkung der Haftung. Die persönliche Haftung der Aktionäre ist ausgeschlossen. Laut Art. 620/2 und 680/1 OR haftet nur das Gesellschaftsvermögen.
- Das feste Grundkapital. Die Kreditfähigkeit beruht auf dem festen Grundkapital, das durch zahlreiche Schutzbestimmungen gegen eine willkürliche Aufzehrung geschützt ist.
- Die stabile Firmenbezeichnung. Im Gegensatz zu den Personengesellschaften kann eine AG ihre einmal gewählte Firmenbezeichnung unabhängig von jedem Wechsel in der Zusammensetzung ihres Aktionärsbestandes beibehalten.
- Firmenbildung. Die AG ist laut Art. 950/1 OR in der Wahl ihrer Firmenbezeichnung im Rahmen der allgemeinen Vorschriften des Firmenrechtes frei.

Der Firmenname kann aus Personen-, Sach-, Phantasiebezeichnungen oder aus Kombinationen dieser drei Namenselemente bestehen. Die Bezeichnung «Aktiengesellschaft» oder AG ist nur bei Aufnahme von Personennamen in die Firma zwingend erforderlich. Werden Personennamen verwendet, muss bei der Gründung irgendein Bezug zwischen dem Träger des Namens und der Gesellschaft bestehen. Eine einmal bestehende Aktiengesellschaft kann allerdings einen Namen unverändert beibehalten. Wird die Bezeichnung Aktiengesellschaft dem Personennamen vorangestellt, darf diese nach Art. 950/2 OR nicht abgekürzt werden. Die Firma muss dann zum Beispiel «**Aktiengesellschaft Muster und Beispiel**» heissen.

Bei Verwendung von Sach- und Phantasiebezeichnungen ist dringend zu empfehlen, vor der Gründung mit dem Eidg. Amt für das Handelsregister in Bern abzuklären, ob nicht schon ähnliche Gesellschaftsbezeichnungen bestehen, die einen Handelsregistereintrag in Frage stellen.

Die kapitalistische Struktur der AG, insbesondere das Fehlen einer persönlichen Haftung der Verfügungsberechtigten, führt dazu, dass die formellen und materiellen Bewertungsvorschriften strenger sind als bei den Personengesellschaften. Daher enthält das Obligationenrecht besondere Rechnungsführungs- und Bewertungsvorschriften. Zum Schutze der Gläubiger und Aktionäre besteht eine Rechenschaftspflicht. Die Jahresrechnung ist den Aktionären und den Gläubigern zugänglich.

2512 Die Familien-Aktiengesellschaft (Familien-AG)

Mit der Rechtsform der AG schwebte dem Gesetzgeber ursprünglich eine Gesellschaftsform vor, die es ermöglichen sollte, durch die Beteiligung vieler Personen grosse Kapitalbeträge auf sich zu vereinigen. Die Aktiengesellschaft sollte wirtschaftliche Ziele erreichen, die für einen beschränkten Personenkreis nicht realisierbar gewesen wären. Die grosse Bandbreite der Gesetzesbestimmungen führte im Wirtschaftsleben zu einer vielfältigen Ausgestaltung dieser Rechtsform. Neben den eigentlichen Publikumsaktiengesellschaften entstanden auch viele sogenannte **Familien-Aktiengesellschaften.**

Die Möglichkeit der Haftungsbeschränkung, die einfache Aufsplittung der Kapitalanteile und die Tatsache, dass der Fortbestand der Familien-AG vom Austritt oder vom Tod einzelner Personen unabhängig ist, führten zur starken Verbreitung dieser Gesellschaftsform. Die Besonderheit der Familien-AG zeigt sich darin, dass die Statuten, entsprechend den gesetzlichen Verhältnissen, die Interessen der Familienangehörigen berücksichtigen.

Ausserhalb der Statuten bestehen oft noch besondere vertragliche Abmachungen über den Geschäftsablauf und den Verkauf der Aktien. Der Familien-AG kommt gegenüber den Handelsgesellschaften mit beschränkter Haftung[1] der Vorteil zu, dass die

[1] Kollektivgesellschaft, GmbH.

Aktionäre kein Recht haben, in den Verwaltungsrat oder in die Geschäftsleitung aufgenommen zu werden. Es ist somit nicht erforderlich, ungeeignete Leute von der Geschäftsführung und Vertretung auszuschliessen. Dadurch können viele Unstimmigkeiten in der Familie vermieden werden. Eine rasche Anpassung an neue Familienverhältnisse[1] ist möglich, ohne dass die ganze Geschäftsstruktur durch neue Gesellschaftsverträge zu regeln ist.

Der Begriff der Familien-AG erscheint im Gesetz nirgends, die Grenzen zur Publikumsgesellschaft sind fliessend. Im Gegensatz dazu sind die Familienstiftungen unter dem Titel «Das Familienvermögen» in ZGB Art. 335 aufgeführt.

Die **Steuerpraxis** hat allerdings den Begriff Familien-AG eingeengt. Danach kommen ihr die folgenden Merkmale zu:
- beschränkter Aktionärskreis
- persönliche eigene Beteiligung der Aktionäre
- die Kapitalbeteiligung erfasst oft die ganze wirtschaftliche Existenz der Aktionäre
- die Aktionäre arbeiten im Unternehmen mit

2513 Die Einmann-Aktiengesellschaft (Einmann-AG)[2]

Bei der Einmann-AG sind sämtliche Aktien im Eigentum eines einzigen Aktionärs. Die Einmann-AG ist vom Gesetz nicht vorgesehen und verpönt. Die Gläubiger einer AG, deren Mitgliederzahl unter drei fällt, können eine Auflösungsklage anheben. Von dieser Möglichkeit wird allerdings in der **Praxis** selten Gebrauch gemacht. Nach der bundesgerichtlichen Rechtsprechung und der Botschaft des Bundesrates zur Revision des Aktienrechts wird die Einmann-AG in der Schweiz toleriert.

Wirtschaftlich betrachtet kommt die Einmann-AG einer vom Gesetz nicht vorgesehenen Einzelfirma mit beschränkter Haftung nahe. Sofern als einziger Verwaltungsrat oft nur eine Person (zum Beispiel ein Anwalt oder Treuhänder) im Handelsregister

---

[1] Erwachsenwerden der Kinder, Heirat und Scheidung, Krankheit, Alter und Tod.

[2] Es handelt sich auch um Gesellschaften mit nur einem Hauptaktionär und u. U. um Gesellschaften mit verschiedenen Strohmännern.

eingetragen wird, kann die Einmann-AG dem Hauptaktionär eine willkommene Anonymität bieten. Der Alleinaktionär ist nach den gesetzlichen Vorschriften ziemlich frei, den Wert der Sacheinlage zu bestimmen. Seine Überlegungen sind davon abhängig, zu welchem Zweck die Gesellschaft gegründet wird.

2514 Die Zweimann-Aktiengesellschaft (Zweimann-AG)

Diese Gesellschaftsart bietet dann besondere Probleme, wenn beide Aktionäre je 50% der Aktien besitzen[1]. Sofern zwischen den beiden Aktionären Differenzen und Spannungen entstehen, ist die AG praktisch beschluss- und handlungsunfähig, so dass eigentlich nur die Klage auf Auflösung der AG aus wichtigen Gründen übrigbleibt. Deshalb sollte man möglichst vorher dafür besorgt sein, dass eine derartige Zusammensetzung unterbleibt. Dies kann zum Beispiel dadurch erfolgen, dass eine neutrale Vertrauensperson (Jurist oder Treuhänder) ernannt wird, die von jedem der beiden Aktionäre je eine fiduziarisch abgetretene Aktie übernimmt und die auch in den Verwaltungsrat einsitzt. Dadurch kann die Vertrauensperson bei Meinungsverschiedenheiten den Stichentscheid fällen. Eine weitere Möglichkeit wäre die Ernennung eines Schiedsrichters, der den Auftrag erhält, bei Meinungsverschiedenheiten der Aktionäre zu entscheiden, sofern auf dem Vermittlungsweg keine Einigung zustande kommt.

252 Die Gründung der Aktiengesellschaft

2521 Einleitung

Die Gründungsformalitäten einer AG sind im Obligationenrecht geregelt. Die Gründung besteht aus zwei Teilen: den rechtsgeschäftlichen Erklärungen und den Feststellungen. Die Willensäusserungen umfassen die Gründung, die Festlegung der Statuten, die Bestellung der Organe und die Aktienzeichnung. Die Feststellungen beziehen sich auf die gültige Zeichnung sämtlicher Aktien und auf die Leistung der Einlagen. Die Liberierungs-

---

[1] Dieselben Probleme ergeben sich für zwei verschiedene Aktionärsgruppen.

schuld entspricht dem Ausgabepreis. Schliesslich haben die Gründer festzustellen, dass die Leistung der Kapitaleinlage Gesetz und Statuten entspricht.

Die gesetzlichen Formvorschriften sind auch bei der Gründung einer **Familien-AG** zu beachten. Der Gründungsvorgang vollzieht sich wie folgt:

1. Vorarbeiten zur Gründung:
- Grundsatzentscheid zur Gründung
- Zielsetzungen, Strategie und Unternehmensleitbild festlegen
- Leistungspolitik festlegen
  - Märkte und Kundengruppen
  - Produkte und Dienstleistungen
  - Leistungserstellung (Kauf oder Produktion)

2. Art der Gründung festlegen:
- Bargründung oder Sacheinlagegründung

3. Ablauf der Gründung:
- Statutenentwurf mit folgendem Inhalt:
  - Firma und Sitz der Gesellschaft
  - Dauer der Gesellschaft, wenn auf bestimmte Zeit vorgesehen
  - Gründungskapital und Aktien
    - Höhe, Art der Aktien, Anzahl und Stückelung
  - Organe der Aktiengesellschaft:
  a) Generalversammlung:
    - Befugnisse und Rechte
    - Einberufung, Form und Termine
    - Durchführung der Generalversammlung
    - Vertretung von Aktionären
    - Wahlen und Abstimmungen
  b) Verwaltungsrat:
    - Anzahl der Verwaltungsräte
    - Wahl und Amtsdauer
    - Hinterlegung der Pflichtaktien
    - Organisation des Verwaltungsrates

- Aufgaben, Kompetenzen und Verantwortung, Pflichten und Rechte der Verwaltungsräte

c) Kontrollstelle:
- Wahl
- Kompetenzen nach Art. 728 OR

4. Jahresrechnung und Gewinnverteilung

5. Vorschriften über Reservefonds

6. Auflösung bzw. Liquidation der Gesellschaft

7. Bekanntmachungen

2522 Die Gründerhaftung[1]

Bei einer gegründeten AG, die beim Handelsregisteramt zum Eintrag angemeldet ist, hat der Handelsregisterführer zu prüfen, ob die vom Gesetz erlassenen Vorschriften über die Gründung der AG beachtet wurden und ob die Gründungsunterlagen ordnungsgemäss vorliegen. Wenn die Gründungsakten nicht den Vorschriften entsprechen, wird der Eintrag in das Handelsregister abgelehnt. Es ist dann Sache der Gründer, für die Behebung der Gründungsmängel besorgt zu sein. Es ist von Vorteil, wenn der gesamte Gründungsvorgang im Beisein der Urkundsperson wiederholt wird.

In der **Praxis** ist es wertvoll, dem Handelsregisterführer vor der Verurkundung sämtliche Gründungsunterlagen zur Vorprüfung vorzulegen. Wenn die Unterlagen in Ordnung sind, wird die AG im Handelsregister eingetragen. Erst nach dem Eintrag erfolgt die Publikation im Schweizerischen Handelsamtsblatt (SHAB).

Der Gründungsvorgang ist mit dem Handelsregistereintrag abgeschlossen. In ganz schweren Fällen, die allerdings selten sind, steht geschädigten Aktionären oder Gläubigern das Recht

---

[1] Die Begriffe Verantwortlichkeit und Haftung werden hier gleichbedeutend verwendet.

zu, beim Richter auf Auflösung der neu gegründeten AG zu klagen. Dieses Klagerecht erlischt drei Monate nach der Publikation im Schweizerischen Handelsamtsblatt (Art. 643/3 OR).

Die **Gründerhaftung** wird in Art. 753 OR geregelt. Gründer sind alle Personen, die bei der Errichtung der Aktiengesellschaft mitgewirkt haben. Dies betrifft die wirklichen Gründer, die Strohmänner, die Urkundspersonen, die Kontrollstelle, die Handelsregisterführer, die beratenden Anwälte und die Geldgeber. Die Urkundspersonen und die Handelsregisterführer unterstehen als Beamte dem öffentlichen Recht.

Die Gründerhaftung besteht gegenüber der Gesellschaft selbst, den Aktionären und den Gläubigern.

Die Gründer sind für einen allfälligen Schaden verantwortlich. Es handelt sich um einen bei der Gründung der Gesellschaft absichtlich oder grobfahrlässig herbeigeführten Schaden. Dieser kann daraus resultieren, dass:

- Sacheinlagen, die Übernahme von Vermögenswerten oder die Gewährung besonderer Vorteile zugunsten von Aktionären oder anderer Personen[1] in den Statuten oder im Gründerbericht unrichtig oder unvollständig angegeben, verschwiegen oder verschleiert wurden
- der Eintrag in das Handelsregister aufgrund von falschen Urkunden erfolgte
- wissentlich die Aktienzeichnung durch zahlungsunfähige Personen angenommen wurde.

Die Gründerhaftung entsteht aus unerlaubter Handlung, so dass für sie neben Art. 753 OR die Bestimmungen von Art. 41 ff. OR anzuwenden sind. Zuständig für die Beurteilung derartiger Verantwortlichkeitsklagen ist der Richter am Wohnsitz des verantwortlichen Gründers oder der Richter am Sitz der Aktiengesellschaft.

Sind mehrere Gründer für einen Schaden verantwortlich, so haften diese solidarisch. Der Rückgriff unter ihnen bestimmt sich

---

[1] Ausgabe von Genussscheinen, Einräumung von Wohn- oder Gebrauchsrechten, Zusicherung der Lieferung, Abnahme von Waren usw.

[2] Zum Beispiel bei Werbemitteln, die den Kauf von Aktien ausserhalb der Gesellschaft anpreisen.

nach dem Grade des Verschuldens des einzelnen. Der Anspruch auf Schadenersatz verjährt in fünf Jahren von dem Tage an, an welchem der Geschädigte Kenntnis vom Schaden und von der Person des Schädigers erlangt hat, jedoch spätestens nach Ablauf von 10 Jahren vom Tag der schädigenden Handlung angerechnet.

Nach Art. 752 OR ist auch eine Prospekthaftung möglich. Sie ist allerdings nur bei Sukzessivgründungen von Bedeutung.

2523 Die Simultangründung

Bei der Gesellschaftsgründung muss das gesamte Grundkapital vor der Errichtung gezeichnet sein.

Das Obligationenrecht kennt zwei Gründungsarten: die Simultan- und die Sukzessivgründung, auch Stufengründung genannt. Beiden Gründungsarten geht regelmässig ein Zusammenschluss der Gründer in der Rechtsform der **einfachen Gesellschaft** voraus. Diese Gründerpersonen haben vorgängig unter sich die Gründung einer Aktiengesellschaft vereinbart und die nötigen Vorarbeiten getroffen.

Die **Sukzessivgründung** kommt vor allem für die Publikumsaktiengesellschaft zur Anwendung, bei der die Aktien öffentlich zur Zeichnung angeboten werden.

Die Gründung der Familien-AG erfolgt als Simultangründung wie folgt:

1. Die Gründer – nach Art. 625 OR müssen es mindestens drei sein – vereinbaren untereinander das Verhältnis ihrer Beteiligung am Aktienkapital der zu gründenden Aktiengesellschaft. Sie einigen sich über die Statuten sowie über allfällige Sacheinlageverträge und Gründervorteile. Danach bringt jeder den von ihm übernommenen Kapitalanteil in bar oder als Sacheinlage ein.

2. An einer sogenannten konstituierenden Generalversammlung, an der alle Gründeraktionäre teilnehmen, wird im Beisein einer Urkundsperson (Notar) die Gründungsurkunde errichtet[1].

3. Durch den Eintrag im Handelsregister erlangt die Aktiengesellschaft das Recht der Persönlichkeit. Die Anmeldung einer

---

[1] Siehe Anhang 4.

neu gegründeten Aktiengesellschaft ist von der durch die Statuten oder durch die konstituierende Generalversammlung bezeichneten Verwaltung beim Handelsregisteramt am Sitz der Gesellschaft einzureichen.

Der Anmeldung sind nach Art. 640 OR beizufügen:
- eine beglaubigte Ausfertigung der Statuten
- die Gründungsurkunde
- ein Ausweis, dass die Verwaltung und die Kontrollstelle bestellt sind

2524 Die Sacheinlagegründung

Zu unterscheiden ist zwischen der Bargründung und der Sacheinlagegründung. Bei der **Bargründung** zahlen die Gründeraktionäre das Kapital auf ein Sperrkonto bei einer kantonalen Depositenstelle ein, die Schuldnerin gegenüber der AG wird. Die Einzahlungen dürfen der Verwaltung erst nach dem Handelsregistereintrag zur Verfügung gestellt werden.

Häufigste Gründungsart bei einer Familien-AG ist die **Sacheinlagegründung,** da meist eine bereits bestehende Personengesellschaft in eine Familien-AG umgewandelt wird. Die Zeichner erfüllen ihre Einzahlungsverpflichtungen durch eine Sachleistung. Es findet keine Universalsukzession[1] statt, die einzelnen Vermögensteile werden ihrer Rechtsnatur entsprechend übertragen.

Vertragspartner des Sacheinlagevertrages[2] sind der Sacheinleger als Eigentümer der Sache und die Gründer, die im Namen der Gesellschaft handeln. Gegenstand der Sacheinlage können nur bilanzfähige, bewertbare und verwertbare materielle oder immaterielle Vermögenswerte sein. Zu deren Bewertung enthält das OR verschiedene Schutzvorschriften. So haben die Statuten über den Gegenstand der Sacheinlage[3], deren Bewertung und Anrechnung, die Person des Sacheinlegers und die Zahl der ihm dafür

---

[1] Es handelt sich um den Übergang der gesamten Vermögenswerte.
[2] Siehe Anhang 5.
[3] Zum Beispiel müssen bei der Einlage von Patenten, Erfindungen usw. alle zur Auswertung notwendigen Unterlagen der Gesellschaft zur Verfügung stehen.

zukommenden Aktien genau Aufschluss zu geben (Art. 628 OR). Die Nichtbeachtung dieser Bestimmung hat die Nichtigkeit des Sachübernahmevertrages zur Folge. Zudem haften die Gründer den übrigen Aktionären sowie den Gesellschaftsgläubigern für den Schaden, der diesen aus einer sogenannten **verschleierten Sacheinlagegründung** entsteht. Es ist unzulässig und kann für die Gründer und die Verwaltungsräte Schadenersatzfolgen nach sich ziehen, eine Bargründung vorzunehmen und unmittelbar danach durch Kauf oder in anderer Weise von einzelnen Aktionären Sachwerte für die AG zu erwerben[1].

Die Gründung erfolgt in zwei Akten: dem Errichtungsakt, der durch die Gründerversammlung abgeschlossen ist[2], und dem anschliessenden Entstehungsakt bis zum Handelsregistereintrag.

Die Vorschriften der Statuten über Sacheinlagen sind an der konstituierenden Generalversammlung einer besonderen Beschlussfassung zu unterstellen. Für Sacheinlagen gilt im übrigen als Vorschrift, dass diese als Deckung nur anerkannt werden, wenn die AG durch den Handelsregistereintrag sofort als Eigentümerin darüber verfügen kann oder, sofern es sich um Grundstücke handelt, einen bedingungslosen Anspruch auf Eintragung in das Grundbuch erhält (Art. 633 OR).

Die auf die Aktiengesellschaft übertragenen Sachwerte unterliegen der Emissionsabgabe von heute 3% (in besonderen Fällen 1%).

Bei Sacheinlagen sind Sachen und Rechte zum Verkehrswert im Zeitpunkt ihrer Einbringung zu bewerten. Als **Verkehrswert** gilt der Preis, der beim Handel eines Vermögenswertes im gewöhnlichen Geschäftsverkehr mit freiem Spiel von Angebot und Nachfrage erzielt würde[3].

Um die durch die Emissionsabgabe von 3% auf dem Ausgabewert der Aktien entstehende Steuerbelastung zu vermindern,

---

[1] Zu nennen sind auch allfällige zusätzliche Barleistungen der Gesellschaft, Gründervorteile und andere Verpflichtungen.

[2] Gründervertragsverhältnis wie bei der einfachen Gesellschaft.

[3] Beispiele: Bei kotierten Wertpapieren die an der Börse erzielten Kurse; bei Grundstücken und Liegenschaften die für gleichartige Objekte in der gleichen Lage erzielten Preise.

wird verschiedentlich bei Geschäftsumwandlungen versucht, die Sacheinlagen unter ihrem tatsächlichen Wert in die AG einzubringen. Die EStV behält sich jedoch das Recht vor, die Bewertung der Sacheinlagen zu überprüfen, um willkürliche Wertansätze zum Zweck der Umgehung der Emissionsabgabe zu verhindern. Der Deklaration über die Emissionsabgabe sind deshalb als besondere Unterlagen eine unterzeichnete Erklärung über den Wert der Sacheinlagen und eine beglaubigte Abschrift des Sacheinlagevertrages beizulegen.

Eine **Unterbewertung** der Sacheinlagen liegt vor, wenn der Nennwert der gegen die eingebrachten Sacheinlagen ausgehändigten Aktien niedriger ist als der tatsächliche Wert der Sacheinlage. Betriebswirtschaftlich betrachtet bedeutet dies eine Aktienemission mit einem verdeckten Agio; die Emissionsabgabe von 3% wird vom tatsächlichen Ausgabewert der Aktien erhoben.

Beispiel

A gründet eine Aktiengesellschaft mit einem Aktienkapital von 50000 Franken, zerlegt in 50 Aktien zu 1000 Franken Nominalwert. A bringt seine bisherige Einzelfirma als Sacheinlage ein. Dafür erhält er 48 Aktien zu Fr. 1000.–, entsprechend einem Aktienkapital von Fr. 48000.–. Die Überprüfung der Wertansätze durch die EStV zeigt, dass in der Sacheinlage stille Reserven von 20000 Franken enthalten sind. Für die Berechnung der Emissionsabgabe nach StG ist massgebend:

das nominelle Aktienkapital	Fr. 50000.–
+ die aufgerechneten stillen Reserven	Fr. 20000.–
Ausgabewert der Aktien	Fr. 70000.–

Die Emissionsabgabe von 3% wird somit auf Fr. 70000.– erhoben und beträgt Fr. 2100.–.

Ein besonderes emissionssteuerrechtliches Problem bei Sacheinlagegründungen anlässlich von Geschäftsumwandlungen stellt die Berücksichtigung der Zwischengewinne dar. Die EStV vertritt nämlich den Standpunkt, diese Gewinne seien ebenfalls der Emissionsabgabe zu unterwerfen.

2531 Mängel des geltenden Rechts

Anlässlich der letzten Gesetzesrevision im Jahre 1937 herrschten grundlegend andere wirtschaftliche Bedingungen als heute. Die Betriebswirtschaftslehre bot damals dem Gesetzgeber noch wenig Unterstützung beim Erlassen von Gesetzen. Um dem heute geltenden wirtschaftlichen Wettbewerb gerecht zu werden, sollte die Kapitalstruktur einer AG folgende Eigenschaften aufweisen:

- optimale Rentabilität
- genügende Liquidität
- angepasstes Risiko
- richtige Investition
- gute Anpassungsmöglichkeit
- Bewahrung der Unabhängigkeit
- gerechte Publizität

Die geltende Gesetzgebung genügt den folgenden finanzwirtschaftlichen Ansprüchen der Unternehmungsführung nicht mehr:

- Festes Grundkapital und umständliches Kapitalerhöhungsverfahren bedingen höhere Finanzierungskosten.
- Fehlende Vorratsaktien verhindern den raschen Verkauf von Aktien aus einer Kapitalerhöhung im günstigen Zeitpunkt einer Börsenhausse.
- Die Aktienausgabe zu niedrigen Kapitalkosten über Wandel- und Optionsanleihen ist im Gesetz nicht vorgesehen.
- Die fehlende Gesetzesgrundlage für stimmrechtslose Aktien erschwert die unabhängigkeitsbewahrende Finanzierung. Es muss ein umständlicher Umweg über die Ersatzlösung des Partizipationsscheines begangen werden.
- Kurspflegeaktionen auf dem Markt sind nach Art. 659 OR verboten.
- Den Aktionären werden durch die Möglichkeit der Bildung stiller Reserven Dividendenansprüche entzogen.

2532 Die Aktien

Im schweizerischen Aktienrecht gilt das Nennwertsystem: Jede Aktie hat die Teilsumme des Aktienkapitals, die sie verkörpert, betragsmässig aufzuführen. Aktien sind Quoten des Grundkapitals, die auf eine bestimmte Geldsumme lauten und mit denen ein Mitgliedschaftsrecht an der Gesellschaft verbunden ist. Oft bemisst sich das Stimmrecht an der Generalversammlung nach der Anzahl der ausgegebenen Aktien (Art. 693/1 OR) und entspricht die Anzahl der Aktien nicht der Anzahl der Aktionäre, da einzelne Aktionäre mehr als eine Aktie besitzen.

Andererseits bedeutet die Aktie auch die wertpapierrechtliche Urkunde, die über den Aktienbesitz ausgestellt wird. Das schweizerische Recht kennt weder die nennwertlose Aktie noch die sogenannte Quotenaktie.

Laut Art. 622/4 OR muss der **Mindestnennwert** je Aktie Fr. 100.– betragen. Eine Grenze nach oben besteht nicht. Eine Herabsetzung des Nennwertes unter Fr. 100.– ist nur für Sanierungen zulässig. Die Ausgabe hat entweder zu pari oder über pari, jedoch nie unter pari zu erfolgen (Art. 624 OR). Bei Überpari-Emissionen ist das sogenannte Agio (Aufgeld) der gesetzlichen Reserve zuzuweisen, soweit es nicht zu Abschreibungen oder zu Wohlfahrtszwecken verwendet wird (Art. 624/3) OR.

Nebeneinander bestehen nach den Statuten folgende Aktienarten:

- Aktien mit verschiedenen Nennwerten
- Namen- und Inhaberaktien
- Stamm- und Vorzugsaktien oder
- Kombinationen dieser drei Varianten.

Vor dem Eintrag im Handelsregister ausgegebene Aktien sind nichtig (Art. 644 OR). Die Aktionäre haben zwar ein Recht auf die Ausgabe von Aktienurkunden, das statutarisch nicht ausgeschlossen werden darf; anderseits bestehen die Aktionärrechte auch ohne Urkunde. In der **Praxis** sind auch handgeschriebene oder auf gewöhnlichem Papier mit Schreibmaschine geschriebene Aktientitel festzustellen, was gesetzlich erlaubt ist. Zudem bestehen zahlreiche Aktiengesellschaften, die keine Titel ausgege-

ben haben, auch nicht in Form von sogenannten Aktien-
zertifikaten[1]. Dies ist grundsätzlich nicht verboten, da sich die
gesetzlichen Formvorschriften nur auf die Schriftlichkeit und
Unterzeichnung durch mindestens ein Mitglied der Verwaltung
beziehen (Art. 622/5 OR). Bei nicht voll einbezahlten Namenaktien ist die Angabe des Liberierungsbetrages auf dem Aktientitel
selbst erforderlich (Art. 687/4 OR).

Sofern Namenaktien ausgegeben wurden, hat die Gesellschaft
von Gesetzes wegen ein **Aktienbuch** zu führen, worin die Aktionäre mit Namen und Wohnort einzutragen sind. Für die Gesellschaft gilt nur als Aktionär, wer in diesem Aktienbuch eingetragen ist (Art. 685 OR). Zuständig für die Führung des Aktienbu-
ches ist die Verwaltung; vor der Eintragung einer Aktienübertra-
gung im Aktienbuch hat sie die formelle und statutengerechte
Übertragung der Aktie zu prüfen und die Tatsache der Eintragung auf dem Aktientitel zu bescheinigen (Art. 685 2/3 OR). Die
Übertragung von Namenaktien setzt, wenn ein Titel hiefür besteht, ein schriftliches Indossament des Veräusserers oder der für
ihn handelnden Personen (Erben, Willensvollstrecker, Vormund)
voraus (Art. 684/2 OR). Durch ein **Blankoindossament** werden
die Namenaktien zu Inhaberaktien, soweit die Statuten die Übertragung zulassen.

2533 Das Aktienkapital[2]

Das Aktienkapital (AK) der Gesellschaft muss in Schweizer
Franken ausgedrückt sein und mindestens Fr. 50 000.– betragen
(Art. 621 OR).

Es darf auch bei einer Kapitalherabsetzung nicht unter diese
Mindestgrenze sinken (Art. 732/5 OR). Nach oben besteht keine
Begrenzung. Das Grundkapital und dessen Einteilung sind als
notwendiger Inhalt in die Statuten aufzunehmen (Art. 626/3
OR) und zusätzlich, verbunden mit dem Liberierungsbetrag, in

---

[1] Es handelt sich um meist über mehrere Aktien ausgestellte, in einem relativ
bescheidenen Herstellungsverfahren ausgestellte Urkunden.

[2] Das geltende Recht verwendet den Ausdruck Grundkapital, der sich in der
Praxis nicht durchsetzen konnte. Der Begriff Grundkapital wird im Entwurf
durch den Begriff Aktienkapital ersetzt.

das Handelsregister einzutragen (Art. 641/4 OR). Mindestens 20%, jedoch nicht weniger als Fr. 20000.–, müssen einbezahlt sein (Art. 633 OR).

Art. 668/1 OR ist zu entnehmen, dass das Aktienkapital in der Jahresbilanz auf der Passivseite zu bilanzieren ist. Das AK ist in den Statuten genannt, im Handelsregister publiziert und kann nur in besonderen Verfahren verändert werden. Die Kapitaleinlagen dürfen den Aktionären nicht zurückbezahlt werden. Sofern ein Kapitalverlust entsteht, ist dieser wieder auszugleichen, bevor Dividenden ausgeschüttet werden. Das AK hat Garantiefunktion für die Gläubiger. Kommt ein Aktienzeichner seiner Einzahlungspflicht nicht nach, hat er der Gesellschaft vorerst einmal 5% Verzugszins zu zahlen (Art. 104/1 und 681/1 OR). Hilft dies nicht weiter, kann die Gesellschaft gegen den säumigen Aktionär das Kaduzierungsverfahren[1] einleiten. Dabei wird der säumige Aktionär mit eingeschriebenem Brief (bei Inhaberaktien durch Publikation im SHAB und in den statutarischen Publikationsorganen) unter Ansetzung von mindestens 30 Tagen zur Einzahlung aufgefordert. Anstelle der kaduzierten Aktien kann die Verwaltung neue Aktien ausgeben oder die bestehenden Titel an neue Aktionäre ausgeben. Wenn die kaduzierten Aktien nicht mehr vorhanden sind, ist die Kaduzierung laut den allgemeinen Publikationsbestimmungen zu veröffentlichen (Art. 681/2 OR).

Das Mindestkapital von Fr. 50000.– ist seit bald 50 Jahren unverändert. Durch die Geldentwertung wurde die Eintrittsschwelle in die Aktiengesellschaft stets niedriger. Da ein niedriges Mindestkapital die leichtfertige Gründung von Aktiengesellschaften, die nicht lebensfähig sind, begünstigt, ist eine Mindestkapitalerhöhung angebracht. Dadurch soll die missbräuchliche Benutzung der Aktiengesellschaft als Gesellschaftsform erschwert und ein Beitrag zur Bekämpfung der Wirtschaftskriminalität geleistet werden.

---

[1] Der säumige Aktionär wird aus der Gesellschaft ausgeschlossen, wobei er nicht nur seine Mitgliedschaftsrechte, sondern auch die bereits geleisteten Einlagen verliert.

2534 Das Partizipationskapital (PS)

Der Partizipationsschein (PS) ist ein Finanzierungsinstrument, das aus der **Praxis** entstand. Der PS ermöglicht der Familien-AG, risikotragendes Kapital zu bilden, ohne dass die Aktionäre der mit den Aktien verbundenen Möglichkeiten zur Beherrschung der Gesellschaft verlustig gehen. Er kann auch als Mittel zur Durchführung der Erbschaftsvorsorge dienen. Im weitern kann die Belegschaft oder das Kader kapitalmässig an der weiteren Entwicklung des Unternehmens beteiligt werden, ohne dass bezüglich der Stimmrechtsverhältnisse eine Änderung eintritt.

Der PS unterscheidet sich von der Aktie dadurch, dass er **kein Stimmrecht** gewährt, sondern lediglich Anspruch auf einen Anteil am Reingewinn des Unternehmens gibt. Der Inhaber des PS hat Anspruch auf Dividenden und auf den Bezug neuer Aktien im Falle einer Kapitalerhöhung. Die Statuten können den PS-Inhaber sogar besserstellen als den Aktionär. Der PS lautet in der Regel auf den Inhaber und auf einen bestimmten Betrag; sein Nennwert kann aber – im Unterschied zur Aktie – auch unter 100 Franken liegen. Die gewöhnlich kleingestückelten PS sind leicht handelbar und erfreuen sich wachsender Beliebtheit bei den Kapitalanlegern.

Den PS kommt die Funktion stimmrechtsloser Aktien zu, die im Gesetz nicht ausdrücklich vorgesehen sind.

2535 Das Genussscheinkapital

Genussscheine sind gesellschaftsrechtliche Beteiligungspapiere mit oder ohne Nennwert, die keine Mitgliedschaftsrechte, sondern nur Vermögensrechte[1] gewähren. Die Genussscheine lauten mehrheitlich auf den Inhaber, können aber auch auf den Namen des Beteiligten ausgestellt werden. Die **Wirtschaftspraxis** verwendet die Genussscheine in zahlreichen Formen und zu ganz verschiedenen Zwecken.

---

[1] Anteil am Reingewinn oder am Liquidationserlös, Recht zum Bezug von neuen Beteiligungspapieren.

Bei der **Gesellschaftsgründung** können die Genussscheine zur Entschädigung von Gründerleistungen[1] abgegeben werden. Das hat den Vorteil, dass die Gesellschaft keine flüssigen Mittel bereitstellen muss, was für den Aufbau eines Unternehmens förderlich sein kann. Die Ausgabe von Gründergenussscheinen muss laut Art. 657/2 OR in den Statuten vorgesehen sein.

Genussscheine kann man auch als Instrument der Dividendenpolitik einsetzen.

2536 Die gesetzlichen Reserven

Die gesetzlichen Reserven müssen vor allem in Zeiten schlechten Geschäftsganges dazu dienen, buchmässige Verluste aufzufangen oder möglichst gleichmässige Dividenden auszuschütten.

Die gesetzlichen Reserven dienen der Selbstfinanzierung und erhöhen die Kreditwürdigkeit eines Unternehmens. Reservekonten können natürlich auch in den Bilanzen von Einzelfirmen und Personengesellschaften ausgewiesen werden. Das kommt jedoch in der **Praxis** selten vor, da die Inhaber jeweils mit ihrem Privatvermögen haften.

Die gesetzlichen Reserven sind nach Art. 671 OR zu bilden, sobald ein reservepflichtiger Reingewinn oder ein anderer nach dem Gesetz einer Reserve zuzuweisender Vermögenswert vorhanden ist.

Es besteht gemäss Art. 671 OR folgende Zuweisungspflicht an die gesetzliche Reserve:
- 5% bis die gesetzliche Reserve 20% des Aktienkapitals erreicht hat
- 10% der 5% Dividende übersteigenden Gewinnausschüttungen, bis die Reserve 50% des Aktienkapitals erreicht hat
- Emissionsagio und Kaduzierungsgewinne.

Gemäss Art. 671/3 OR ist die gesetzliche Reserve, soweit sie die Hälfte des Grundkapitals nicht übersteigt, zweckgebunden. Sie darf nur zur Deckung von Verlusten und zu Durchhalte- oder Sozialmassnahmen verwendet werden.

---

[1] Es handelt sich um Gründeranteilscheine, die zum Beispiel für die Ausarbeitung von Gründungsformalitäten usw. ausgegeben werden.

2537 Die stillen Reserven

Die Differenz zwischen den Buchwerten und den aktienrecht-
lich zulässigen Höchstwerten oder den Werten, die sich bei objek-
tiver Bilanzierung ergeben, sind sogenannte stille Reserven. Es
handelt sich um die für den Bilanzleser nicht ersichtlichen Eigenkapitalbestandteile. Stille Reserven entstehen durch:
- Unterbewertung von Aktiven
- Weglassung von Aktiven
- Überbewertung von Passiven
- Aufführen fiktiver Schulden

Das geltende Recht lässt die Bildung stiller Reserven durch die
Verwaltung ausdrücklich zu (Art. 663/2 OR). Einzig die Zuläs-
sigkeit fiktiver Schulden ist nach geltender Lehre und Rechtsprechung umstritten. Zur Zeit hat der Aktionär kein Recht auf die
Bekanntgabe der stillen Reserven. Die Gesellschaft kann die Auskunft unter Berufung auf das Geschäftsgeheimnis verweigern.
Auch ist die Verwaltung zur Auflösung stiller Reserven befugt,
ohne die GV darüber orientieren zu müssen, sofern die Auflösung nicht zur Verdeckung von Geschäftsvorfällen benutzt wird,
die eine Verantwortlichkeitsklage nach sich ziehen könnten.

Zu unterscheiden ist zwischen Zwangsreserven, Ermessensreserven und Verwaltungsreserven.

Zwangsreserven entstehen durch Wertsteigerung von Aktiven
oder durch Aufwendungen für die Erstellung von ertragsbringen-
den Wirtschaftsgütern von dauerndem Wert, soweit diese nicht
aktivierbar sind. Zu diesen Reserven bestehen keine Einwendungen, die Offenlegung ist nicht verlangt.

Ermessensreserven sind eng mit der Bewertung verbunden. Sie
entstehen durch übervorsichtige Abschreibungen, Wertberichti-
gungen und Rückstellungen. Soweit diese sich in einem vernünf-
tigen Rahmen bewegen, bestehen keine Einwendungen.

Verwaltungsreserven entstehen durch bewusste **Bewertungs-
entscheidungen** über einzelne Vermögenswerte der Verwaltung.
Die Bildung derartiger stiller Reserven bedeutet eine Verfügung
über den Gewinn und wird angefochten. Vielfach wird die Beschränkung der Verwaltungsreserven verlangt.

254 Das Bezugsrecht der Aktionäre

Das Bezugsrecht ist das Recht des Aktionärs, bei einer Kapitalerhöhung einen seiner bisherigen Beteiligung entsprechenden Teil der neuen Aktien zu beziehen.

Es ist kein wohlerworbenes Aktionärsrecht. Nach Art. 652 OR kann es durch die Statuten oder im Erhöhungsbeschluss aufgehoben oder eingeschränkt werden. Von vielen Aktionären wird das Bezugsrecht als eine zusätzliche Gewinnausschüttung betrachtet. Es stellt den Preis dar, den ein Interessent für junge Aktien dem Eigentümer der alten Aktien dafür bezahlt, dass dieser die jungen Aktien nicht selbst bezieht, sondern ihm – dem Interessenten für junge Aktien – das Bezugsrecht überlässt.

Mit dem Kaufpreis für das Bezugsrecht wird der alte Aktionär für die Werteinbusse, die er mit der Kapitalerhöhung erleidet, entschädigt. Der rechnerische Wert des Bezugsrechtes hängt vom Kurswert der alten Aktien, vom Emissionswert der neuen Aktien und vom Bezugsverhältnis ab.

Beispiel zur Berechnung des Bezugsrechts

Eine Gesellschaft erhöht ihr Aktienkapital von Fr. 4 Mio. auf Fr. 6 Mio. durch Ausgabe von 20 000 neuen Aktien. Der Nennwert beträgt Fr. 100.–, der Ausgabepreis Fr. 500.–, der Börsenkurs der alten Aktien Fr. 1600.–.

Die Berechnung des Bezugsrechtes stellt sich wie folgt:

Wert von zwei alten Aktien	Fr. 3200.–
+ Bezugspreis für die neue Aktie	Fr. 500.–
= Wert von drei Aktien nach der Kapitalerhöhung	Fr. 3700.–

Wert einer Aktie nach der Kapitalerhöhung	Fr. 1233.–
Wert einer Aktie vor der Kapitalerhöhung	Fr. 1600.–
Wert des Bezugsrechts	Fr. 367.–

Das Bezugsrecht darf eine Zuweisung an Dritte nicht völlig verhindern oder übermässig erschweren.

2551 Die Dividendenpolitik

Dividende bedeutet die Ausschüttung von Vermögenswerten an die Aktionäre. Die verteilten Beträge stammen aus dem Reingewinn des Rechnungsjahres oder aus früheren Überschüssen[1]. Um die Gläubiger zu schützen, sah sich der Gesetzgeber veranlasst, durch zwingende Bewertungsvorschriften die Verwaltung am Ausweis von zu hohen Gewinnen und damit am Substanzentzug an der Gesellschaft zu hindern. In der verantwortungsbewussten Familien-AG besteht eine ausgewogene Dividendenpolitik unter Beachtung der rechtlichen und betriebswirtschaftlichen Aspekte.

Rechtlich steht es
- im Ermessen der Verwaltung zu bestimmen, welchen Teil des Reingewinnes sie der GV überhaupt bekanntgeben will, da die Verwaltung durch Bildung oder Auflösung stiller Reserven nach herkömmlicher Auffassung den auszuweisenden Reingewinn beeinflussen kann.
- im Ermessen der GV, über den ausgewiesenen Reingewinn im Rahmen der gesetzlichen oder statutarischen Vorschriften zu verfügen. Aus dem ausgewiesenen Reingewinn werden neben der Dividendenauszahlung und den zwingend vorgeschriebenen Reservezuweisungen oft weitere Zuweisungen an die offenen Reserven und an Personalvorsorgeeinrichtungen vorgenommen sowie Tantiemen an die Verwaltung ausgeschüttet.

Betriebswirtschaftlich betrachtet führt die Gewinnauszahlung bei der AG zum Abfluss von Geldwerten. Eine vorsichtige Unternehmensleitung ist daher darauf bedacht, dass durch die Dividendenzahlung die Liquiditätslage der AG nicht wesentlich verschlechtert wird. Gewinnausschüttungen aufgrund höher beanspruchter Bankkredite sind, betriebswirtschaftlich betrachtet, abzulehnen.

---

[1] In Form von offenen oder Dividendenausgleichsreserven.

Durch den Dividendenauszahlungsbeschluss der GV werden die Gewinnbestandteile in **Fremdkapital** verwandelt. Die Dividendenbeträge sind auf der Passivseite der Bilanz als kurzfristige Verbindlichkeiten auszuweisen. Bei Familien-AG ist eine Stundung der Dividenden denkbar, sofern die Gesellschaft nicht zahlungsfähig ist. In diesen Fällen findet oft eine Umwandlung in langfristige Darlehen statt.

Weiter hat die Dividendenpolitik bei der Familien-AG zu berücksichtigen, welche Bedeutung die Dividendenauszahlung als Einkommensquelle der Aktionäre hat.

Im Gegensatz zu den passiven Aktionären betrachten die aktiven Aktionäre ihre Aktienkapitalbeteiligung nicht als Kapitalanlage. Für sie ist die Aktiengesellschaft die Grundlage ihrer wirtschaftlichen Existenz, und ihre Interessen richten sich auf den Erhalt dieser Existenz aus. Sie möchten die Gewinne möglichst in der Aktiengesellschaft einbehalten. Die passiven Aktionäre hingegen werden die Dividendenzahlungen mit den Erträgen vergleichen, die sie auf dem Kapitalmarkt erzielen können. Ihre Interessen liegen in einer möglichst hohen Dividendenzahlung.

2552 Die Dividendenarten

a) Die Bardividende

Die Bardividende ist die in der Schweiz übliche Art der Dividendenzahlung. Sofern die Generalversammlung keinen andern Beschluss fasst, ist die Dividende sogleich nach Abschluss der GV fällig. Dadurch erleidet das Unternehmen einen Abfluss an Geldwerten.

b) Die Wertpapier- oder Stockdividende

Wertpapierdividenden werden hauptsächlich in den USA und vor allem bei Gesellschaften, die ihre Aktien an der Börse kotiert haben, ausgerichtet. Bei der Wertpapierdividende entsteht der AG kein Abgang an flüssigen Mitteln, da die Gewinne in Aktienkapital umgewandelt werden.

Die aus der Umwandlung von zurückbehaltenen Gewinnen in dividendenberechtigtes Grundkapital entstehenden Aktien werden den alten Aktionären im Verhältnis zum bisherigen Aktienbesitz zugeteilt. Aktionäre, die auf Bargeld angewiesen sind, können die Aktien sodann weiterverkaufen[1]. Die Ausrichtung von Wertpapierdividenden setzt voraus, dass die Ertragslage der betreffenden Aktiengesellschaft durch die Dividendenausschüttung nicht zu stark vermindert wird.

Eine **besondere** Form der Wertpapierdividende ist die Ausschüttung von Wertpapieren einer andern Gesellschaft, die sich im Portefeuille des betreffenden Unternehmens befindet.

Nach Art. 21 Abs. 1 BdBSt ist die Wertpapierdividende als Gewinnanteil aus Beteiligungen als steuerbares Einkommen zu betrachten. In der schweizerischen Finanzierungspraxis wird deshalb oft die Kapitalerhöhung zu pari der Wertpapierdividende vorgezogen, da verkaufte Bezugsrechte bei Kapitalerhöhungen bei der direkten Bundessteuer und in vielen Kantonen als private Kapitalgewinne nicht steuerbar sind.

c) Die Naturaldividende

Naturaldividende bedeutet die Gewinnausschüttung in Form von Produkten des betreffenden Unternehmens. Sie hilft dem Unternehmen, mindestens teilweise, seine Liquidität durch die Dividendenauszahlung nicht wesentlich zu verschlechtern. Auch diese Dividendenart ist bei den Aktionären als Einkommen steuerbar. Laut einem Merkblatt der Eidgenössischen Steuerverwaltung ist die Naturaldividende in Form von Warenbezügen aus dem eigenen Geschäft mit dem Betrag anzurechnen, den der Steuerpflichtige ausserhalb seines Unternehmens dafür bezahlen müsste.

d) Die gewinnabhängige Dividende

Bei der gewinnabhängigen Dividende werden vorübergehende Gewinnverminderungen durch Dividendenkürzungen aufgefangen. Bei späterer nachhaltiger Verbesserung der Ertragslage werden die Dividenden wieder erhöht.

Oft sind externe Faktoren für die Dividendenfestlegung mass-

---

[1] Bei vinkulierten Namenaktien ist die Zustimmung der Verwaltung erforderlich.

gebend. Zum Beispiel die Rücksichtnahme auf die Konkurrenz, die Berücksichtigung der Kapitalmarktlage und des Zinsniveaus.

256 Aktionärsdarlehen

2561 Darlehen an Aktionäre

Eine Aktiengesellschaft ist in der Anlage ihres Vermögens innerhalb der gesetzlichen Schranken frei. Bei der Familien-AG werden oft einflussreichen Aktionären und diesen nahestehenden Personen oder Gesellschaften Darlehen gewährt, sofern der Gesellschaftszweck dies nicht ausschliesst.

Weil Darlehensgeber und Darlehensnehmer einander nahestehen oder wirtschaftlich sogar identisch sind, besteht die Möglichkeit, die Darlehensbedingungen für den Darlehensnehmer günstiger festzulegen, als es unter unabhängigen Dritten der Fall wäre. Deshalb sind solche Darlehen an Aktionäre aus obligationenrechtlicher wie aus steuerrechtlicher Sicht problematisch.

Obligationenrechtlich betrachtet können diese Darlehen gegen Art. 675/1 OR (Verzinsungsverbot) und gegen Art. 680/2 OR (Verbot der Einlagerückgewähr) verstossen. Art. 680/2 OR versagt dem Aktionär das Recht, den einbezahlten Betrag zurückzufordern. Daraus ist das Verbot abzuleiten, den einbezahlten Betrag an die Aktionäre zurückzuleisten[1]. Das Verbot der Einlagerückgewähr bezieht sich auf das einbezahlte Aktienkapital und auf ein allfälliges bei der Aktienausgabe bezahltes Aufgeld (Agio). Offene und stille Reserven sowie Partizipations- oder Genussscheinkapital unterliegen diesem Verbot nicht. Darlehen an Aktionäre und diesen nahestehende Personen verstossen gegen Art. 680/2 OR, wenn aus den gegebenen Umständen abzuleiten ist, dass eine Rückzahlung des Darlehens nicht mehr möglich ist. Indizien dafür sind:
- fehlender oder unmöglicher Darlehensvertrag

---

[1] Ausgenommen sind Kapitalrückzahlungen bei Kapitalherabsetzung oder Liquidation.

– fehlende Vereinbarungen über Zins- und Rückzahlungskonditionen.

Ein Verstoss gegen Art. 680/2 OR führt zur Nichtigkeit des Darlehensvertrages. Gegen den Darlehensnehmer besteht dann allenfalls nur noch ein Anspruch auf ungerechtfertigter Bereicherung nach Art. 62 ff. OR. Möglicherweise ist auch ein Anspruch auf Schadenersatz nach Art. 41 OR abzuleiten.

Für die **Kontrollstelle** stellt sich in diesen Fällen das Problem des Bestandesnachweises und der Bonitätsprüfung. Es empfiehlt sich, den Bestand der Darlehen jährlich durch eine Saldobestätigung nachweisen zu lassen. Bei der Beurteilung der Bonität ist die Sicherstellung, die eine Vollstreckung zugunsten der AG ohne grössere Schwierigkeiten, insbesondere auch im Ausland, ermöglicht, wichtig. Im Falle zweifelhafter Bonität ist eine angemessene Bewertungskorrektur erforderlich.

Die **Verwaltung** ist gut beraten, wenn sie Darlehen von Aktionären unter den Bilanzaktiven als separate Bilanzposition ausweist. Die zivil- und strafrechtliche Verantwortlichkeit der Verwaltung richtet sich nach den Bestimmungen von Art. 722/1 OR, 754 ff. OR und 159 StGB.

Steuerrechtlich betrachtet sind die Zinsen auf diesen Darlehen dem steuerbaren Ertrag zuzurechnen. Für den Aktionär sind die geleisteten Schuldzinsen meistens vom steuerbaren Einkommen abzugsfähig. Die Gesellschaft wird verpflichtet, die anfallenden Verrechnungssteuern nach Art. 14 VStG auf die Begünstigten zu überwälzen. Sofern dies nicht mehr möglich ist, kann sich eine Belastung der Gesellschaft ergeben, bei gewissen Voraussetzungen unter solidarischer Mithaftung der Liquidatoren oder der Gesellschaftsorgane (VStG Art. 15). Die Verrechnungssteuer wird auch dann erhoben, wenn geldwerte Leistungen wirtschaftlich zu einer Reduktion des einbezahlten Grundkapitals führen, ohne dass dieses formell herabgesetzt oder die Familien-AG formell aufgelöst wird.

Die Gewährung unverzinslicher oder ungenügend verzinster Darlehen an Aktionäre ist steuerrechtlich als geldwerte Leistung zu betrachten. Solche Leistungen unterliegen gemäss Art. 4/1

VStG und Art. 20/1 VstV der Verrechnungssteuer von 35%. Die Hauptabteilung Stempelabgaben und Verrechnungssteuer hat in einem Merkblatt verbindliche Zinssätze zur Verzinsung dieser Darlehen festgelegt.

Die AG hat den ihr zustehenden Zins als Ertrag zu versteuern.

2562 Darlehen von Aktionären

Manchmal stellen die Aktionäre der AG zusätzliche Mittel in Form festverzinslicher Darlehen oder Kontokorrentvorschüsse zu höheren als den geschäftsüblichen Zinsen zur Verfügung. Die überhöhten Zinsen werden von den Steuerbehörden als steuerbare Gewinnanteile behandelt, wenn eine ungewöhnliche Gestaltung der Verhältnisse vorliegt. Die Aktionäre haben die geldwerten Leistungen als Einkommen zu versteuern, der AG werden diese dem steuerbaren Ertrag zugerechnet.

Höhere Zinssätze sind steuerlich nur zulässig, wenn die Gesellschaft nachweisen kann, dass sie ein Bankdarlehen nicht zu einem niedrigeren Zinssatz erhält.

Beispiel

Trotz gutem Geschäftsgang wird nur ein bescheidener Reingewinn oder ein Verlust ausgewiesen. Im Gegensatz dazu werden dem Aktionär überhöhte Zinsen auf dem Darlehen gewährt.

Oft kommt den Darlehen von Aktionären, den wirtschaftlichen Verhältnissen entsprechend, **Eigenkapitalcharakter** zu. Sie erfüllen Grundkapitalfunktion und sind somit als Eigenkapital zu betrachten. Wo die Grenze zwischen verdecktem Eigenkapital und eigentlichem Fremdkapital liegt, kann nicht allgemeingültig bestimmt werden. Die Steuergesetze enthalten keine Vorschriften über das Finanzierungsverhältnis zwischen Fremd- und Eigenkapital. Es ist auch nicht Aufgabe der Steuerbehörden, die Zweckmässigkeit und Angemessenheit der Finanzierung zu überprüfen. Sofern jedoch eine Gesellschaft, die über bedeutende Aktiven verfügt, nur mit einem minimalen Eigenkapital ausgestattet ist während die restliche Finanzierung ganz oder teilweise durch Darlehen oder Vorschüsse von Aktionären sichergestellt ist, sind die Voraussetzungen einer unerlaubten Steuerumgehung erfüllt.

Namentlich dann, wenn die Unterkapitalisierung im wesentlichen zur Steuerersparnis erfolgt, um den Aktionären die Gesellschaftsgewinne durch Zinsen statt Dividenden zuweisen zu können.

Die Finanzierung mit verdecktem Eigenkapital ist oft bei Immobiliengesellschaften, gelegentlich aber auch bei Finanz- und Beteiligungsgesellschaften festzustellen. Eine Finanzierung mit verdecktem Eigenkapital liegt vor, wenn folgende Voraussetzungen kumulativ erfüllt sind:

- Die Gesellschaft könnte ihre Tätigkeit nicht ohne das verdeckte Eigenkapital aufnehmen oder weiterführen.
- Die Gesellschaft hätte die erforderlichen Mittel nicht bei einem Dritten erhalten.
- Das verdeckte Eigenkapital ist in einem unüblichen Ausmass mit dem Geschäftsrisiko behaftet.

Zur Ermittlung des verdeckten Eigenkapitals stützt sich die Steuerbehörde auf den Verkehrswert der Liegenschaft, geschätzt nach Bankenkriterien, ab. Davon sind meistens 80% als Höchstbetrag der von der Gesellschaft erhältlichen Mittel zu betrachten. Für Villen, Eigentumswohnungen, Ferienhäuser und Bauland beträgt der Ansatz 70%.

Wenn ausgewiesene Schulden diese Höchstwerte übersteigen, liegt verdecktes Eigenkapital vor.

Beispiel für die Ermittlung des verdeckten Eigenkapitals
(stille Reserven werden nicht berücksichtigt)

	Aktiven	Passiven
Liegenschaft	Fr. 1 200 000.-	
Aktienkapital		Fr. 50 000.-
Hypothek		Fr. 450 000.-
Darlehen von Aktionären		Fr. 700 000.-

Die Höhe des verdeckten Eigenkapitals stellt sich wie folgt:

Verkehrswert der Liegenschaft	Fr. 1 200 000.-
Höchstbetrag der Verbindlichkeiten 80%	Fr. 960 000.-
Verdecktes Eigenkapital	Fr. 240 000.-

Das verdeckte Eigenkapital ist sowohl in die Berechnung des Ergänzungssteuerkapitals als auch in diejenige des Verhältniskapitals einzubeziehen. Die der Erfolgsrechnung belasteten Passivzinsen sind angemessen zu korrigieren.

Wenn im vorliegenden Beispiel die steuerlich abzugsfähigen Zinsen mit dem Satz von 7% korrigiert werden, erhöht sich der steuerbare Reingewinn um Fr. 16 800.- (7% auf Fr. 240 000.-).

257 Die Organe der Aktiengesellschaft

Zwingende Organe der Aktiengesellschaft sind die **Generalversammlung** der Aktionäre, die **Verwaltung** und die **Kontrollstelle**. Fakultative Organe sind die von der Verwaltung getrennte Geschäftsleitung (Direktion) nach Art. 717/2 OR sowie allfällige neben der Kontrollstelle besonders eingesetzte Kommissäre oder Sachverständige (Art. 731/2 OR). Die Verwaltung ist ein ständiges geschäftsführendes Organ, die GV und die Kontrollstelle sind nur periodisch tätig.

2571 Die Generalversammlung der Aktionäre (GV)

a) Einleitung

Die GV ist das oberste Organ der AG. Als «Legislative» ist sie zuständig für die Festsetzung und Abänderung der Statuten und für die Bestellung, Entlastung und allenfalls Abberufung der übrigen Organe. Die ordentliche GV tritt einmal im Jahr, spätestens vor Ablauf von sechs Monaten seit dem Ende des Geschäftsjahres, zusammen. Bei Notwendigkeit können ausserordentliche Generalversammlungen einberufen werden.

Die ordentliche GV ist nach Art. 698 OR, ohne Delegationsmöglichkeit auf andere Organe, für folgende Beschlüsse zuständig:

- Festsetzung und Änderung der Statuten
- Wahl und Abberufung der Verwaltungsräte, der Kontrollstelle und allfälliger Liquidatoren
- Abnahme der Jahresrechnung und des Geschäftsberichtes des Verwaltungsrates
- Beschlussfassung über die Verwendung des Reingewinns einschliesslich Festsetzung der Dividende und des Gewinnanteils der Verwaltung; Schaffung und Erhöhung offener Reserven
- Entlastung der Verwaltung
- Ausgabe neuer Aktien, Vorzugsaktien oder Genussscheine
- Erhöhung oder Herabsetzung des Grundkapitals
- Genehmigung von Fusions-, Übernahme- oder Beteiligungsverträgen

Zusätzlich können die Statuten der GV weitere Befugnisse überbinden. In wichtigen Fragen können Weisungen an den Verwaltungsrat erlassen werden.

b) Vorbereitung

Neben den rechtlichen Vorschriften sind auch einige organisatorische Vorbereitungen wichtig:

- Bereitstellung des Versammlungslokals und bei grösseren Versammlungen die Erstellung der Sitzordnung und die Bereitstellung der Parkplätze
- Die Bereitstellung der Hilfsmittel (Mikrophon, Lautsprecher, Hellraumprojektor, Diaprojektor usw.)

– Bei Statutenänderungen ist der Beizug eines Notars empfehlenswert.
Die Entwürfe vor der Beschlussfassung sind dem Handelsregisteramt zur Vorprüfung vorzulegen. Andernfalls besteht das Risiko, dass der Eintrag der Statutenänderung, schlimmstenfalls wegen einer zu wenig beachteten Gesetzesvorschrift, ins Handelsregister verweigert wird. In diesen Fällen ist die Beschlussfassung, unter Beachtung der fehlenden Formvorschriften, zu wiederholen.
– Die Bereitstellung des Hilfspersonals (Zutrittskontrollen, Stimmenzählung).

Sodann ist zu beachten, dass nach Art. 724 OR der GV ein schriftlicher **Geschäftsbericht** vorgelegt wird. Wie die Erfahrungen aus der **Praxis** zeigen, wird diese gesetzliche Formvorschrift bei der Familien-AG oft verletzt. Insbesondere in Fällen, wo Meinungsverschiedenheiten und Spannungen unter den Aktionären bestehen, muss ein aussagefähiger schriftlicher Geschäftsbericht erstellt werden. Der Geschäftsbericht ist so zu verfassen, dass er auch von den passiven Aktionären verstanden wird. Die Einzelheiten sind allgemeinverständlich darzulegen. Inhaltlich muss der Geschäftsbericht an die vorangegangene Jahresrechnung anschliessen, auf wesentliche Veränderungen einzelner Posten hinweisen und die zum Verständnis der Veränderungen erforderlichen Erläuterungen beinhalten.

Beispiel:
Gegenüber dem Vorjahr haben die Gehälter in der Administration um Fr. . . . zugenommen. Dies ist auf den erweiterten Personalbestand von . . . Personen und auf den Teuerungsausgleich von . . .% zurückzuführen.

c) Einberufung
Die GV wird durch die Verwaltung nach den Formvorschriften der Statuten, im Zweifelsfall mindestens 10 Tage vor dem Versammlungstag, unter Angabe der Verhandlungsgegenstände einberufen. Die Einberufung hat schriftlich an alle Aktionäre oder,

den Statuten entsprechend, durch öffentliche Bekanntgabe zu erfolgen[1].

Die ordentliche GV hat nach Art. 699/2 OR innerhalb sechs Monaten nach Schluss des Geschäftsjahres stattzufinden. Die Einhaltung dieser Frist ist besonders wichtig, wenn ein unbefriedigender Geschäftsgang ernstliche Besorgnis für den Fortbestand des Unternehmens aufkommen lässt.

Bei der ordentlichen GV sind gleichzeitig die Verhandlungsunterlagen (Jahresrechnung, Kontrollstellbericht und Anträge zur Gewinnverwendung) am Sitz der Gesellschaft sowie bei allfälligen Zweigniederlassungen zur Einsichtnahme der Aktionäre aufzulegen (Art. 696/1 und 700/1 OR).

Bei der **Familien-AG** besteht bezüglich der Einberufung der ordentlichen GV der Aktionäre oft eine Unsicherheit. Schlimmstenfalls kann diese zu unerfreulichen gerichtlichen Auseinandersetzungen führen. Die rechtliche Ausgangslage ist unbefriedigend, da das Gesetz auf viele wichtige Fragen keine ausdrückliche und klare Antwort gibt. Bei der Verletzung von Formvorschriften ist eventuell mit einer Anfechtungsklage nach Art. 706 OR zu rechnen[2].

In der **Praxis** wird oft den Statuten[3] nicht genügend Beachtung geschenkt. Die Einhaltung der Einberufungsformalitäten erübrigt sich, wenn die GV als sogenannte **Universalversammlung** im Sinne von Art. 701 OR in Abwesenheit der Eigentümer oder bei Vertretung sämtlicher Aktien durchgeführt wird, ohne dass ein Aktionär gegen die formlose Durchführung Einspruch erhebt.

Bei der Familien-AG ist die stark vereinfachte Durchführung der GV als Universalversammlung oft der Fall. Wichtig ist, dass sämtliche Aktien vertreten sind; wenn auch nur eine einzige Ak-

---

[1] Siehe Anhang 6.
[2] Aktionäre und Verwaltung können Beschlüsse der GV, die gegen Gesetz und Statuten verstossen, beim Richter mit Klage gegen die Gesellschaft anfechten.
[3] Die Statuten können Bestimmungen enthalten, welche über die gesetzlichen Minimalerfordernisse hinausgehen (zum Beispiel bezüglich der Einberufungsfristen oder der Quora für die Beschlussfähigkeit); deshalb ist die genaue Statutenkenntnis sehr wichtig.

tie fehlt, ist die Durchführung der GV als Ganzes wirkungslos. Die Beschlüsse sind anfechtbar und nichtig, was vor dem Richter jederzeit geltend gemacht werden kann. Wer eine GV als Universalversammlung durchführt, ist daher gut beraten, wenn er sich vergewissert, ob der urkundenmässige Beweis über die Vertretung aller Aktien einwandfrei erbracht wird. Zu empfehlen ist, von den Aktionären eine Vollmacht gemäss nachfolgendem Beispiel einzuholen.

Beispiel für die Vollmacht eines Aktionärs bei Universalversammlungen[1]

Der unterzeichnete Aktionär erteilt für seine ... Aktienstimmen der Muster AG die nachstehende

Vollmacht mit Substitutionsrecht

an ...

für die Vertretung in der bevorstehenden ordentlichen Generalversammlung im Sinne der Zustimmung zum vorstehenden Protokollentwurf.

Diese Vollmacht ist gültig bis ...

Ort und Datum ...   Unterschrift

Die Einberufung einer GV kann nach Art. 699 OR auch von einem oder mehreren Aktionären, die zusammen mindestens den zehnten Teil des Grundkapitals vertreten, schriftlich unter Angabe des Zweckes verlangt werden.

Ausnahmsweise kann die GV von der Kontrollstelle, wenn sie die Verwaltung vergeblich zur Abhaltung einer nach Art. 699/2 oder Art. 725 OR fälligen GV aufgefordert hat, sowie von den Liquidatoren und vom Vertreter der Anleihensgläubiger einberufen werden.

---

[1] Die gleiche Vollmacht kann auch für die Durchführung von ausserordentlichen Generalversammlungen eingeholt werden.

Das Gesetz verpflichtet die Verwaltung ausdrücklich zur Vorbereitung und Durchführung der GV. Oft bestimmen die Statuten sogar, dass die Leitung der GV dem VR-Präsidenten obliege. In der **Praxis** erfolgt denn auch die Leitung der GV meist durch den VR-Präsidenten. Zu Beginn der Versammlung stellt der Vorsitzende fest, dass die Vorschriften über die Einberufung der GV eingehalten wurden.

Sofern Statuten und Gesetz kein bestimmtes Quorum vorsehen, ist die ordnungsgemäss einberufene GV ohne Rücksicht auf die Anzahl der vertretenen Aktienstimmen **beschlussfähig**, im Extremfall genügt eine einzige Aktienstimme. Wenn sich Aktionäre an der GV durch Dritte oder andere Aktionäre vertreten lassen, müssen entsprechende schriftliche Vollmachten vorliegen, die vor der Eröffnung der GV zu prüfen sind.

Beschlüsse werden, soweit Gesetz oder Statuten nichts anderes bestimmen, mit der absoluten Mehrheit der in der betreffenden Abstimmung stimmberechtigten und an der Abstimmung tatsächlich teilnehmenden Stimmen gefasst (Art. 703 OR). Die weitverbreitete Statutenbestimmung, wonach bei Stimmengleichheit der Präsident den Stichentscheid fällt, verstösst laut der bundesgerichtlichen Rechtsprechung nicht gegen zwingendes Recht und verletzt den Grundsatz der Gleichbehandlung der Aktionäre **nicht.** Der Vorsitzende sollte allerdings an der Versammlung stets auf eine derartige Statutenbestimmung aufmerksam machen. Die Feststellung der Stimmrechte ist Sache der Verwaltung (Art. 702/1 OR). Die Gültigkeit der Stimmen für das Ergebnis bezieht sich stets auf mehr als die Hälfte der für die Stimmenzählung massgebenden Zahl.

Verwaltungsräte und Direktoren (inkl. stellvertretende Direktoren und Vizedirektoren) sind vom Stimmrecht bei Beschlüssen über die Entlastung der Verwaltung ausgeschlossen (Art. 695 OR). Der Stimmrechtsausschluss bezieht sich stets auf die eigenen Aktien, welche auch nicht an Dritte zur Vertretung übertragbar sind, und auf zu vertretende Titel anderer Aktionäre. Beschlüsse können – je nach Tragweite – nach einfachem oder qualifiziertem Mehr erfolgen.

- Einfache Stimmenmehrheit bei Teilnahme von mindestens zwei Dritteln des Aktienkapitals für folgende Traktanden[1]:
  - Erweiterung oder Verengung des Geschäftsbereichs
  - Firmenänderung
  - Fusion
  - Verlängerung der Dauer der Gesellschaft
  - Auflösung vor dem laut Statuten vorgesehenen Termin
  - Ausgabe von Vorzugsaktien oder Genussscheinen
  - Aufhebung oder Abänderung von Vorzugsrechten
- Nach Art. 648 OR können folgende Beschlüsse nur mit einer Mehrheit von mindestens zwei Dritteln des gesamten Grundkapitals gefasst werden[2]:
  - Umwandlung
  - Aufhebung von Statutenbestimmungen, welche die Bestimmungen über die Beschlussfassung der GV erschweren
  - Einführung von Stimmrechtsaktien

d) Durchführung

Die GV ist als echte Versammlung in Anwesenheit des statutarischen bzw. gesetzlichen Quorums von persönlich teilnehmenden oder mit gültiger Vollmacht vertretenen Aktionären durchzuführen. Schriftliche Zirkulationsbeschlüsse sind nicht gültig. Die Festlegung von Ort, Zeitpunkt und Form der Durchführung richtet sich nach den statutarischen Vorschriften oder nach dem Ermessen der Verwaltung.

Den Vorsitz der GV wird im allgemeinen der Präsident des Verwaltungsrates, bei dessen Verhinderung ein anderes Mitglied des Verwaltungsrates übernehmen. Es kann jedoch auch ein anderer Aktionär als Tagungspräsident bestimmt werden. Über alle von den Aktionären abgegebenen Erklärungen ist ein **Protokoll** zu führen, wofür die Verwaltung die notwendigen Anordnungen zu treffen hat (Art. 702/2 OR)[3].

---

[1] Vorbehältlich anderer Statutenbestimmungen.
[2] Namenaktionäre, die dem Beschluss nicht zugestimmt haben, sind während sechs Monaten nach dessen Veröffentlichung im SHAB an statutarische Beschränkungen der Übertragbarkeit der Aktien nicht gebunden.
[3] Siehe Anhang 7.

Bezüglich des Protokolls sind die folgenden Punkte zu beachten:

- Sämtliche in der Einberufung aufgeführten Verhandlungsgegenstände sind im Protokoll der GV zu erwähnen.
- Genaue Angaben über die Durchführung und Leitung der GV müssen im Protokoll festgehalten sein (Zahl der vertretenen Aktien, Zahl der zustimmenden oder ablehnenden Stimmen und der Stimmenthaltungen, ausdrücklich von Aktionären zu Protokoll gegebene Erklärungen).
- Die Verwaltung ist für die Aufbewahrung des Protokolls bei den Geschäftsakten verantwortlich.
- Das Protokoll muss möglichst bald nach der GV fertiggestellt und zur Einsichtnahme durch die Aktionäre aufgelegt werden. Dies kann am Sitz der Gesellschaft während der Geschäftsstunden erfolgen.
- Im Hinblick auf eine später mögliche Verantwortlichkeitsklage ist zu empfehlen, die Probleme, welche allenfalls zu Verlusten führten, eingehend im Protokoll darzulegen.

Üblich, wenn auch nicht zwingend vorgeschrieben ist sodann die Erstellung einer Präsenzliste. Die materiellen Befugnisse der GV sind in Art. 698 OR geregelt.

Es ist zweckdienlich, in einem zusätzlichen Punkt «Verschiedenes» den Aktionären die Möglichkeit einzuräumen, Vorschläge und Anregungen vorzubringen. Den Aktionären kommt an der GV ein Recht auf Meinungsäusserung zu. Sie sollen die Gelegenheit erhalten, in der Versammlung alle ihre Argumente zur Sache vorzutragen und zu begründen. Zuerst sollen jene Redner zum Wort kommen, die bestimmte Anträge zu stellen haben. Der Vorsitzende tut gut daran, am Schluss eines jeden Votums den gestellten Antrag präzis zu wiederholen, damit allfällige Missverständnisse sofort beseitigt werden können. Der störungsfreie Verlauf der **Wahlen und Abstimmungen** erfordert insbesondere Klarheit aller Teilnehmer über folgende Fragen:

1. Welche Anträge stehen sich gegenüber?
2. Welches Stimmaterial ist wie zu verwenden?
3. Wie sind die Abstimmungsergebnisse zu interpretieren?

Die Wahlen von Verwaltungsräten und der Kontrollstelle sowie die Entlastungsbeschlüsse und die Abstimmungen zu den Punkten der Traktandenliste erfolgen durch die absolute Mehrheit der vertretenen und stimmberechtigten Aktien. Die ordnungsgemässen Wahlen und Abstimmungen sind auch für Aktionäre, die an der GV nicht teilgenommen haben, verbindlich.

2572 Die Verwaltung (der Verwaltungsrat)
a) Einleitung
Die Verwaltung besteht aus einer oder mehreren natürlichen Personen. Wenn mehrere Aktionäre die Verwaltung der AG innehaben, spricht man vom Verwaltungsrat (VR). Die Verwaltungsräte werden von der GV gewählt (Art. 708/1 OR). Wenn die Verwaltung aus einem oder zwei Mitgliedern besteht, müssen diese Schweizer Bürger und zugleich in der Schweiz wohnhaft sein. In den übrigen Fällen muss mindestens die Mehrheit des Verwaltungsrates diese Wählbarkeitsvoraussetzungen erfüllen (Ausnahme Holdinggesellschaften mit Auslandbeteiligungen). Nach Art. 711/3 OR muss mindestens ein einzelzeichnungsberechtigtes Mitglied des VR den Wohnsitz in der Schweiz haben (bei Kollektivunterschrift zwei). Je nach den statutarischen Vorschriften kann die Wahl des Verwaltungsrates auf höchstens drei und später auf höchstens sechs Jahre erfolgen. Die Wiederwahl ist in der Regel unbeschränkt zulässig (Art. 708 OR). Die Wahl kommt nur zustande, wenn der Gewählte das Amt ausdrücklich oder mindestens stillschweigend annimmt. Wenn mehrere Gruppen von Aktionären mit unterschiedlicher Rechtsstellung bestehen, zum Beispiel Vorzugs- neben Stammaktionären, hat jede Aktionärsgruppe Anspruch auf einen Vertreter im Verwaltungsrat und sogar im allfälligen VR-Ausschuss (Art. 708/4 OR).
Jedes Mitglied der Verwaltung muss:
- während seiner Amtsdauer mindestens eine Pflichtaktie als Pfand für seine korrekte Amtsführung hinterlegen (Art. 709 OR)

– zum Handelsregistereintrag angemeldet werden; die Unterschrift ist auch dann, wenn der Verwaltungsrat nicht zeichnungsberechtigt ist, amtlich zu beglaubigen (Art. 641/8 und 720 OR; HRV 23/2).

b) Aufgaben und Verantwortung

Der Verwaltungsrat kann seine Führungsaufgaben an eine Geschäftsleitung (Direktorium) delegieren. Er muss jedoch die Verantwortung dafür tragen. Geschädigte Personen haben die Möglichkeit, das Prinzip der Trennung von Geschäfts- und Privatvermögen zu durchbrechen, indem sie gegen die Verwaltungsräte, gegen die mit der Geschäftsführung betrauten Personen oder gegen die aktienrechtliche Kontrollstelle eine **Verantwortlichkeitsklage** aufgrund von Art. 754 OR anheben. Der Verantwortlichkeitsbereich des Verwaltungsrates wird durch die gesetzliche Umschreibung der zu erfüllenden Pflichten abgegrenzt. Hiefür sind vorerst die Art. 722 bis 725 OR massgebend. Daraus geht folgende Zweiteilung hervor:

1. Grundregel

Nach Art. 722 OR hat der Verwaltungsrat die Geschäfte sorgfältig zu leiten. Im einzelnen sind in diesem Gesetzesartikel folgende Pflichten festgehalten:
– Vorbereiten und Ausführen der Beschlüsse der Generalversammlung
– Überwachung der Geschäftsleitung durch Erlass von Reglementen und Weisungen
– regelmässige Feststellung des Geschäftsganges

2. Einzelpflichten

Nach Art. 722/3 OR hat der Verwaltungsrat folgende Einzelpflichten zu erfüllen:
– Führung der eigenen Protokolle, auch wenn die Verwaltung einer einzigen Person anvertraut wurde; nach Art. 715 OR sind Verhandlungen des VR zu protokollieren
– Führung der Protokolle der Generalversammlung
– tagfertige Führung der Geschäftsbücher
– Unterbreitung der Jahresrechnung an die Kontrollstelle

Art. 724 und 725 OR enthalten gewisse Sondervorschriften und überbinden dem Verwaltungsrat zusätzlich folgende Pflichten:
- Einholung eines Berichtes besonderer Sachverständiger bei bestimmten grossen Gesellschaften
- Einberufung einer ausserordentlichen Generalversammlung bei Verlust des halben Aktienkapitals
- Erstellung einer Zwischenbilanz zu Veräusserungswerten bei begründeter Besorgnis einer Überschuldung

Die Aufzählung in den Art. 722 bis 725 OR ist nicht abschliessend. Kraft weiterer obligationenrechtlicher, reglementarischer, steuerrechtlicher oder statutarischer Bestimmungen haften Verwaltungsräte u. U. persönlich, wenn eine Aktiengesellschaft ihre Verpflichtungen nicht erfüllt.

Damit ein Verwaltungsrat ins Recht gefasst werden kann, müssen folgende vier Voraussetzungen kumulativ erfüllt sein[1]:

1. Ein entstandener Schaden, eine Vermögensverminderung mittelbar oder gegebenenfalls unmittelbar. Der Schadenersatz ist eine Wiedergutmachung.

2. Schuldhaftes Verhalten der beteiligten Personen (pflichtwidrige Fahrlässigkeit). Dies bedeutet Vertragsverletzung oder unerlaubte Handlung. Es geht um einen Verstoss gegen die gesetzliche Sorgfaltspflicht als Organ, der auch im Unterlassen einer Handlung bestehen kann. Die Beurteilung, ob eine Verhaltensnorm verletzt wurde, misst sich an den Grundsätzen einer betriebswirtschaftlich und rechtlich sachgemässen Mandatsführung und ist gegebenenfalls durch ein Fachgutachten festzustellen.

3. Verschulden, der Mandatsträger hätte anders handeln sollen und können; er hat einen Schaden durch mangelnde Sorgfalt (Vorsatz oder Fahrlässigkeit) herbeigeführt. Grobe Fahrlässigkeit bedeutet eine Verletzung der elementarsten Vorsichtsgebote.

4. Adäquater Kausalzusammenhang zwischen entstandenem Schaden und schuldhaftem Verhalten. Die Ursache musste nach der allgemeinen Erfahrung geeignet sein, den Schaden herbeizuführen. Voraussetzung ist, dass der Schaden ohne die fragliche

---

[1] Die gleichen Voraussetzungen gelten sinngemäss auch für die Kontrollstelle.

Ursache nicht eingetreten wäre. Alleinverursachung ist nicht notwendig.

Für einen Verantwortlichkeitsanspruch genügt unter Umständen schon eine leichte Fahrlässigkeit. Erschwerend fällt ins Gewicht, dass mehrere Verwaltungsräte **solidarisch** haften. Aufgrund dieser Bestimmung könnte sich ein Kläger das VR-Mitglied aussuchen, welches ihm am solventesten erscheint.

Der interne Regress unter den Verwaltungsratsmitgliedern ist für den Kläger nicht von Bedeutung. Wenn zum Beispiel ein Schaden auf das schuldhafte Verhalten eines einzigen Verwaltungsrates zurückzuführen ist, kann dies ausreichen, um den gesamten Verwaltungsrat ins Recht zu fassen. In einem solchen Fall kann der betreffende Verwaltungsrat nur freigesprochen werden, wenn es ihm gelingt, seine volle Unschuld darzulegen. Dies dürfte oft schwierig sein, da für getroffene Entscheidungen stets der gesamte Verwaltungsrat einzustehen hat.

Beispiel

Ein Verwaltungsrat kann durch einen Protokollauszug schlüssig nachweisen, dass er gegen einen Verwaltungsratsbeschluss stimmte und umsonst auf die Gefahr hinwies, die zum entsprechenden Schaden führte. In diesem Fall kann ihm nicht Fahrlässigkeit vorgeworfen werden, und er dürfte von der Haftung befreit sein. Im Gegensatz dazu würde einem Teilhaber einer Personengesellschaft ein derartiger Beweis nichts nützen.

Laut Art. 754/1 OR haben Verwaltungsräte, die schuldhaft einen Schaden verursachen, diesen zu ersetzen. Die vorerwähnte Gesetzesbestimmung bezieht sich auch auf Prokuristen, Direktoren, Geschäftsführer, stille oder verdeckte Verwaltungsräte.

Verantwortlichkeitsklagen drohen von:
- der Gesellschaft selbst, häufiger noch von den Liquidatoren oder der Konkursverwaltung
- von Aktionären der Gesellschaft
- von Gläubigern der Gesellschaft

Deshalb muss sich die Amtsführung der Verwaltungsräte nach diesen drei Richtungen absichern. Die Absicherung richtet sich auf die Pflichterfüllung mit aller Sorgfalt aus. Diese bezieht sich auf alle Angelegenheiten der Gesellschaft. Sorgfältig handelt ein Verwaltungsrat nur dann, wenn er aufgrund rechtzeitiger und umfassender Informationen entscheidet und leitet. Die bundesgerichtliche Rechtsprechung weist darauf hin, dass Informationen aus dem eigenen Unternehmen kritisch zu würdigen sind.

Dabei hat sich der Verwaltungsrat selbst durch Stichproben von der Richtigkeit und Vollständigkeit der ihm unterbreiteten Informationen zu vergewissern. Er kann diese Aufgabe delegieren, indem er zum Beispiel die interne Revisionsstelle mit gewissen Aufgaben beauftragt.

Besondere Abklärungspflichten kommen dem VR zu, wenn ihm Signale über gewisse geschäftliche Unregelmässigkeiten oder eine ungünstige Entwicklung der geschäftlichen Situation zur Kenntnis gelangen.

In diesen Fällen ist die rasche und sorgfältige Durchführung von geeigneten Verbesserungsmassnahmen erforderlich.

Beispiel

Dem Inhaber einer Familien-AG gelangt auf Umwegen zur Kenntnis, dass bei einer Nebenkasse regelmässig Unterschlagungen erfolgen. Das Unternehmen ist zu klein, um eine eigene interne Revisionsstelle zu unterhalten. Der Inhaber handelt deshalb richtig, wenn er die externe Kontrollstelle (fachlich qualifizierte Treuhandgesellschaft) mit einer unangemeldeten Kassenprüfung beauftragt. Dadurch können Missstände festgestellt und Verbesserungen eingeleitet werden (zum Beispiel die Institutionalisierung eines Kassenreglementes). Im weiteren gehört zu den Sorgfaltspflichten des Verwaltungsrates, dass er gelegentlich zusammentritt. Dies wird namentlich bei kleineren bis mittleren Familien-AG bisweilen vernachlässigt. Keine oder auffällig wenig Sitzungen sind ein Anzeichen dafür, dass sich der Verwaltungsrat nur ungenügend um die Belange der Gesellschaft gekümmert hat.

Im weiteren hat der Verwaltungsrat zu prüfen, ob seine Beschlüsse im Unternehmen befolgt werden.

c) Der Geschäftsbericht

Laut Art. 724 OR ist die Verwaltung verpflichtet, der GV einen schriftlichen Geschäftsbericht vorzulegen. Dieser hat den Vermögensstand und die Tätigkeit der Gesellschaft darzulegen und zu erläutern.

Der Geschäftsbericht hat somit folgende Auflagen zu erfüllen:
- Darstellung des Vermögensstandes der Gesellschaft
- Darstellung der Tätigkeit der Gesellschaft
- Erläuterung des Jahresabschlusses

Obwohl das Buchführungsrecht in der Schweiz in den letzten vierzig Jahren nahezu unverändert blieb, hat sich die Rechnungslegungs- und Berichterstattungspraxis stark weiterentwickelt. Dazu haben die verbesserten Fachkenntnisse der für diese Belange verantwortlichen Personen und die Kritik der Wirtschaftspresse beigetragen.

Die Familien-AG muss den Geschäftsbericht nicht veröffentlichen. Es besteht nur ein **Auflagezwang**, indem die Aktionäre in den zehn Tagen vor der Generalversammlung bei der Gesellschaft die Bilanz und die Gewinn- und Verlustrechnung einsehen können (Art. 696 OR). Nach Art. 704 OR können die Gläubiger durch das zuständige Handelsregisteramt den Geschäftsbericht (Bilanz und Gewinn- und Verlustrechnung) einfordern, was in der Praxis kaum je benutzt wird.

Über die sehr allgemein umschriebenen Angaben im Geschäftsbericht wurden in der **Praxis** gewisse Grundsätze entwickelt, die allgemeingültig sind, jedoch eine gewisse Eingrenzung des Inhaltes ermöglichen.

Darstellung der Vermögenslage der Gesellschaft

Der Geschäftsbericht soll die Zahlen zum Jahresabschluss ergänzen. Er hat insbesondere über wesentliche Änderungen der Vermögens- und Kapitalstruktur des vergangenen Geschäftsjahres und deren Gründe Aufschluss zu geben[1].

---

[1] Zum Beispiel über Erwerb und Veräusserung grösserer Anlagen und Beteiligungen, Veränderung der Liquiditätslage, Bilanzstruktur usw.

Darstellung der Geschäftstätigkeit

Die Erläuterung der Geschäftstätigkeit im vergangenen Jahr ist oft der ausführlichste Teil des Geschäftsberichtes, da sich hier die Möglichkeit bietet, durch nichtssagende Ausführungen in die Allgemeinheit abzuschweifen. Gute Geschäftsberichte gehen auf die Branchen- und Marktverhältnisse ein, geben Aufschluss über die veränderte Organisations- und Personalstruktur im Unternehmen, zeigen die Entwicklung des Absatz- und Auftragsbestandes usw. Im übrigen fällt es in den Kompetenzbereich der Verwaltung zu entscheiden, was sie in ihrem Tätigkeitsbericht als wesentlich erachtet, um den Aktionären die Beurteilung der gegenwärtigen Lage und der zukünftigen Entwicklung des Unternehmens zu ermöglichen.

Erläuterung des Jahresabschlusses

Verschiedene Aktionäre verfügen oft nur über bescheidene buchhalterische und betriebswirtschaftliche Kenntnisse und sind somit nicht in der Lage, das in den Jahresabschlüssen enthaltene Zahlenmaterial richtig zu interpretieren. Deshalb soll die Verwaltung im Geschäftsbericht die einzelnen Bilanz- und Erfolgspositionen erläutern, damit sich die Aktionäre wenigstens annähernd ein Urteil über die wirtschaftliche Lage des Unternehmens bilden können. Dazu gehören zum Beispiel Veränderungen gegenüber dem Vorjahr, Abgrenzungen, Bildung und Auflösung stiller Reserven.

Je offener und ausführlicher die Gesellschaft den Jahresabschluss gestaltet, desto weniger sind Erläuterungen und mündliche Auskünfte an der GV notwendig.

Die Präsidialadresse

Da der Geschäftsbericht oft knapp gehalten ist und die wirtschaftliche Lage der Gesellschaft nur summarisch darlegt, gibt der Präsident des Verwaltungsrates an der Generalversammlung oft zusätzliche Erläuterungen ab. In der Regel ist auch der Verwaltung nicht zum voraus bekannt, welche Sachfragen den Aktionär interessieren. Die im Geschäftsbericht fehlenden Sachfragen können an der GV durch den Präsidenten des Verwaltungsrates mündlich erläutert werden. Weder aus dem Gesetz noch aus der Rechtsprechung der Gerichte ist ein bestimmter Mindestinhalt für den Geschäftsbericht vorgesehen. Deshalb verfügt die Verwaltung über einen hohen Ermessensspielraum. Die Grenzen bestehen darin, dass der Geschäftsbericht derart ausführlich sein muss, dass er den Aktionären und den Gläubigern einen möglichst sicheren Einblick in die wirtschaftliche und finanzielle Lage des Familienunternehmens vermittelt. Anderseits sind jedoch Tatsachen, die der Familien-AG schaden könnten (zum Beispiel die Erläuterung von Fabrikationsrezepten), im Geschäftsbericht zu verschweigen[1].

Im Anhang 8 ist das Muster eines Geschäftsberichtes auszugsweise wiedergegeben.

2573 Die Kontrollstelle[2]

a) Ablauf und Aufgaben der Jahresabschlussprüfung

Die Kontrollstelle hat den Jahresabschluss der Familien-AG zu prüfen. Die Belange der aktienrechtlichen Kontrollstelle sind Gegenstand umfassender Spezialliteratur. Die Ausführungen in dieser Publikation müssen sich auf die wichtigsten Einzelheiten beschränken.

Als einmaliger, periodischer Prüfungsvorgang ist die Abschlussprüfung ein prozessunabhängiges Überwachungsinstrument. Sie ist nur nachträglich wirksam. Aus rechtlicher Sicht kommt der Abschlussprüfung durch die aktienrechtliche Kontrollstelle eine Schutzwirkung für folgende Interessengruppen zu:

– die Aktiengesellschaft
– die Aktionäre
– die Gläubiger

Der zeitliche Ablauf einer Abschlussprüfung zeigt folgendes Bild:

---

[1] Siehe Anhang 10.
[2] Nachfolgend werden die Bezeichnungen Kontrollstelle und Abschlussprüfung gleichbedeutend verwendet.

Auftragsannahme
Prüfungsplanung
Prüfungshandlungen
Urteilsbildung
Berichterstattung

Laut den Bestimmungen von Art. 727 bis 731 OR ist die Kontrollstelle ein obligatorisches **Organ** der Aktiengesellschaft. Nach dem Gesetz hat sie folgende Aufgaben zu erfüllen:
- Prüfen, ob die Jahresrechnung mit den Büchern übereinstimmt (Art. 728/1 OR)
- Prüfen, ob die Bücher ordnungsgemäss geführt sind (Art. 728/1 OR)
- Prüfen, ob die Darstellung des Geschäftsergebnisses und der Vermögenslage den gesetzlichen und statutarischen Bewertungsvorschriften entspricht (Art. 728/1 OR)
- Begutachten der Vorschläge der Verwaltung über die Gewinnverteilung (Art. 729/1 OR)
- Bericht erstatten mit Antrag an die Generalversammlung auf Annahme oder Rückweisung der Jahresrechnung (Art. 729/1 OR)
- Teilnahme und Auskunftserteilung an der Generalversammlung (Art. 729/4 und 697/1 OR)
- Mitteilen von wahrgenommenen Mängeln der Geschäftsführung und von Verletzungen gesetzlicher oder statutarischer Vorschriften (Art. 729/3 OR)
- Einberufen der Generalversammlung, falls die Verwaltung untätig bleibt (Art. 699/1 OR)
- Pflicht zur Verschwiegenheit (Art. 730 OR)

Durch Statutenbestimmungen oder Beschlüsse der GV können die gesetzlichen Aufgaben der Kontrollstelle erweitert werden. Die Kontrollstelle darf jedoch keine Aufgaben der Verwaltung übernehmen. Aktiengesellschaften, die ein Grundkapital von 5 Mio. Franken und mehr aufweisen oder eine Obligationenanleihe ausgegeben haben oder sich öffentlich zur Annahme fremder Gelder empfehlen, haben zudem ihre Jahresrechnung durch **unabhängige Büchersachverständige** prüfen zu lassen (Art. 723

OR). Die unabhängigen Büchersachverständigen werden vom VR beauftragt und haben diesem Bericht zu erstatten.

Die Kontrollstelle hat die Beachtung der Grundsätze ordnungsgemässer Buchführung und der aktienrechtlichen Bewertungsvorschriften zu bestätigen. Die **Wahl** der Kontrollstelle erfolgt durch die GV, zuerst für 1 Jahr, später höchstens für 3 Jahre.

Mandate, die keinen einschränkenden Bedingungen unterliegen und bei denen die Auskünfte über den Zweck der Gesellschaft und die Gründer positiv sind, dürfen ohne weiteres **angenommen** werden. Im Zweifelsfalle können Bedingungen für die Mandatsannahme gestellt werden. Bei der erstmaligen Mandatsannahme empfiehlt sich die **Schriftlichkeit**. Bei einer Wiederwahl kann die Mandatsannahme im konkludenten Verhalten bestehen. **Abzulehnen** sind Mandate, bei denen für die Prüfung der Rechnungslegung einschränkende Bedingungen gestellt werden.

Beispiel
Die Verwaltung macht der Kontrollstelle Honorarauflagen, welche eine ausreichende und fachgerechte Abschlussprüfung verunmöglichen.

Eine **Mandatsniederlegung** durch die Kontrollstelle während der Amtsdauer erfolgt durch eingeschriebenen Brief an den Verwaltungsratspräsidenten zuhanden der GV.

Die Kontrollstelle muss die Mandate während der Amtsdauer **überwachen.**

Bezüglich der Vorlage der Bücher ist eine Terminkontrolle zu führen. Diese stützt sich auf Art. 699/2 OR, wonach die ordentliche GV alljährlich innerhalb von **sechs** Monaten nach Schluss des Geschäftsjahres zu erfolgen hat.

Bei Gesellschaften, die die Vorlage der Bücher und Belege zur jährlichen Prüfung verzögern, ist die Verwaltung durch die Kontrollstelle mittels eingeschriebenen Briefs auf die Pflicht zur Rechnungsablage aufmerksam zu machen.

b) Rechtsgrundlagen und Ziele der Jahresabschlussprüfung
Bei der Aktiengesellschaft ist die Prüfung der Jahresrechnung zwingend vorgeschrieben. Den einzelnen Aktionären steht kein

Recht auf Büchereinsicht zu. Sie haben somit keine Möglichkeit, sich selbst von der Richtigkeit der Jahresrechnung zu überzeugen. Aufgabe der Kontrollstelle ist es demnach, den Aktionären als Grundlage für eine sinnvolle Ausübung des Stimmrechts an der GV betreffend die Beschlussfassung über die Genehmigung der Jahresrechnung und der Gewinnverwendung ausreichende Informationen zu vermitteln. Die Kontrollstelle übt keine Aufsicht über die Unternehmungstätigkeit und keine Geschäftsführungsprüfung der Familien-AG aus. Sie übernimmt auch keine Prüfungsaufgaben für staatliche Organe.

Ziele der Jahresabschlussprüfung sind:
1. Hauptziele (gesetzlicher Auftrag gemäss Art. 728 OR) überprüfen und feststellen, ob:
- Bilanz und Erfolgsrechnung mit der Buchhaltung übereinstimmen
- die Buchhaltung ordnungsgemäss geführt ist
- bei der Darstellung der Vermögenslage und des Geschäftsergebnisses die obligationenrechtlichen Bewertungsgrundsätze sowie allfällige besondere Vorschriften der Statuten eingehalten sind
- der Gewinnverwendungsvorschlag des Verwaltungsrates Gesetz und Statuten entspricht[1]

2. Nebenziele
- Verhütung von Unregelmässigkeiten
- Aufdeckung von Unregelmässigkeiten (präventive und detektive Wirkung)
- sorgfältigere und übersichtlichere Buchführung (EDV) und Belegablage

Der Beruf des Abschlussprüfers ist in der Schweiz grundsätzlich frei. Als Kontrollstelle einer Aktiengesellschaft ist nach dem geltenden Recht jedermann wählbar (Art. 727 OR).

[1] Siehe Anhang 9.

Nur für die Prüfung bestimmter grösserer Aktiengesellschaften werden unabhängige Büchersachverständige gefordert (Art. 723 OR). In der **Praxis** wird jedoch diese Bestimmung sehr grosszügig ausgelegt. Wer unabhängiger Büchersachverständiger sein kann, ist von Gesetz und Judikatur nicht definiert. Wie jedoch die Erfahrung zeigt, sind Prüfungen nach Art. 723 OR ohne tiefgehende Buchhaltungs- und Revisionskenntnisse nicht möglich.

Die Abschlussprüfer sollten eine der Aufgabe entsprechende Erfahrung und Ausbildung aufweisen. Dies gilt in einem Prüferteam für den Leiter und für seine Mitarbeiter, bezogen auf die jeweilige Funktionsstufe. Wird dieser Grundsatz nicht beachtet, ist der einzelne in seiner Aufgabe überfordert. Vor allem bei grösseren Familien-AG, an welchen auch die Öffentlichkeit ein Interesse hat und bei denen es zahlreiche Gläubiger und Mitarbeiter gibt, sollten von den Prüfern gewisse berufliche Voraussetzungen verlangt werden.

c) Prüfungsgebiete und Prüfungsdurchführung

Die Jahresabschlussprüfung bezieht sich auf die Prüfung der Einhaltung der Rechnungslegungsvorschriften und der Grundsätze ordnungsmässiger Buchführung gemäss den gesetzlichen Vorschriften. Auf diese Vorschriften bezieht sich auch der Bestätigungsbericht der Kontrollstelle nach Art. 729 OR.

Die Grundsätze ordnungsmässiger Buchführung sind weder im Handelsrecht noch im Steuer- oder Strafrecht definiert; deren Diskussion ist im Zusammenhang mit der EDV wieder aufgeflammt.

Die Prüfungshandlungen der Kontrollstelle sind einzuteilen in:
- Bestandesprüfungen
- Bewertungsprüfungen und
- Verkehrsprüfungen

Die Bestandes- und Bewertungsprüfungen sind aus der Sicht der Verantwortlichkeit wichtiger als die Verkehrsprüfungen. Der Abschlussprüfer muss sich bei seinen Prüfungshandlungen stets die vom Gesetz vorgesehenen Hauptaufgaben vor Augen halten.

Anhand von Fragebogen werden nach schweizerischer Prüfungspraxis auch die Belange des Internen Kontrollsystems (IKS) geprüft. Die Grundsätze des IKS beziehen sich vor allem auf die Funktionstüchtigkeit der geltenden Betriebsabläufe. Insbesondere ist festzustellen, dass die einzelnen Geschäftsfälle bezüglich der Funktionentrennung harmonisch aufgeteilt werden. So sollte zum **Beispiel**, selbst bei kleinsten Verhältnissen, der Buchhalter nicht gleichzeitig Lagerverwalter und Kassier sein.

Die Prüfung der Bewertung der einzelnen Bilanzpositionen erfordert von der Kontrollstelle gute Fachkenntnisse. Nach der bundesgerichtlichen Rechtsprechung sollten in Zweifelsfällen entsprechende Fachleute aus der jeweiligen Branche beigezogen werden. Die Grenzen der Prüfungspflicht liegen darin, dass die Kontrollstelle nur bei ganz kleinen Verhältnissen die gesamte Buchhaltung prüfen kann. Ansonsten muss sie sich auf Stichproben beschränken, für die sie allerdings die Verantwortung zu tragen hat.

d) Berichterstattung

Das Ergebnis der durchgeführten Prüfungen ist in einem schriftlichen Bericht an die **Generalversammlung der Aktionäre** festgehalten. Darin kann die Kontrollstelle folgende Anträge stellen:
- Abnahme der Bilanz ohne Vorbehalt
- Abnahme der Bilanz mit Vorbehalt
- Rückweisung der Jahresrechnung

Der Bestätigungsbericht der Kontrollstelle muss, unter Nennung der wesentlichsten Prüfungsergebnisse, **zehn** Tage vor der GV bei der Familien-AG vorliegen. Eine Abweichung vom Normalwortlaut ergibt sich zum Beispiel in folgenden Fällen:
- Verstoss der Buchführung gegen den Grundsatz der Ordnungsmässigkeit (unter Angabe der Gründe, so zum Beispiel, dass wichtige Ausgabenbelege, Bestandes- oder Bewertungsnachweise usw. fehlen)
- Nichtübereinstimmung der Bilanz mit den Büchern
- Verstoss gegen die Bewertungsvorschriften

- unrichtige oder irreführende Darstellung eines bilanzfähigen Sachverhaltes
- bei Ausführung des Auftrages wahrgenommene wichtige Fälle von Verstössen gegen Gesetz oder Statuten und von Geschäftsführungsmängeln
- Gesetzes- oder Statutenwidrigkeit des Antrages auf Gewinnverwendung[1]

Mängel der Geschäftsführung oder die Verletzung gesetzlicher[2] oder statutarischer Vorschriften, die bei der Prüfung der Jahresrechnung festgestellt werden, sind im Sinne einer ausserordentlichen Berichterstattung der Stelle, die dem Verantwortlichen unmittelbar übergeordnet ist, und dem Präsidenten des Verwaltungsrates, in wichtigen Fällen auch der GV, mitzuteilen.

Nach Art. 723 OR muss die Revisionsstelle einen Erläuterungsbericht[3] an die Verwaltung erstellen. Es ist sinnvoll, dass die Kontrollstelle bei der Familien-AG auch einen derartigen Bericht erstellt, wenn das Aktienkapital kleiner ist als Fr. 5 Mio. Ein guter Erläuterungsbericht umfasst etwa 30 bis 60 Seiten. Er soll für den Verwaltungsrat eine umfassende Dokumentation bilden und die Finanz- und Ertragslage des betreffenden Unternehmens klar darlegen. Ein guter Erläuterungsbericht bietet folgende Vorteile:
- Der Leser wird umfassend über die wirtschaftliche und finanzielle Lage eines Unternehmens informiert.
- Die finanzielle Entwicklung eines Unternehmens wird dargelegt.
- Detailangaben, die dem Leser ansonsten nicht zugänglich wären, werden dargelegt.
- Nachschlagewerk auf Jahre zurück.
- Grundlage für Kreditverhandlungen, Fusionen usw.

e) Die Verantwortlichkeit

Wie andere Fachleute (Zahnärzte, Ärzte, Ingenieure, Architekten usw.) ist auch die Kontrollstelle für ihre Arbeit verantwortlich.

[1] Siehe Anhang 10.
[2] Auch Verstösse ausserhalb des Obligationenrechts. Zum Beispiel die Verletzung der Bestimmungen über die Pflichtlagerhaltung.
[3] Siehe Anhang 11.

Die Prüfarbeit muss sorgfältig durchgeführt werden. Bei Verstössen gegen die Sorgfaltspflicht ist die Kontrollstelle haftbar. Gesetzesgrundlage für die **zivilrechtliche** Verantwortlichkeit der Kontrollstelle ist Art. 754/1 OR. Danach sind alle mit der Verwaltung, Geschäftsführung oder **Kontrolle** betrauten Personen sowohl der Gesellschaft als auch den einzelnen Aktionären und Gesellschaftsgläubigern für den Schaden verantwortlich, den sie durch absichtliche oder fahrlässige Verletzung der ihnen obliegenden Pflichten verursachen. Die Möglichkeit, Verantwortlichkeitsklagen gegen die aktienrechtliche Kontrollstelle geltend zu machen, haben gemäss Art. 754 OR

- die Aktiengesellschaft
- die Aktionäre
- die Gläubiger

Eine Verantwortlichkeitsklage gegen die aktienrechtliche Kontrollstelle ist nur möglich, wenn die vier auf Seite 111 genannten Voraussetzungen erfüllt sind. Die Kontrollstelle haftet grundsätzlich nicht für den Initialschaden, sondern nur für den **Folgeschaden,** der bei pflichtgemässer Prüfung und Berichterstattung nicht entstanden wäre. Dazu gehört auch die Pflicht der Kontrollstelle, bei Untätigkeit der Verwaltung die GV der Aktionäre einzuberufen und durchzuführen (zum Beispiel im Falle von Art. 725 OR). Wenn die Kontrollstelle getäuscht wurde und sie dies bei pflichtgemässer Durchführung der Prüfung der Jahresrechnung nicht feststellen konnte, trifft sie keine Schuld.

Aufgrund der in den letzten Jahren durch **Gerichtsentscheide** bestätigten erhöhten Verantwortlichkeit der Kontrollstelle wird es für Laienrevisoren immer schwieriger, der Prüfungsarbeit zu genügen. Ein Prüfer, der ein Kontrollstellmandat annimmt, muss sich der entsprechenden Verantwortlichkeit bewusst sein. Stark **risikobehaftete** Kontrollstellmandate[1] sind besonders zu überwachen. Von Vorteil sind periodische persönliche Kontakte des Prüfungsleiters mit der Geschäftsleitung der Familien-AG. Insbesondere ist in diesen Fällen zu prüfen, ob die Aktionäre gewillt sind,

---

[1] Stark risikobehaftet sind Gesellschaften, bei denen der Netto-Unternehmungswert knapp oder ungenügend ist.

das Unternehmen auch in schwierigen finanziellen Situationen durchzuhalten. Wenn zu befürchten ist, dass die hinter der Gesellschaft stehenden Personen auch vor unseriösen Handlungen nicht zurückschrecken, muss die Kontrollstelle besonders kritisch sein.

In ganz schwerwiegenden Fällen ist eine Mandatsniederlegung unumgänglich.

258 Die Besteuerung der Aktiengesellschaft

2581 Die Kapital- und Ertragssteuer

Kapital- und Ertragssteuern erheben bei der Aktiengesellschaft der Bund, die Kantone und die Gemeinde am Sitz der Gesellschaft in der Schweiz oder am Ort der schweizerischen Leitung, falls die Geschäftsführung nicht am Gesellschaftssitz erfolgt. Besteuert werden Reinertrag und Eigenkapital, die in einem gewissen Verbundverhältnis zueinander stehen.

Zu unterscheiden ist zwischen Betriebs- und Holdinggesellschaften. Die **Betriebsaktiengesellschaft** ist ein Unternehmen, das einen Handels-, Fabrikations- oder Dienstleistungsbetrieb führt und wie folgt besteuert wird[1]:

a) Direkte Bundessteuer

– Kapitalsteuer
Besteuert werden das einbezahlte Grundkapital sowie die offenen und stillen Reserven zu einem proportionalen Tarif von 8,825‰. Massgebend für die Steuerberechnung ist der Stand des Grund- oder Stammkapitals und der Reserven im Zeitpunkt des Beginns der Steuerpflicht. Die Berechnung erfolgt nach einer Hilfstabelle der EStV.

– Reinertragssteuer
Die Berechnung des steuerbaren Reinertrages geht vom Saldo der Gewinn- und Verlustrechnung aus. Dieser wird korrigiert, soweit

---

[1] Die steuerlichen Belange der Holding-AG werden im entsprechenden Kapitel behandelt.

die getroffenen Buchungen nicht mit den steuerlichen Vorschriften übereinstimmen. Der Steuersatz ist von der Rendite (Verhältnis Reinertrag/Eigenkapital) abhängig. Der Steuersatz beginnt mit einem Mindestansatz von 3,63%, nimmt dann mit zunehmender Rendite (Verhältnis des steuerbaren Reinertrages zum steuerbaren Eigenkapital) ständig zu und geht in einen proportionalen Maximalsatz von 9,8% über.

Die Reinertragssteuer einer Gesellschaft mit kommerzieller Tätigkeit wird wie folgt berechnet:

- Grundsteuer 3,63% des Reinertrages
- Zuschlag von 3,63% auf dem Teil des Reinertrages, der 4% Rendite übersteigt
- Weiterer Zuschlag von 4,84% auf dem Teil des Reinertrages, der 8% Rendite übersteigt

Die Berechnung der direkten Bundessteuern wird am nachfolgenden **Beispiel** dargestellt:

Steuerbarer Reinertrag	Fr. 100 000.–
Kapital und Reserven	Fr. 1 000 000.–
Aktienkapital	Fr. 600 000.–

	Reinertrag	Satz	Steuer
Gesamter Reinertrag	Fr. 100 000.–	3,63%	Fr. 3630.–
abzüglich 4% von Kapital und Reserven	– Fr. 40 000.–		
Teil des Reinertrages, der 4% Rendite übersteigt	Fr. 60 000.–	3,63%	Fr. 2178.–
abzüglich 4% von Kapital und Reserven	– Fr. 40 000.–		
Teil des Reinertrages, der 8% Rendite übersteigt	Fr. 20 000.–	4,84%	Fr. 968.–
Total Steuerbetrag nach Tarif = 6,776%			Fr. 6776.–

Die Steuerbelastung durch die Ertragssteuer bei der BdBSt für eine Betriebsaktiengesellschaft mit mindestens Fr. 50000.– Kapital und Reserven kann an der folgenden Tabelle abgelesen werden.

Reingewinn in % des Kapitals inkl. Reserven	Steuersatz in % des Reingewinns
bis 4	3,63
5	4,36
6	4,84
7	5,19
8	5,44
9	6,18
10	6,78
11	7,26
12	7,66
13	8,00
14	8,30
15	8,55
16	8,77
17	8,97
18	9,14
19	9,30
20	9,44
21	9,56
22	9,68
23	9,79
23, 1478 und mehr	9,80

b) Kantonale und kommunale Steuern

Sehr verschieden präsentiert sich die Besteuerung in den einzelnen Kantonen. Mehr als die Hälfte stellen zur Bestimmung des Satzes der Ertragssteuer auf das Verhältnis zwischen Reinertrag und Kapital ab, während andere Kantone einen der Bundessteuer ähnlichen Stufentarif oder einen progressiven Satz anwenden. Die Kapitalsteuer wird fast überall zu einem proportionalen Satz berechnet. Die in den kantonalen Steuergesetzen niedergelegten Tarife sind aber in der Regel nur Grundansätze. Die gestützt darauf errechnete Steuer ergibt deshalb zumeist nur die Basissteuer (einfache Steuer). Dieser Betrag ist zur Bestimmung der effektiven Kantons- und Gemeindesteuer mit einem von Kanton und Gemeinde periodisch nach dem jeweiligen Finanzbedarf festgesetzten jährlichen Vielfachen (Steuerfuss, Steueransatz oder Steueranlage) zu multiplizieren. Der Zuschlag wird entweder in Prozenten (zum Beispiel Kantonssteuer = 120% der einfachen Steuer) oder in einem einfachen Multiplikationssatz (zum Beispiel Kantonssteuer = 1,2 × einfache Steuer) ausgedrückt.

Die unterschiedliche Berechnungsart und Steuerbelastung der Staats- und Gemeindesteuern in den einzelnen Kantonen wird nachstehend aufgrund der zur Zeit geltenden Sätze und Gesetze für die Kantone Zürich und Solothurn dargestellt[1]:

Zürich

Verhältnis zwischen Kapital und Reserven	10%
Einfache Steuer 5%	Fr. 5000.-
Kapitalsteuer 120% der einfachen Steuer	Fr. 6000.-
Gemeinde- und Kirchensteuer 143% der einfachen Steuer	Fr. 7143.-
Zusammen	Fr. 13143.-

Solothurn (2-Stufen-Tarif)

1. Stufe

Gesamter Reingewinn	Fr. 100000.-	
Ausschüttung Fr. 72000.-, max. 6% vom Aktienkapital zum Steuersatz von 3%	– Fr. 36000.-	Fr. 1080.-
Verbleibender Reingewinn zum Satz von 5%	Fr. 64000.-	Fr. 3200.-

---

[1] Basisdaten wie bei der Berechnung der direkten Bundessteuer.

2. Stufe

Gesamter Reingewinn	Fr. 100000.–		
4% des Eigenkapitals	– Fr. 40000.–		
Übersteigender Reingewinn zum Satz von 7%	Fr. 60000.–	Fr. 4200.–	
Kantonale Steuer insgesamt		Fr. 8480.–	
Gemeinde- und Kirchensteuer 150% der einfachen Steuer			Fr. 12720.–
Zusammen			Fr. 21200.–

Wie das Beispiel zeigt, ist die Ertragssteuerbelastung im Kanton Solothurn wesentlich höher als im Kanton Zürich[1].

2582 Verdeckte Gewinnausschüttungen

Verdeckte Gewinnausschüttungen bestehen oft darin, dass eine Familien-AG den Aktionären oder diesen nahestehenden Personen[2] Leistungen erbringt, welche bei üblichem Geschäftsverkehr mit unbeteiligten Dritten nicht erbracht würden.

Diese Leistungen werden bei der Gesellschaft als Aufwand abgebucht.

Klassische **Beispiele** verdeckter Gewinnausschüttungen sind:
– zu hohe Löhne und Gehälter
– zu hohe Spesenvergütungen
– zu hohe Zinsen
– zu hohe Mietzinsen
– Kauf und andere Rechtsgeschäfte zu unangemessenen Preisen.
Soweit die Leistung das im Verkehr mit der Gesellschaft übliche Mass übersteigt, handelt es sich nicht mehr um geschäftsmässig begründeten Aufwand, sondern um geldwerte Leistungen. Dies hat zur Folge, dass im Ausmass der geldwerten Leistung die Verrechnungssteuer geschuldet ist. Der aufgerechnete Betrag wird

---

[1] Weitere Beispiele siehe Margairaz.
[2] Zum Begriff der nahestehenden Personen hat das Bundesgericht ausgeführt, dass darunter auch Personen fallen, zu denen wirtschaftliche oder persönliche Verbindungen bestehen, die nach den gesamten Umständen als der eigentliche Grund für die Erbringung der Leistung betrachtet werden müssen.

dem Ertrag der Familien-AG zugerechnet. Beim Aktionär stellt die geldwerte Leistung Ertrag aus Beteiligungsrechten dar.

Die Rechtsprechung des Bundesgerichtes zum Begriff der geldwerten Leistung durch unangemessene Vertragsbedingungen ist nicht einheitlich, stützt sich jedoch mehrheitlich auf die folgenden Elemente ab:

- Die Leistung der Gesellschaft wird ohne entsprechende Gegenleistung erbracht, so dass sich die Leistung als eine Entnahme von Gesellschaftsmitteln in einer Verminderung der ausgewiesenen Geschäftsergebnisse auswirkt.
- Die Leistung wird als Vorteil zugebilligt, der einem unbeteiligten Dritten unter den gleichen Bedingungen nicht gewährt würde. Die Leistung ist ungewöhnlich und mit sachgemässem Geschäftsgebaren nicht vereinbar.
- Die Bevorzugung der Aktionäre war für die handelnden Gesellschaftsorgane erkennbar, so dass anzunehmen ist, es sei eine Begünstigung beabsichtigt gewesen.

Für Familienaktiengesellschaften sind die folgenden vom Bundesgericht beurteilten Fälle von verdeckten Gewinnausschüttungen erwähnenswert:

- Eine Familien-AG richtete in Anerkennung einer Rechtspflicht dem geschiedenen Ehegatten einer Aktionärin und ehemaligen Direktor eine Rente aus, zu deren Zahlung sich die Aktionärin in der Scheidungskonvention verpflichtete. Die Gesellschaft erbrachte dadurch der Aktionärin geldwerte Leistungen, die diese als Einkommen zu versteuern hatte.
- Ein Steuerpflichtiger verkaufte seine Beteiligung an einer Betriebsgesellschaft ohne sachlich begründetes Bedürfnis an eine von ihm beherrschte Holdinggesellschaft und überwies ihr die in der Betriebsgesellschaft angehäuften Gewinne. Dieser Vorgang erfüllte die Voraussetzungen der Steuerumgehung; der Steuerpflichtige war deshalb so zu besteuern, wie wenn ihm die übertragenen Gewinne vorgängig ausgeschüttet worden wären.
- Ein Steuerpflichtiger wollte seine Einzelfirma aufgeben, wandelte diese jedoch ohne Versteuerung der stillen Reserven in

eine AG um und veräusserte anschliessend die Aktienmehrheit an einen Dritten. Er hatte auf dem realisierten Teil der stillen Reserven die Einkommenssteuern zu entrichten.

259 Die Holdingaktiengesellschaft

2591 Einleitung

Wenn mehrere Personen Aktionäre eines Unternehmens sind, besteht die Gefahr, dass keine Einstimmigkeit oder keine Mehrheit in der Generalversammlung zustande kommt. Uneinigkeit in einer GV, die auf Interessenkonflikten beruht, ist für ein Unternehmen unerfreulich und wirkt sich auf das gesamte Management lähmend aus. Aus diesen und anderen Gründen kann es in Einzelfällen richtig sein, wenn der Unternehmer sein Aktienpaket in eine von ihm zu gründende Holdinggesellschaft einbringt. Dadurch wird er Aktionär dieser Holdingaktiengesellschaft. In seinen persönlichen Nachlass fallen nur Aktien der Holdinggesellschaft, jedoch nicht Aktien der Betriebsgesellschaft. Die gesamten durch die Holdinggesellschaft vom Aktionär übernommenen Aktien der Betriebsgesellschaft werden einheitlich als Ganzes gehalten; in der GV der Betriebsgesellschaft erfolgt eine einheitliche Stimmausübung für dieses Aktienpaket.

Die Verwaltung der Betriebsgesellschaft ist durch die Zwischenschaltung der Holdinggesellschaft von familiären Unstimmigkeiten weitgehend abgeschirmt. Alle Probleme werden freilich durch die Gründung einer Holdinggesellschaft **nicht** gelöst. Insbesondere bedarf auch die Verteilung der Aktien der Holdinggesellschaft, die sich nunmehr im Nachlass des Unternehmers befinden, einer besonderen Regelung. Es ist festzuhalten, wer Verwaltungsrat dieser Gesellschaft wird und somit berechtigt ist, das der Holdinggesellschaft zustehende Aktienpaket in der Generalversammlung der Betriebsgesellschaft zu vertreten.

2592 Die Besteuerung

Zur Vermeidung einer wirtschaftlichen Dreifachbesteuerung sind die Holdinggesellschaften in den meisten Kantonen von der

Ertragssteuer gänzlich befreit und entrichten lediglich eine Kapitalsteuer.

Die Voraussetzungen für die Privilegierung der Holdinggesellschaften sind kantonal verschieden geregelt. Gemäss Gesetz und Praxis werden im wesentlichen folgende Anforderungen gestellt:
- ausschliessliche Beteiligung
- überwiegend oder hauptsächlich dauernde Beteiligung als Gesellschaftszweck
- 80% Beteiligungsertrag von 80% Beteiligungen
- 75% Beteiligungsertrag von 75% Beteiligungen

In den meisten Kantonen geniessen auch Domizilgesellschaften die gleiche Privilegierung wie Holdinggesellschaften. Das Holdingprivileg hat zur Folge, dass nicht nur die Beteiligungserträge, sondern auch alle übrigen Erträge von den kantonalen und kommunalen Steuern befreit sind. Der **Bund** gewährt kein Holdingprivileg, sondern lässt bei der direkten Bundessteuer nur den Beteiligungsabzug zu (BdBSt 59). Deshalb sind hier die direkten Beteiligungserträge nie vollständig steuerfrei, es sei denn, der gesamte Rohertrag bestehe aus massgebendem Beteiligungsertrag.

Diese Ausführungen werden am nachstehenden **Beispiel** einer Handelsgesellschaft mit massgebender Beteiligung dargelegt:

Erfolgsrechnung	Aufwand Fr.	Ertrag Fr.
Warenbruttogewinn		4 000 000
Wertschriftenerträge und Zinsen (nach Abzug von Fr. 200 000.– Schuldzinsen)		800 000
Dividende der Tochtergesellschaft		400 000
Verwaltungskosten	2 000 000	
Vertriebskosten	1 500 000	
Abschreibungen auf Gebäude	150 000	
Steuern	350 000	
Reinertrag	1 200 000	
	5 200 000	5 200 000

Gesamte Steuer vom Reinertrag		117 600
9,8 % von Fr. 1 200 000.–		
Warenbruttogewinn	4 000 000	
./. Vertriebskosten und Gebäude-		
abschreibung	– 1 650 000	
	2 350 000	
Wertschriftenerträge und Zinsen brutto	1 000 000	
Dividende der Tochtergesellschaft	400 000	
	1 400 000	
	3 750 000	

zusammen

Holdingabzug $\dfrac{400\,000 \times 100}{3\,750\,000}$ 10,66 % — 12 536

Geschuldete Steuer vom Reinertrag 105 064

Bezüglich einer Holdinggesellschaft sind folgende Punkte wichtig:

- Es handelt sich um eine Gesellschaft, deren Geschäftszweck ausschliesslich oder zum vorwiegenden Teil darin besteht, Beteiligungen an anderen Gesellschaften zu halten und zu verwalten.
- Als Kapitalgesellschaft bezweckt eine Holdingaktiengesellschaft eine gewinnbringende Anlage durch Erwerb von Aktien anderer Gesellschaften zu erreichen. Je nach der Kurs- und Dividendenentwicklung werden Aktien gekauft oder verkauft, so dass das Beteiligungsportefeuille laufend mehr oder weniger starken Veränderungen unterworfen ist.
- Die Holdinggesellschaft ist auf die dauernde Kontrolle mehrerer Gesellschaften ausgerichtet. Meist wird die Kontrolle durch Eigentum an der Aktienmehrheit erreicht.
- Holdinggesellschaften sind von den Vorschriften über die Reservebildung der Aktiengesellschaften befreit. Der Gesetzgeber geht davon aus, dass die Untergesellschaften Reserven bilden und somit eine doppelte Reservebildung ausbleibt.

26 Die Gesellschaft mit beschränkter Haftung (GmbH/Art. 772 bis 827 OR)

Die Gesellschaft mit beschränkter Haftung (GmbH) wurde für kleinere Unternehmungen mit wenig Mitarbeitern vorgesehen. Es besteht ein engeres persönliches Verhältnis unter den Beteiligten als bei der Aktiengesellschaft. Für Publikumsgesellschaften ist die GmbH als Gesellschaftsform kaum geeignet.

Die GmbH ist eine deutsche Institution und weist gegenüber der AG keine besonderen Vorteile auf. Wegen ihrer **Schwerfälligkeit** ist sie in der Schweiz nur wenig verbreitet. Sie gehört zu den Kapitalgesellschaften, da sie über ein festes Grundkapital und die juristische Persönlichkeit verfügt. Hauptunterschied zur AG ist ein personengesellschaftliches Element. Im Zweifel führen alle Gesellschafter die Geschäfte gemeinsam und vertreten die GmbH gemeinsam nach aussen (Art. 811 OR).

Die GmbH wird eher dann verwendet, wenn keine Möglichkeit besteht, eine Aktiengesellschaft zu gründen. Nach dem Gesetz handelt es sich um eine Gesellschaft, in der sich zwei oder mehrere Personen oder Handelsgesellschaften mit eigener Firma und einem zum voraus bestimmten Kapital (Stammkapital) zu wirtschaftlichen Zwecken zusammenschliessen (Art. 772/1 OR).

Die Gesetze (Obligationenrecht und Steuerrecht) verweisen häufig auf die Bestimmungen der AG.

Nach Art. 949/2 OR muss in jedem Falle die Bezeichnung als Gesellschaft mit beschränkter Haftung in ausgeschriebener oder abgekürzter Form erfolgen. Im übrigen ist die Firmenbildung unter Wahrung der allgemeinen firmenrechtlichen Grundsätze frei. Laut Art. 783 OR entsteht die GmbH erst mit dem Handelsregistereintrag. Bis zu diesem Zeitpunkt besteht eine konsortiale Gründergesellschaft. Gesellschafter können natürliche und juristische Personen sowie Handelsgesellschaften, nicht jedoch einfache Gesellschaften sein.

Wie bei der Aktiengesellschaft unterscheidet man zwischen einem zwingend (Art. 776 OR) und einem fakultativ notwendigen Statuteninhalt (Art. 777 und 778 OR). Die Gründung erfolgt stets als **Simultangründung,** eine Sukzessivgründung ist nicht möglich.

Die Gründer bringen das ganze Stammkapital in Bar- oder Sachwerten auf. Die gesetzlichen Vorschriften über Sacheinlage- und Sachübernahmegründung entsprechen denjenigen der Aktiengesellschaft. Der Eintrag in das Handelsregister unterscheidet sich von demjenigen der AG darin, dass alle Gesellschafter mit Wohnort und Staatsangehörigkeit zu nennen sind. Gegenstand und Anrechnung der Sacheinlage sind im SHAB zu publizieren.

Nach Art. 5 StG zieht die Gesellschaftsgründung die **Emissionsabgabe** von drei Prozent nach sich. Diese wird vom Betrag, der der Gesellschaft als Gegenleistung für die Beteiligungsrechte zufliesst, mindestens jedoch vom Nennwert, berechnet. Nach Art. 9/1 StG beträgt die Emissionsabgabe bei Fusionen oder diesen wirtschaftlich gleichkommenden Geschäften 1 Prozent des Betrages, der der neuen oder aufnehmenden Gesellschaft als Gegenleistung zukommt.

Der GmbH kommen die folgenden Vor- und Nachteile zu:

Vorteile
- Die Gründung kann nach Art. 775 OR durch zwei Gesellschafter erfolgen. Dadurch kommt beispielsweise ein Ehepaar, das eine Gesellschaft gründen möchte, ohne einen Strohmann aus. Später ist die Einmann-GmbH rechtlich möglich, sofern nicht die Gläubiger auf Wiederherstellung des gesetzlichen Zustandes klagen. Auch Gründungen mit einem Strohmann, der nur die Mindesteinlage von Fr. 1000.– übernimmt, sind denkbar.
- Die GmbH verfügt über enge Bindungen der Gesellschafter unter sich. Das Kapital ist aufgrund einer entsprechenden Statutenbestimmung kündbar. Für die geschäftsführenden Teilhaber besteht ein Konkurrenzverbot, das durch die Statuten auf alle Gesellschafter ausdehnbar ist. Im weiteren besteht ein Austritts- und Ausschlussrecht für die Gesellschafter (Art. 822 OR).

– Das Mindestkapital ist mit Fr. 20000.– niedrig angesetzt.
– Die Geschäftsführer müssen nicht Gesellschafter sein.

Nachteile
– Über die Stammeinlagen ist ein Anteilbuch zu führen, worin die Namen der Gesellschafter, der Nennwert der Stammeinlagen und die erfolgten Liberierungen verzeichnet sein müssen. Das Stammkapital ist begrenzt. Wenn die GmbH aus irgendeinem Grund ein höheres Grundkapital von Fr. 2 Mio. benötigt, ist eine Umwandlung in eine AG erforderlich.
– Die Höhe der Stammeinlagen der Gesellschafter ist im Handelsregister zu publizieren, ausserdem ist dem Handelsregisteramt jährlich eine Liste einzureichen, woraus nach Art. 790 OR folgende Angaben ersichtlich sein müssen:
    – Namen der Gesellschafter
    – Betrag der einzelnen Stammeinlagen und darauf erfolgte Leistungen
    – Übergänge und Änderungen von Gesellschaftsanteilen
Diese Publikation ist öffentlich, wodurch jedermann in die gesellschaftsinternen Verhältnisse Einsicht erhält.
– Im Unterschied zur AG kann bei der GmbH durch die Statuten eine Nachschusspflicht zur Deckung von Bilanzverlusten eingeführt werden (Art. 803 OR).
– Jeder Gesellschafter haftet nach Art. 802 OR solidarisch bis zur Höhe des eingetragenen Stammkapitals, soweit dieses nicht voll einbezahlt ist.
– Die Abtretung von Gesellschaftsanteilen kann durch die Statuten verboten werden.
– Die Übertragung der Mitgliedschaft hängt von der Zustimmung von drei Vierteln der Gesellschafter ab, die zusammen mindestens drei Viertel des Stammkapitals vertreten (Art. 791 OR).
    Laut Art. 791/4 OR ist für die Übertragung von Gesellschaftsanteilen die öffentliche Beurkundung notwendig.
Die GmbH kann als Familienunternehmen durchaus geeignet sein. Im Gesellschaftsvertrag muss dann allerdings festgehalten werden, dass die Stammanteile nur an Abkömmlinge der Gesell-

schafter kommen dürfen. Dadurch wird der Charakter der Familienfirma gewahrt.

Wenn keine Gesellschafter vorhanden sind, die vollwertig die Geschäftsführung ausüben können, kann die Geschäftsführung durch die Übertragung an fähige Mitarbeiter geregelt werden, ohne dass GmbH-Anteile abzugeben sind.

262 *Stammkapital und Gesellschaftsorgane*

Das **Stammkapital** beträgt mindestens Fr. 20 000.–, höchstens Fr. 2 Mio. (Art. 772/1 und 773 OR). Durch diese Bestimmung ist der Kreis der möglichen Gesellschafter stark eingeschränkt. Nach Art. 799 ff. OR können Gesellschafter unter Verwertung der Gesellschaftsanteile aus der GmbH ausgeschlossen werden.

Die einzelnen Stammanteile müssen laut Art. 774/1 OR mindestens Fr. 1000.– oder ein Vielfaches davon betragen. Es ist möglich, jedoch nicht erforderlich, über jeden Gesellschaftsanteil als Ganzes eine Gesellschaftsurkunde auszugeben, die nicht Wertpapiercharakter hat und nur als blosse **Beweisurkunde** dient (Art. 789/3 und 4 OR). Jeder Gesellschafter kann nur eine Stammeinlage besitzen. Bei Übernahme von Anteilen anderer Gesellschafter sind die bestehenden Anteile unter notarieller Beglaubigung mit den neuen zusammenzulegen.

Bei der Rechtsstellung der Gesellschafter ist zwischen Vermögensrechten und Mitverwaltungsrechten zu unterscheiden. Notwendige Organe sind nur die Gesellschafterversammlung und die Geschäftsführung. Die Kontrollstelle und eine von der Geschäftsführung getrennte Direktion sind lediglich fakultative Organe (Art. 812 und 819/1 OR). Sofern keine Kontrollstelle besteht, kommt jedem nicht geschäftsführenden Gesellschafter ein umfassendes Kontroll- und Einsichtsrecht zu. Oberstes Gesellschaftsorgan ist die **Gesellschafterversammlung.** Diese ist nicht als eigentliche Versammlung durchzuführen. Bei entsprechender statutarischer Grundlage genügt ein schriftliches Abstimmungsverfahren laut Art. 777/3 und Art. 808/1. Die gesetzliche Einberufungsfrist beträgt nur fünf Tage. Die Abhaltung von Universalversammlungen ist nach Art. 809 OR möglich. Die Geschäftsführung kann kraft Statuten oder Gesellschafterbeschluss einem oder mehreren Gesellschaftern oder auch aussenstehenden Personen übertragen werden. Sofern diese Möglichkeit nicht benutzt wird, sind alle Gesellschafter zur gemeinsamen Geschäftsführung und Vertretung verpflichtet (Art. 811 OR).

Wenigstens ein Geschäftsführer muss in der Schweiz Wohnsitz haben, die schweizerische Nationalität ist allerdings nicht erforderlich (Art. 813 OR).

Geschäftsführungsmandate ziehen die Konkursfähigkeit laut Art. 39 SchKG/4bis nach sich. Daher ist bei treuhänderischer Übernahme solcher Mandate Vorsicht angebracht. Das Verantwortlichkeitsrecht der AG bezieht sich auch auf die GmbH.

Die nachfolgende **Übersicht** enthält zusammengefasst die wichtigsten Punkte, die bei der GmbH zu beachten sind.

Rechtsregeln	Art. 772 bis 827 OR
Mindestzahl der Gesellschafter	zwei
Festlegung der Gesellschaftsstruktur	in den Statuten
Formvorschriften bei der Gründung	von allen Gesellschaftern unterzeichnete öffentliche Urkunde; Eintrag im Handelsregister
Rechtspersönlichkeit	ja
Firma	Freie Wahl der Firma, stets unter Beifügung des Ausdrucks «Gesellschaft mit beschränkter Haftung». Personennamen können darin aufgenommen werden nach den für die Kollektivgesellschaft geltenden Grundsätzen. Enthält die Firma keinen Personennamen, so muss sie sich von jeder in der Schweiz bereits eingetragenen deutlich unterscheiden.

27 Die Genossenschaft (Art. 828 bis 926 OR)

271 *Merkmale*

Die Genossenschaft ist eine als Körperschaft organisierte Verbindung einer nicht geschlossenen Zahl von Personen oder Handelsgesellschaften, die in der Hauptsache die Förderung oder Sicherung bestimmter wirtschaftlicher Interessen ihrer Mitglieder in gemeinsamer Selbsthilfe bezweckt (Art. 828/1 OR).

Als Körperschaft nach Art. 52 ZGB ist die Genossenschaft eine selbständige juristische Person.

Die Leitidee ist die gemeinsame Selbsthilfe, wobei die Zielsetzung durchaus wirtschaftlicher Art ist. Erstrebt wird nicht primär die Rendite des eingesetzten Kapitals mit Gewinnverteilung, sondern ein anderer wirtschaftlicher Nutzen.

Beispiele:
- Eine landwirtschaftliche Genossenschaft will durch den Zusammenschluss für ihre Mitglieder bessere Verkaufsbedingungen erreichen.
- Die Einkaufsgenossenschaft einer bestimmten Branche will ihren Mitgliedern durch gemeinsamen Grosseinkauf günstigere Einkaufspreise verschaffen, als wenn jeder direkt mit dem Lieferanten verhandeln würde.
- Käsereigenossenschaften, Obst- und Weinbaugenossenschaften schliessen sich zur besseren Produkteverwertung und zum besseren Produkteabsatz zusammen.
- Raiffeisenkassen schliessen sich zur gegenseitigen Finanzierungshilfe der Mitglieder zusammen.
- Wohnbaugenossenschaften schliessen sich zur Beschaffung von preisgünstigen Wohnungen zusammen.
- Lebensversicherungsgenossenschaften schliessen sich zur Deckung des Versicherungsbedarfs zusammen.

Die Zielerreichung setzt im modernen Wirtschaftsleben einen erheblichen Kapitaleinsatz voraus.

Die Genossenschaft zählt nicht zu den Handelsgesellschaften, sie ist als **Selbsthilfeorganisation** zu betrachten. Es ist allerdings festzuhalten, dass heute auch wirtschaftliche Grossunternehmen wie zum Beispiel Rentenanstalt, Volksbank, Migros, Coop in dieser Rechtsform bestehen.

Um den Genossenschaftszweck zu erreichen, ist in der Regel die Errichtung eines eigenen Geschäftsbetriebes notwendig.

Eine besondere Stellung nehmen die **Genossenschaftsverbände** ein. Diese bezwecken die Zusammenfassung und Koordination der Tätigkeit ihrer Mitgliedergenossenschaften (Coop Schweiz, Migros-Genossenschaftsbund).

Vorteile

– Die Gründung kann ohne Grundkapital erfolgen; zum Beitritt genügt eine schriftliche Erklärung, Kapitaleinzahlungen sind nicht erforderlich.
– Die Gründungsformalitäten sind einfach.
– Für die Verbindlichkeiten haftet nur das Genossenschaftsvermögen; die Statuten können allerdings eine Nachschusspflicht für die Mitglieder vorsehen.
– Die Genossenschaft unterliegt möglicherweise einer geringeren Steuerbelastung als die AG.

Nachteile

– Infolge des fehlenden Haftungskapitals ist die Genossenschaft nicht sehr kreditfähig.
– Eine allfällige Nachschusspflicht des einzelnen Mitgliedes kann zu unvorhergesehenen Zahlungsverpflichtungen und Missstimmungen unter den Mitgliedern führen.
– Durch die schwerfällige Gesellschaftsstruktur sind Entscheidungen schwierig.
– Jeder Genossenschafter hat eine Stimme, es kann somit niemand dominieren wie in der AG, wo sich das Stimmenverhältnis nach der Höhe der Beteiligung richten kann.
– Die Eigenkapitalbeschaffung ist erschwert.

Für Familienunternehmungen ist die Rechtsform der Genossenschaft nicht geeignet und kann sich deshalb in Zukunft nicht durchsetzen.

Die Firmenbildung ist im Rahmen der allgemeinen Firmenrechtsvorschriften frei wählbar. Sofern Personennamen einen Bestandteil der Firmenbezeichnung bilden, ist der Ausdruck «Genossenschaft» beizufügen, und zwar unabgekürzt, wenn er am Anfang steht, oder abgekürzt (e.G. bzw. E.G.), wenn er am Ende des Firmennamens beigefügt wird (Art. 950 OR).

Laut Art. 828/2 OR ist ein festes Grundkapital bei der Genossenschaft nicht zulässig. Die Verwaltung kann, muss jedoch nicht, über die Kapitalanteile der Mitglieder Anteilscheine als **Beweisurkunden** ausstellen, die immer auf den Namen des betreffenden Mitgliedes lauten müssen (Art. 853 OR). Wenn Anteilscheine bestehen, hat jedes Neumitglied mindestens einen solchen zu übernehmen (Art. 853/1 OR). Die Höhe des Anteilscheinkapitals ist für Dritte nicht ersichtlich. Aus dem Handelsregister ist nur feststellbar, ob ein Genossenschaftskapital besteht oder nicht und welchen Nennwert die Anteile aufweisen. Auf dem einbezahlten Genossenschaftskapital ist die **Emissionsabgabe** von 3% zu entrichten, sofern das Anteilscheinkapital den Betrag von Fr. 50000.– übersteigt (StG 6/1, lit. 6). Genossenschaften mit gemeinnütziger Zweckbestimmung, z.B. Bürgschaftsgenossenschaften, sind unter gewissen Voraussetzungen von der Abgabe befreit.

Den Mitgliedern steht kein direktes Eigentum am Genossenschaftsvermögen zu, sondern bloss ein Anspruch am Liquidationserlös nach Massgabe der Statuten. Neue Mitglieder können jederzeit aufgenommen werden, der Beitritt erfolgt durch eine schriftliche Erklärung, die, je nach den Statuten, von der Verwaltung oder der GV angenommen werden muss. Bei statutarischen Bestimmungen über die Nachschusspflicht muss diese Verpflichtung in der Beitrittserklärung ausdrücklich enthalten sein (Art. 840 OR).

Der Austritt aus einer Genossenschaft steht den Mitgliedern grundsätzlich frei, kann jedoch durch Vertrag oder Statuten auf höchstens fünf Jahre ausgeschlossen werden. Im weiteren kann statutarisch eine Ablösesumme festgelegt werden, wenn die Austritte der Genossenschaft einen Schaden verursachen oder diese in ihrem Fortbestand gefährdet wird (Art. 842 f. OR). Sofern die Statuten keine kürzere Kündigungsfrist vorsehen, beträgt diese ein Jahr, wobei die Kündigung nur auf das Ende eines Geschäftsjahres erfolgen kann (Art. 844 OR). Der **Ausschluss** ist aus statutarischen oder aus wichtigen Gründen möglich, er wird durch die GV oder, wenn die Statuten dies ausdrücklich vorsehen, durch die Verwaltung ausgesprochen, wobei dem Ausgeschlossenen je nachdem ein Rekursrecht an die GV bzw. an den Richter zusteht (Art. 846 OR). Einem austretenden oder ausgeschlossenen Mitglied stehen finanzielle Ansprüche an das Gesellschaftsvermögen nur zu, wenn die Statuten dies ausdrücklich vorsehen. Die Mitgliedschaft erlischt, wenn die Statuten diese nicht ausdrücklich als vererblich erklären, auch mit dem Tod (Art. 847 OR).

Zur Übertragung der Mitgliedschaft ist ein statutengemässer Aufnahmebeschluss notwendig, sofern die Mitgliedschaft nicht schon statutarisch von einem bestimmten Rechtsverhältnis abhängig ist.

Die **Gründung** erfolgt in einer konstituierenden Generalversammlung durch mindestens sieben Gründermitglieder nach schriftlichen Statuten. Sind Anteilscheine vorgesehen, hat jedes Mitglied mindestens einen solchen zu übernehmen, wobei die Höchstzahl begrenzt sein kann (Art. 853/2 OR).

Die notarielle Beurkundung des Gründungsaktes ist nicht notwendig. Sacheinlagen müssen wie bei der AG in den Statuten deklariert und überdies in einem schriftlichen Gründerbericht erläutert werden (Art. 833 2/3 und 834 OR).

Die Genossenschaft entsteht rechtlich mit dem Handelsregistereintrag aufgrund einer schriftlichen Anmeldung durch mindestens zwei Mitglieder der Verwaltung mit beglaubigten Unterschriften (Art. 835 OR). Wenn die Statuten Bestimmungen über die persönliche Haftung der Mitglieder oder über eine Nachschusspflicht enthalten, ist dem Handelsregisteramt eine Liste der Mitglieder einzureichen (Art. 835/4 OR). Nach Art. 877 OR sind die Mutationen dem Handelsregisteramt jeweils innert drei Monaten durch die Verwaltung anzumelden. Besonders verbreitet ist die Nachschusspflicht und solidarische Haftung bei den landwirtschaftlichen Genossenschaften, ohne dass sich die Genossenschafter offenkundig dieser Verpflichtungen stets voll bewusst wären.

Beispiel

Als im Jahre 1980 nach einer Veruntreuung die landwirtschaftliche Genossenschaft Eschenbuch LU zur Deckung des Bilanzverlustes – nach Sanierungshilfe durch den Zentralverband, die Lieferanten und Banken zur Herabsetzung des Verlustes von Fr. 6 Mio. – von den 125 Genossenschaftern je Fr. 8000.– Nachschussleistung einfordern musste, verweigerten 25 Genossenschafter die Zahlung. Einige liessen es in der Folge zur Betreibung kommen.

Die **Rechte** der Mitglieder beziehen sich auf Mitverwaltungs- (Stimm-, Kontroll- und Anfechtungsrecht) sowie auf Vermögensrechte (Anspruch auf einen Anteil am Reingewinn und Liquidationserlös, sofern in den Statuten vorgesehen).

Organe der Genossenschaft sind die Generalversammlung, die Verwaltung und die Kontrollstelle. Die Generalversammlung kann nach Art. 808 OR durch die Urabstimmung und nach Art. 892 OR durch die Delegiertenversammlung ersetzt werden. Die Verwaltung muss aus mindestens drei Mitgliedern bestehen. Die Kontrolle hat nach dem Gesetz auch die Geschäftsführung zu überprüfen. Da allerdings oft Genossenschaftsmitglieder Kontrollstellmandate übernehmen, wird dieser Bestimmung in der **Praxis** nur ungenügend nachgelebt.

Nach Art. 50 BdBSt umfassen die Steuern der Genossenschaften des schweizerischen Obligationenrechts:
- eine Steuer von dem nach Abzug der Rückvergütungen und Rabatte im Sinne von Artikel 63 verbleibenden Reinertrag
- eine Ergänzungssteuer vom einbezahlten Kapital sowie von den offenen und stillen Reserven

Ist die Trägerin der Genossenschaft auf Gewinnerzielung gerichtet, unterliegt sie im allgemeinen als Erwerbsgenossenschaft[1] der gleichen Besteuerung wie die AG und die GmbH. Der steuerbare

---

[1] Erwerbsgenossenschaften sind in der Regel: Banken (ohne Raiffeisenkassen), Mostereien, Eisenbahnen, Wohnbaugenossenschaften, Versicherungen.

Reinertrag der Genossenschaften berechnet sich bei der direkten Bundessteuer gleich wie der Reinertrag der AG. Allerdings bietet die Ermittlung des steuerlich massgebenden Reinertrages in der Veranlagungspraxis oft Schwierigkeiten. Bei der direkten Bundessteuer unterliegen die Rückvergütungen auf Warenbezügen, soweit sie 5,5% des Warenpreises übersteigen, nach Art. 63/64 BdBSt einer besonderen Steuer. Gewinnausschüttungen und Leistungen an die Allgemeinheit sind soweit als steuerbare Leistungen aufzurechnen, als sie nach bestehender Verkehrsauffassung nicht mit der Erzielung des zu besteuernden Ertrages in Zusammenhang stehen.

Beispiele gemäss Kreisschreiben der EstV
- Ausgabe von Anteilscheinen zu Lasten des Reinertrages
- unentgeltliche oder verbilligte Abgabe von Eintrittskarten für kulturelle, sportliche oder andere Anlässe
- unentgeltliche oder verbilligte Abgabe von Reisemarken
- unentgeltliche oder verbilligte Abgabe von Waren und Dienstleistungen
- Jubiläums- und Festschriften sowie andere Publikationen
- Mitgliederzeitungen

Sofern ausschliesslich ein gemeinnütziger Genossenschaftszweck verfolgt wird, sind die Genossenschaften nach Art. 16 BdBSt von den Steuern befreit.

28 Die Familienstiftung

281 Einleitung

Familienstiftungen sind Einrichtungen, die das Schicksal eines Unternehmens beeinflussen. Die Errichtung der Stiftung erfolgt durch Widmung eines Vermögens, durch Überlassung von Aktien oder Übergabe eines Bargeldbetrages, entweder unter Lebenden oder durch öffentliche Urkunde oder von Todes wegen durch letztwillige Verfügung.

Folgende Gründe führen zur Gründung einer Stiftung:

- Bei einer freiwilligen, nichtregistrierten Stiftung entfällt die behördliche Aufsicht.
- Der Mehrheitsaktionär hat keine direkten Nachkommen und möchte, dass sein Lebenswerk in seinem Sinn und Geist weitergeführt wird.
- Die Stiftung wird als Finanzierungsinstrument benutzt. Dies ist jedoch nur möglich, wenn aus dem Stiftungsvermögen regelmässig ausreichende Erträge erzielt werden, um daraus bei allfälligen Kapitalerhöhungen die der Stiftung zustehenden Anrechte auszuüben.
- Die langfristige Erhaltung eines Unternehmens soll sichergestellt werden.
- Das Schicksal des Familienunternehmens soll nicht von den Launen seiner Hauptaktionäre und deren Rechtsnachfolger abhängen.

In der Praxis vermehrt aufgekommen ist die **Holdingstiftung,** die über Anteilsrechte[1] verfügt. Durch die Errichtung einer Holdingstiftung lässt sich auch der Grundgedanke der Mitarbeiterbeteiligung sinnvoll realisieren. Zu unterscheiden ist zwischen der **reinen Familienstiftung,** die ausschliesslich die Führung und Erhaltung eines Unternehmens bezweckt, und **gemischten Familienstiftungen,** die nebst der Unternehmensfinanzierung und Kontrolle noch gemeinnützige Zwecke[2] verfolgen.

Es ist zweckmässig, wenn die Stiftung, falls sie Mehrheitsaktionärin ist und bleiben soll, von Anfang an über eine bequeme Mehrheitsposition verfügt. Dadurch kann sie bei späteren Kapitalerhöhungen durch Verkauf statt Ausübung der Bezugsrechte eine Einbusse an Stimmkraft in Kauf nehmen, ohne die Mehrheitsstellung zu gefährden.

Steuerrechtlich ist bei einer Familienstiftung zu beachten, dass die Zuweisung von Aktien an eine Holdingstiftung unter die Be-

---

[1] Meistens Aktien.
[2] Beispiele: Personalvorsorge, Vorsorge für die Gründerfamilie, Unterstützung von wissenschaftlichen Aufgaben.

stimmung der kantonalen Steuergesetzgebung fällt, sofern die Stiftung nicht als solche mit Rücksicht auf ihren gemeinnützigen Zweck steuerfrei ist. Wenn ein gemeinnütziger Zweck fehlt, hat die Stiftung wie eine natürliche Person direkte Steuern zu entrichten. Es besteht jedoch keine einheitliche Veranlagungspraxis. Die Voraussetzungen für die Steuerfreiheit sind von Kanton zu Kanton verschieden. Bei der direkten Bundessteuer berechnet sich das steuerbare Einkommen nach den Vorschriften der natürlichen Personen, das heisst nach den Art. 19 bis 24 und 26 sowie Art. 40, 41, 43 und 44 BdBSt.

Die von einer Familienstiftung in der Stiftungsurkunde festgelegten oder im Ermessen der Stiftungsorgane liegenden Zuwendungen an die Familienmitglieder sind vom Einkommen der Stiftung nicht abzugsfähig, da die Zuwendungen bei den Begünstigten nicht steuerbares Einkommen darstellen.

Wenn bei einer Familienstiftung der Stifter nach wie vor als Eigentümer über das Stiftungsvermögen verfügen kann und diese Stiftung zum Zweck der Steuerumgehung errichtet wurde, ist die Anerkennung als selbständiges Steuersubjekt nicht gegeben. In diesen Fällen sind Einkommen und Stiftungsvermögen dem Stifter, nach dessen Tode seinen Destinatären zur Versteuerung zuzuweisen.

282 Die Stiftungsurkunde

Die Stiftungsurkunde enthält:
- Namen und Sitz der Stiftung
- Zweck
- die von den Stiftungsorganen zur Verwirklichung des Stiftungszweckes zu befolgenden Anweisungen
  Beispiele:
  - Ausübung der Stimmrechte an der Generalversammlung
  - Ausübung von Bezugsrechten
  - Beachtung von bestimmten geschäftspolitischen Richtlinien
- das Stiftungskapital

- Grundsätze für die Verwaltung des Stiftungsvermögens (Anlage der zwischenzeitlich nicht benötigten Mittel)
- Organisation der Stiftung
  - Zusammensetzung, Wahl und Amtsdauer des Stiftungsrates
  - Qualifikation der Stiftungsräte
  - Kompetenzen
  - Vorschriften über die Beschlussfassung
  - Wahl und Aufgaben der Kontrollstelle
- Vorgehen bei Änderung der Stiftungsurkunde
- Auflösung der Stiftung
- Schiedsgerichtsklausel

3 Die Änderung der Rechtsform

31 Einleitung

311 Allgemeines

Durch die veränderte Rechtsform gehen die Geschäftswerte ohne wirtschaftliche Zweckänderung auf einen neuen Rechtsträger über.

Beispiel
Bei Umwandlung der Einzelfirma in eine AG werden die Aktiven und Passiven der Einzelfirma durch Sacheinlage auf die Kapitalgesellschaft übertragen. Diese wird neue Rechtsträgerin der Gesellschaftswerte, die früher der Einzelfirma zustanden.
Wenn die bisherige Rechtsform nicht mehr den Bedürfnissen des Unternehmens entspricht, ist abzuklären, welche neue Rechtsform die besten Voraussetzungen für eine erfolgreiche Geschäftstätigkeit bietet. Eine Änderung der Rechtsform ist zu prüfen, wenn sich die für das Unternehmen massgeblichen wirtschaftlichen oder persönlichen Grundlagen ändern.

Beispiel
Ein Firmeninhaber hat sein Pensionierungsalter erreicht und möchte sich teilweise aus dem aktiven Geschäftsleben zurückziehen. Zur Aufnahme seiner Söhne in das Unternehmen wandelt er seine bestehende Einzelfirma in eine **Familien-AG** um.
Falls die Umwandlung eine Umfinanzierung bedingt, ist zu prüfen, wie das zusätzliche Kapital zu beschaffen ist.

Rechtlich ist die Änderung der Rechtsform meistens als Liquidation einer bestehenden und Neugründung einer anderen Gesellschaft zu betrachten. Die zivilrechtliche Form des Unternehmens erfährt eine Änderung, ohne dass sich die Tätigkeit und der Zweck des Unternehmens ändern.

Das Obligationenrecht sieht lediglich die Umwandlung einer AG in eine Gesellschaft mit beschränkter Haftung (GmbH) vor (Art. 824 bis 826 OR). Wirtschaftlich betrachtet entsprechen jedoch die Gesellschaftsänderungen der **Umwandlung** einer bestehenden in eine neue Gesellschaftsform.

Die Änderung der Rechtsform bedingt eventuell einen Wechsel der Beteiligungsverhältnisse durch Neueintritte und Austritte von Beteiligten. Keine neue Rechtsform tritt ein, wenn nur eine Zweck- oder Steuerdomiziländerung vorliegt.

Beispiel

Eine Betriebs-AG wird in eine Immobilien-AG umgewandelt. Die Rechtsform des Unternehmens ändert sich nicht, jedoch führt diese Änderung des Gesellschaftszweckes aus steuersystematischen[1] Gründen zur Besteuerung der stillen Reserven.

Das wichtigste Steuerproblem bei veränderter Rechtsform betrifft die Besteuerung der in den Geschäftswerten enthaltenen **stillen Reserven.** Man muss feststellen, ob über die stillen Reserven abzurechnen oder ob ein Steueraufschub zu gewähren ist. Der Entscheid ist davon abhängig, ob und in welchem Ausmass ein Wechsel der Rechtsform als Reorganisations- oder Umstrukturierungsmassnahme zu betrachten ist.

Die Besteuerung stiller Reserven kann auch infolge steuersystematischer Regelungen eintreten, wenn die Formänderung mit dem Wechsel zu einem anderen Steuersystem verbunden ist. In diesem Fall werden die stillen Reserven besteuert, sofern das Gesetz dies vorschreibt.

---

[1] Die kantonalen Steuergesetzgebungen sind nicht einheitlich.

Beispiel

Ein Unternehmen ändert die Rechtsform und zieht in einen anderen Kanton. In diesem Fall tritt die Frage der Besteuerung infolge Wegzugs in einen anderen Kanton auf.

Im weiteren beeinflusst ein Wechsel der Rechtsform auch die bemessungsrechtlichen Grundlagen. Die Umwandlung kann zum Beispiel eine Zwischenveranlagung wegen veränderter Erwerbsgrundlagen bewirken.

Beispiel

Ein Einzelfirmeninhaber wandelt sein Unternehmen in eine Familien-AG um. Für den Gesellschafter wird eine Zwischenveranlagung auf den Zeitpunkt der Umwandlung wegen Wechsels von selbständiger zu unselbständiger Erwerbstätigkeit erstellt.

Voraussetzung für die Umwandlung ist, dass man den **Wert** des umzuwandelnden Unternehmens kennt.

312 Die Bewertung der Unternehmung als Ganzes

3121 Einleitung

Bei der Übergabe oder beim Verkauf eines Unternehmens muss dessen Wert festgestellt werden. Da ein Unternehmen nach keinem «Marktpreis» bewertet werden kann, wie das bei Handelswaren oder Investitionsgütern aus dem Zusammenwirken von Angebot und Nachfrage möglich ist, ist der Wert des Unternehmens durch ein entsprechendes Fachgutachten festzustellen[1]. In folgenden Fällen ist es angebracht, den Unternehmensgesamtwert festzustellen:

- Kauf und Verkauf eines Unternehmens; Käufer und Verkäufer müssen oft davon ausgehen, dass ihnen nicht alle für die Preisbestimmung wesentlichen Informationen vorliegen
- Eintritt und Austritt von Gesellschaftern
- Erbteilungen
- Fusionen und Umwandlungen
- Verpachtung eines Unternehmens

[1] Siehe Anhang 12 (Kurzfassung).

Die Unternehmensbewertung stellt oft ein schwer lösbares betriebswirtschaftliches Problem dar. Sie dient dazu, zwischen den beiden interessierten Vertragspartnern den Preis oder den Abfindungsanspruch zu bestimmen.

Die **Schwierigkeit** der Bewertung liegt darin, dass viele rechenmässig nicht erfassbaren Faktoren zur Bestimmung des Unternehmungswertes zu berücksichtigen sind, wie zum Beispiel:
- Tüchtigkeit der Leitung und des Personals
- zukünftige Marktverhältnisse
- Zweckmässigkeit der Organisation
- Goodwill

Die Unternehmenswertbestimmung ist meist von persönlichen Einschätzungen und Urteilen abhängig. In der **Praxis** besteht nach wie vor keine einheitliche Bewertungsmethode. Die einzelnen Bewertungsmethoden werden meistens miteinander zur Berechnung eines Mittelwertes verbunden. Im Vordergrund steht die angemessene Verbindung des Substanz- und des Ertragswertes. Die meistverbreiteten Verfahren sind:
- die reine Ertragswertmethode

  Diese Bewertungsmethode wird in letzter Zeit in der Praxis stets mehr verwendet. Voraussetzung ist, dass der Zukunftserfolg genügend sicher ist und der unberücksichtigte Substanzwert der betrieblich bedingten Normalsubstanz entspricht. Das nichtbetriebliche Vermögen ist sachgemäss abzugrenzen und separat zu bewerten.
- die Praktikermethode (Mittelwertverfahren)

  Diese Methode berücksichtigt zweimal den Ertragswert und einmal den Substanzwert. In vielen Fällen führt die Praktikermethode zu vertretbaren Ergebnissen.
- die Methode der verkürzten Goodwill-Rentendauer (temporäre Übergewinnkapitalisierung)

  Die Methode der temporären Goodwill-Rentendauer basiert auf der Arbeit einer Kommission der UEC (Union européenne des experts comptables économiques et financiers) über Unternehmungsbewertungen. Die Autoren treten dafür ein, dass das Bewertungsproblem nur durch die Methode der Übergewinnabgeltung und Übergewinnverrentung lösbar ist.

150

3122 Der Substanzwert

Unter Substanzwert versteht man die Summe der einzelnen Teilwerte, die meistens aufgrund einer Bilanz berechnet wird. Es handelt sich um den Kapitalbetrag, der in den Vermögensteilen des Unternehmens gebunden ist. Man kann auch von vorgeleisteten Ausgaben oder zukünftigen Einnahmen sprechen. Wo geeignete Bilanzunterlagen fehlen, sind die vorhandenen Güter zuerst körperlich aufzunehmen, bevor das Unternehmen bewertet wird. Die Aufgabe des Unternehmungsbewertungsgutachtens besteht unter anderem darin, die jetzige Bilanzbewertung zu überprüfen und die erforderlichen Änderungen vorzunehmen. Es handelt sich dabei um die relativ einfache Bereinigung der einzelnen Bilanzpositionen.

Bei der Substanzwertberechnung sind folgende **Grundsätze** wesentlich:
- Der Substanzwert ist mit dem Zukunftserfolg abzustimmen. Insbesondere ist zu beachten, dass der Substanzwert zukunftsbezogen ist.
- Grundsätzlich ist erforderlich, dass auch die immateriellen Werte (Goodwill usw.) im Substanzwert berücksichtigt werden. In der **Praxis** stösst man jedoch dabei auf erhebliche Schwierigkeiten, da diese Werte oft nur sehr schwer abschätzbar sind.
- Die nichtbetriebliche Substanz ist vom betriebsnotwendigen Vermögen abzuspalten und separat zu bewerten, da nur die betriebsnotwendige Normalsubstanz mit dem Betriebsertrag vergleichbar ist.
- Die Bewertung der einzelnen Bilanzpositionen hat im Substanzwert unter der Voraussetzung zu erfolgen, dass das Unternehmen weitergeführt wird. Bewertung zu Fortführungswerten mit Gegenüberstellung der Ertragswerte. Nur bei ungenügender Rendite ist auf die öfters niedrigeren Liquidationswerte abzustellen.

Die Bewertung hat nach **betriebswirtschaftlichen** Überlegungen und nicht nach gesetzlichen Vorschriften zu erfolgen.

Der Handelsbilanz können Anschaffungswert der gekauften Güter und Herstellungswert der selbst erzeugten Güter entnommen werden. Die übermässigen Abschreibungen oder sonstwie gebildeten stillen Reserven sind aufzulösen. Der Substanzwert bezieht sich auf die Vergangenheitswerte, der Käufer eines Unternehmens ist jedoch zukunftsorientiert. Die Handelsbilanz stellt deshalb nur eine sehr unvollkommene und für sich allein ungenügende Grundlage zur Ermittlung des Gesamtwertes eines Unternehmens dar.

Als **Reproduktions- oder Wiederbeschaffungswert** entspricht der Substanzwert den Kosten, die entstehen würden, wenn man ein Unternehmen mit derselben technischen Leistungsfähigkeit wie das zu bewertende Unternehmen errichten möchte. Man schätzt die Anlagen zum Wiederbeschaffungswert und zieht von diesem die der technischen oder wirtschaftlichen Wertverminderung entsprechenden Abschreibungen ab. Zu berücksichtigen ist, dass der Wiederbeschaffungswert einer neuen Anlage mit derselben Leistungsfähigkeit wie die alte Anlage infolge der technischen Entwicklung oft kleiner ist als der Anschaffungswert der alten Anlage. Dies kann möglicherweise unter dem Einfluss der Geldentwertung auch umgekehrt sein. Die Bewertung zum Wiederbeschaffungswert hat den **Vorteil**, dass die stillen Reserven in den vorhandenen Anlagen automatisch aufgelöst werden. Ist der Wiederbeschaffungs-Altwert niedriger als der Restbuchwert der Anlage, so wird dieser nach unten korrigiert.

Es ist allerdings festzustellen, das sich der Wiederbeschaffungswert meist nur für Anlagegüter ohne weiteres feststellen lässt, die serienmässig produziert werden. In diesen Fällen ist der Wiederbeschaffungswert in der **Praxis** eine sehr geeignete Berechnungsgrösse.

Für Sonderanfertigungen ist die Berechnung des Wiederbeschaffungswertes oft sehr umständlich oder gar nicht möglich.

Nach geltender Lehre und Praxis kommen dem **Wiederbeschaffungswert** folgende Funktionen und Aufgaben zu:
- Faktor in der Bewertungsformel
- Vergleichsgrösse für den Zukunftserfolgswert
- Voraussetzung für die Berechnung des Ertragswertes

- Wert oder Preisobergrenze
- Ausgangsgrösse für die Liquidationswertberechnung
- Massstab für die Abschätzung der Konkurrenzgefahr
- Element bei der Ermittlung des Kapitalisierungszinsfusses
- Basis zur Feststellung der überschüssigen oder fehlenden Substanz
- Berechnungsbasis für die künftigen Abschreibungen bei der Berechnung des Zukunftserfolges

3123 Der Liquidationswert

Der Liquidationswert geht von den mutmasslichen Verkaufserlösen aus, die bei einer isolierten Veräusserung der einzelnen Vermögensteile eines Unternehmens am Bewertungsstichtag erzielbar sind. Es handelt sich um den tiefsten Wert, der für die Bewertung eines Unternehmens zutrifft.

Der Liquidationswert ist für Unternehmungen, die vor der Auflösung stehen, und für das nichtbetriebsnotwendige Anlagevermögen zu berechnen.

Als Grundlage für die Bewertung eines fortzuführenden Unternehmens ist er nicht geeignet.

3124 Der Ertragswert

Für den Käufer ist wichtig zu wissen, wieviel ihm das zu übernehmende Unternehmen in Zukunft einbringen wird. Deshalb ist auch der Ertragswert als **Zukunftserfolg** im Gutachten zum Wert des Unternehmens zu berücksichtigen. Der Ertragswert ist aus den künftig anfallenden Gewinnen oder Einnahmenüberschüssen oder Ausschüttungen abzuleiten. Als Grundlage für die Schätzung des Zukunftserfolges dienen die Erfolgsrechnungen der vergangenen drei bis fünf Geschäftsjahre, die Analyse der künftigen Entwicklungsmöglichkeiten und der Kapitalisierungszinsfuss.

Sowohl bei der Schätzung des Zukunftserfolges wie auch bei der Bestimmung des Kapitalisierungszinsfusses besteht ein erheblicher Ermessensspielraum. In der **Praxis** geht man bei der Bestimmung des Zukunftserfolges oft vom Durchschnitt der letzten Jahresergebnisse aus.

Die buchmässig ausgewiesenen Ergebnisse enthalten meist diverse das Betriebsergebnis beeinflussende willkürliche, betriebsfremde, periodenfremde oder ausserordentliche Aufwendungen und Erträge. Die buchmässigen Ergebnisse sind daher zu bereinigen, damit sie als Vergleichsbasis und Budgetwerte dienen. Im übrigen sind sämtliche Aufwendungen und Erträge zu eliminieren, die aus separater ausserordentlicher Substanz entstanden sind oder mit denen in Zukunft nicht mehr zu rechnen ist.

Nach der Bereinigung sind korrigierte Erfolgsrechnungen, aus denen die gesamte Aufwand- und Ertragsstruktur ersichtlich ist, zu erstellen. Die Vorjahreswerte stellen jedoch nur Hilfswerte für das Budget dar. Deshalb sind auch die folgenden eigenen Überlegungen anzustellen:

- Bei der Familien-AG ist insbesondere auch das vorhandene **Managementpotential** zu berücksichtigen; bei diesen Gesellschaften sind persönliche Eigenschaften oft wichtiger als die Kapitalverhältnisse.
- Wichtig sind auch **Marktanalysen** zur Feststellung der möglichen Umsatzentwicklung, der tragbaren Verkaufspreise, der Produkteplanung und der vorliegenden Konkurrenzsituation.
- **Analysen der Kapazitätsverhältnisse** sind für eine Erweiterung der technischen, personellen und finanziellen Erfordernisse wertvoll.

Die Beurteilung der zukünftigen Entwicklung eines Unternehmens ist nicht nur eine Frage des Rechnungswesens. Zu erfassen ist die gesamte Firmenstruktur.

3125 Der Kapitalisierungszinsfuss

Der Kapitalisierungszinsfuss erfüllt die beiden Aufgaben «Diskontierung» und «Abgeltung des allgemeinen Risikos».

Dadurch sind verschiedene Kapitalanlagen miteinander vergleichbar.

Zu beachten ist, dass das allgemeine Risiko nicht nur bei der Bestimmung des Kapitalisierungszinsfusses, sondern auch in der Schätzung des Zukunftserfolges, bei der Wahl des Bewertungsverfahrens und bei der Bestimmung des Unternehmensgesamtbildes erfassbar ist. Dies bewirkt, dass je nach Bewertungsformel ein anderer Kapitalisierungszinsfuss anzuwenden ist.

In der schweizerischen **Bewertungspraxis** sind die nachstehenden Bestimmungsfaktoren festzustellen:
- reiner Kapitalzins als Basis; zur Zeit etwa 4 bis 5%
- Zuschlag für erschwerte Verkäuflichkeit, etwa plus 1 bis 3%
- Zuschlag für grösseres Risiko, etwa 2 bis 4%, abhängig von:
  - Branche, Konkurrenzsituationen, Gewinnschwankungen, Umwelteinflüssen, Managementverhältnissen, Nachfolgemöglichkeiten, Personalstruktur, Unternehmensgrösse, Standort, vertraglichen Bindungen
  - Rechtsform des Unternehmens und Steuerverhältnisse. Bei Personengesellschaften ist in der Regel ein Zuschlag von 2 bis 3% erforderlich
  - Zusammensetzung der Aktiven und Finanzierungsmöglichkeiten. Je nach Unternehmen ergeben sich verschiedene Auswirkungen, die plus oder minus 0 bis 2% betragen können
  - Brutto- oder Nettomethode der Finanzierung; bei der Bruttomethode kann der Zins, je nach der Fremdfinanzierung, 2 bis 4% niedriger sein als bei der Nettomethode
- Zuschlag für teilweise Gewinnausschüttungen etwa plus 0,6 bis 1%
- Abzug für Geldentwertungsschutz, etwa minus 1 bis 3%
- Abhängigkeit von der Bewertungsmethode, etwa plus oder minus 0 bis 4%

3126 Der Wert des Unternehmens

Zu unterscheiden sind der Wert und der Preis eines Unternehmens.

Der **Wert** eines Gutes ergibt sich aus dem Nutzen unter Berücksichtigung des Kostenwertes.

Der Preis ist der bezahlte Wert. Für Gattungs- oder Genussgüter (Rohstoffe, Lebensmittel usw.) besteht ein Markt, dadurch entspricht der Preis meist dem Wert.

Bei nichtvertretbaren Gütern (Unternehmen, Liegenschaften, Kunstobjekte) besteht kein eigentlicher Marktpreis. Beim Kauf entscheiden auch hier Angebot und Nachfrage, doch ist schwieriger vorauszusehen, wo sich die beiden treffen werden. Der Preis entspricht dem Wert zuzüglich des quantifizierten Nutzens von subjektiven weiteren Beweggründen, die zum Kauf oder Verkauf eines Unternehmens führen.

Im Zielsystem des Unternehmens ist die Gewinnmaximierung meist das wichtigste, jedoch nicht das alleinige Ziel der Unternehmungstätigkeit.

Der Unternehmenswert kann:
- Schiedswert
- Entscheidungs- oder Argumentationswert

sein.

Der **Schiedswert** beruht auf objektiv erkennbaren Daten, die dem Unternehmen innewohnen.

Beispiele
- Gutachten eines Sachverständigen zuhanden der Gerichte
- Aktienaustauschverhältnisbestimmung durch Fachleute
- Ermittlung von verbindlichen Werten laut Statuten oder Verträgen

Der **Entscheidungswert** berücksichtigt subjektive parteiische Einflüsse.

Beispiel
- Ermittlung des Unternehmenswertes durch die Finanzabteilung des Käufers oder des Verkäufers, wobei im Gutachten bereits Verbundeffekte (Synergieeffekte) des Konzerns berücksichtigt werden.

3127 Verträge

Wie die **Praxis** zeigt, fehlen bei verschiedenen Firmenübernahmen oft wesentliche vertragliche Vereinbarungen, die eine reibungslose Übernahme und Fortführung des Unternehmens sicherstellen.

Nachstehend werden einige wichtige Punkte festgehalten, die in einem Kaufvertrag enthalten sein sollten, sofern diese nicht im Gutachten entsprechend zum Ausdruck kommen:

a) Der Verkäufer garantiert:
- dass die in den Übernahmebilanzen per … aufgeführten Aktiven vorhanden sind und nach allgemein gültigen Regeln bewertet wurden
- dass sämtliche Aktiven zur freien Verfügung des Unternehmens stehen
- dass nebst den in den Übernahmebilanzen auf den … aufgeführten Passiven keine weiteren Verbindlichkeiten bestehen
- dass keine Prozesse oder sonstige gerichtliche Massnahmen oder Klagen hängig sind, die zu Schadenersatzverpflichtungen führen könnten
- dass die bilanzierten Kundenforderungen und die noch zu fakturierenden Verkäufe zu 100% bezahlt werden
- dass allfällige Forderungen und Verbindlichkeiten der Aktionäre an das Unternehmen vor dem Verkauf ausgeglichen werden
- dass keine langfristigen Vertragsverhältnisse bestehen
- dass keine Abfindungsansprüche des Personals oder Rentenverträge bestehen
- dass die Gesellschaft allenfalls über die entsprechenden behördlichen Bewilligungen zum Betrieb des Geschäftes verfügt
- dass die Managemententscheidungen nach dem Verkauf vollumfänglich auf den Käufer übergehen
- dass er den Käufer während fünf Jahren nach Vertragsabschluss nicht konkurrenzieren wird; ansonsten ist eine entsprechende Konventionalstrafe zu entrichten

b) Orientierung Dritter
Der Käufer ist nach Übernahme berechtigt, Dritte über den Unternehmenskauf zu orientieren, wobei das Personal durch den Verkäufer persönlich orientiert wird.

c) Gerichtsstand
Für allfällige Streitigkeiten aus dieser Vereinbarung oder den sich daraus zwischen den Parteien ergebenden Rechtsbeziehungen wird als Gerichtsstand … vereinbart.

d) Kaufpreis

Der Kaufpreis und die Zahlungsmodalitäten sind klar festzuhalten. Für allfällige Restanzen sind entsprechende Sicherheiten
zu vereinbaren.

e) Sozialversicherungen

Empfehlenswert ist, die Sozialversicherungen per Übernah-
metag von einem neutralen Versicherungsexperten prüfen zu lassen.

f) Kosten

Es ist klar festzulegen, wer die Kosten für die Ausfertigung von
Verträgen, die Erstellung von Gutachten usw. zu tragen hat.

32 Die Änderung der Rechtsform bei der Einzelfirma

321 Einleitung

Bei der Einzelfirma steht das Unternehmen ausschliesslich im
Eigentum des Einzelfirmeninhabers.

Zwischen dem Unternehmen und dem Inhaber sind keine
Rechtsgeschäfte möglich. Insbesondere erb- und steuerrechtliche
Überlegungen können den Einzelfirmeninhaber veranlassen, die
Rechtsform eines Unternehmens zu ändern.

Beispiele:
- Infolge Erreichens der Altersgrenze wird ein weiterer, jüngerer
  Teilhaber in das Unternehmen aufgenommen.
- Geschäfts- und Privatvermögen sowie die Haftungsverhältnis-
  se sollen sauber getrennt werden; deshalb wird die bestehende
  Einzelfirma in eine Aktiengesellschaft umgewandelt.

322 Die Umwandlung der Einzelfirma in eine Personengesellschaft

Durch die Umwandlung der Einzelfirma in eine Personengesellschaft entsteht zivilrechtlich ein Übergang von Einzel- in Gesamteigentum (ZGB Art. 652 ff.). Im Handelsregister wird die Einzelfirma gelöscht und die neue Personengesellschaft eingetragen.

Die Personengesellschaft entsteht durch einen Gesellschaftsvertrag, worin unter anderem die Beitragsleistungen und die Ansprüche der Gesellschafter zu gesamter Hand festgelegt werden. Eigentum der Gesellschaft als solcher sowie Miteigentum der Gesellschafter sind ausgeschlossen. Mit der Aufnahme eines neuen Beteiligten in ein bisheriges Einzelunternehmen gibt der Einzelfirmeninhaber sein Alleineigentum auf und besitzt fortan zusammen mit dem Neubeteiligten am Geschäftsvermögen Eigentum zur gesamten Hand.

Die **Steuerfolgen** der Umwandlungsart sind von den in der Buchhaltung ausgewiesenen Werten abhängig. In der Regel enthält die Bilanz der Einzelfirma stille Reserven. Dem Sacheinleger ist deshalb ein über dem Buchwert liegender Betrag als Kapitaleinlage anzurechnen.

3221 Erhöhung der Buchwerte der bisherigen Einzelfirma

Damit der Buchwert der von der Einzelfirma eingebrachten Werte dem Kapitalkonto des Sacheinlegers in der neuen Personengesellschaft entspricht, sind verschiedene Aktiven (in der Regel die Warenvorräte und die Sachanlagen) in der Bilanz der Einzelfirma aufzuwerten. Diese buchmässige Aufwertung von stillen Reserven stellt gemäss Art. 21/1 BdBSt für den Einzelfirmeninhaber steuerpflichtiges Einkommen dar.

Der neuen Personengesellschaft stehen jedoch Abschreibungen auf den höheren Buchwerten zu. Der Ausweis der tatsächlichen Werte in der Bilanz der Personengesellschaft dient auch als gültiger Beweis bei allfälligen späteren Auseinandersetzungen.

3222 Eintritt neuer Gesellschafter in die stillen Reserven

In diesem Fall entspricht die Umwandlungsbilanz der bisherigen Einzelfirma den Buchwerten der neuen Gesellschaft. Der Ausgleich für die eingebrachten stillen Reserven kann durch Einkauf des neu eintretenden Gesellschafters oder durch Begünstigung des bisherigen Einzelfirmeninhabers erfolgen.

Beim Einkauf kann die Einkaufssumme an die Gesellschaft oder an den Einzelfirmeninhaber privat bezahlt werden. Der Neubeteiligte erwirbt somit nicht nur einen Kapitalanteil, sondern auch einen Anteil an den stillen Reserven. Dieser Reservenanteil ist aufgrund einer Auseinandersetzungsbilanz festzustellen. Soweit der Einkauf zugunsten der Gesellschaft erfolgt, ist eine Umbewertung der Bilanz vorzunehmen.

Über die Berechtigung an den stillen Reserven ist eine Vereinbarung zu treffen. Wenn die Beteiligten vereinbaren, dass sie wertmässig gleichmässig an der neuen Gesellschaft beteiligt sein sollen, muss der Neubeteiligte ein Aufgeld erbringen. Damit beide Gesellschafter am Unternehmen wertmässig gleichgestellt sind, bestehen die folgenden beiden Möglichkeiten:

a) Der Neubeteiligte leistet ein Aufgeld in voller Höhe der stillen Reserven. Die vorhandenen stillen Reserven werden dem bisherigen Einzelfirmeninhaber ausbezahlt.

b) Der Einzelfirmeninhaber tritt die Hälfte der stillen Reserven an den Neubeteiligten gegen Aufgeld ab. In der Bilanz der bisherigen Einzelfirma wird nur der halbe Anteil der stillen Reserven aufgewertet und somit realisiert.

Die steuerliche Behandlung bezieht sich auf die getroffenen vertraglichen Vereinbarungen, an die sich die Steuerbehörden zu halten haben. In der **Praxis** wird meist die Variante mit der Auflösung der vollen stillen Reserven bevorzugt. Dadurch entstehen klare und eindeutig beweisbare Kapitalverhältnisse. Die buchhalterische und steuerliche Behandlung wird in diesem Falle am nachstehenden Beispiel dargelegt.

Beispiel

Der Einzelfirmeninhaber R überträgt dem Gesellschafter B den hälftigen Geschäftsanteil gegen Entgelt.

Die Bilanzen zeigen folgendes Bild (stille Reserven Fr. 500000.–)

	Einzelfirma R		Kollektivgesellschaft R + B
Aktiven	800000.–		1300000.–
Kapital R		500000.–	500000.–
Kapital B			500000.–
Verbindlichkeiten		300000.–	300000.–

Die Aktiven werden um den Betrag von Fr. 500000.– aufgewertet. Die Gegenbuchung erfolgt auf dem Kapitalkonto R. Danach wird R der Anteil an den stillen Reserven ausbezahlt. B leistet seine Kapitalanlage von Fr. 500000.–.

Somit sind beide Gesellschafter je zur Hälfte an der Gesellschaft beteiligt. R hat Fr. 500000.– an stillen Reserven realisiert und muss diese als Einkommen versteuern.

Sofern ein Neubeteiligter eine Sacheinlage einbringt, liegt kein Umwandlungsfall, sondern ein Unternehmenszusammenschluss vor. Die Besteuerung wird in diesem Falle, nach der geltenden Steuerpraxis, aufgehoben. Dem Fiskus wird kein Steuersubstrat entzogen.

3223 Zwei oder mehrere Einzelunternehmer schliessen sich zusammen, um gemeinsam eine Kollektiv- oder Kommanditgesellschaft zu führen

Grundlage eines derartigen Zusammenschlusses bildet ein Übernahmevertrag, der festlegt, in welchem Umfang beide Gesellschafter am Vermögen der übernehmenden Gesellschaft teilhaben und welche Gewinn- und Zinsansprüche, eventuell auch Honorare für Arbeitsleistungen, ihnen zustehen sollen.

Durch den Zusammenschluss entsteht ein neues Gesamthandschaftsverhältnis. Die bisherigen Einzelfirmeninhaber geben ihr

Alleineigentum auf und erhalten dafür einen Anspruch am Gesamteigentum der neuen Personengesellschaft.

Ohne anderslautende vertragliche Vereinbarung sind die unbeschränkt haftenden Gesellschafter nach **Köpfen** zu gleichen Teilen an den ordentlichen und ausserordentlichen Gewinnen sowie am Liquidationsgewinn beteiligt (Art. 588, 557/2 und 533 OR).

Anders verhält es sich bei den Kommanditären, wo mangels vertraglicher Abmachung der Richter über die Anteile entscheiden muss (Art. 601/2 OR).

Unter der Voraussetzung, dass die Einzelfirma erfolgsneutral in die Personengesellschaft als Ganzes eingebracht wird, kann eine derartige Umwandlung steuerfrei erfolgen. Von einer Besteuerung der stillen Reserven wird abgesehen.

Kapitalgewinne können steuerbar werden im Falle einer vormals nicht buchführungspflichtigen Einzelfirma, die als Personengesellschaft ins Handelsregister eingetragen und damit buchführungspflichtig wird. Gehört eine Liegenschaft zum Geschäftsvermögen des Einzelunternehmens, so ist zusätzlich der Frage der Grundsteuern Beachtung zu schenken; denn das Eigentum an der Liegenschaft wird mit dem Übergang an die Personengesellschaft zum Gesamteigentum der Kollektivgesellschaft.

In verschiedenen Kantonen sind Handänderungen zufolge Umwandlung von Einzelfirmen in Personengesellschaften ohne wertmässige Änderung der Beteiligungsrechte von den Grundsteuern befreit.

323 Die Umwandlung einer Einzelfirma in eine Aktiengesellschaft

Die Umwandlung einer Einzelfirma in eine Aktiengesellschaft erfolgt in der **Praxis** häufig. Dies zeigt sich darin, dass viele Familien-AG durch Umwandlung von früheren Einzelfirmen entstanden sind. Oft liegen der Umwandlung nicht nur steuerliche Überlegungen zugrunde. Wichtigste Gründe, die zur Umwandlung führen, sind:

- die Erleichterung der Erbfolge
- die Sicherung des Firmennamens
- die Haftungsbeschränkung

Die Umwandlung einer Einzelfirma in eine Familien-AG besteht zivilrechtlich darin, dass der Inhaber einer Einzelfirma oder die Teilhaber eines Personenunternehmens die Aktiven und Passiven ihres Unternehmens als Sacheinlagen in eine neu gegründete Familien-AG einbringen. Durch die Umwandlung überträgt der bisherige Einzelfirmeninhaber der neuen AG Geschäftsvermögen und erhält als Gegenleistung Aktien der Familien-AG. Die Gründer der Familien-AG liberieren die Aktien durch eine Sacheinlage. Das Vermögen wird durch Singularsukzession nach Art. 181 OR auf die neue Familien-AG übertragen. Das Unternehmen selbst erhält einen neuen Rechtsträger.

Die Eigentumsrechte des bisherigen Inhabers der Einzelfirma werden in Beteiligungs- und Forderungsrechte der Familien-AG umgewandelt.

Zivilrechtlich führt die Umwandlung zur Löschung der Einzelfirma im Handelsregister und zur Neugründung der Familien-AG. Diese Änderung hat allerdings nur formalrechtlichen Charakter. Die wirtschaftliche Struktur des Unternehmens ändert nicht.

Steuerrechtlich ist die Auflösung der Einzelfirma und die Neugründung der Aktiengesellschaft als ein einheitlicher Vorgang zu betrachten.

Die Besteuerung der mit der Umwandlung übertragenen stillen Reserven ist davon abhängig, ob das erhaltene Entgelt mit dem hingegebenen Vermögen wirtschaftlich identisch ist.

Der gleiche wirtschaftliche Zweck liegt vor, wenn die bisherige Unternehmertätigkeit mit den gleichen geschäftlichen Mitteln erfolgt. Wichtig ist, dass die Kapitalanteile und der Anteil an den bisherigen stillen Reserven den Beteiligten erhalten bleiben.

Die meisten Steuergesetze enthalten keine gesetzlichen Bestimmungen für den Entscheid, ob die Besteuerung der stillen Reserven im Umwandlungsfall vorliegt oder aufgeschoben wird. Die Gesetzeslücke wird durch die **Praxis** und die bundesgerichtliche Rechtsprechung ausgefüllt.

Nach der derzeit geltenden **Steuerrechtspraxis** ist die erfolgs-neutrale Übertragung der stillen Reserven auf die neue Aktienge-sellschaft unter folgenden Voraussetzungen zulässig:

- Das Unternehmen wird als Ganzes mit unverändertem Ge-schäftszweck übernommen.
- Die Beteiligungsverhältnisse dürfen sich mit der Umwandlung und in den folgenden fünf Jahren nicht verändern. Der bishe-rige alleinige Geschäftsinhaber wird Hauptaktionär der neuen Familien-AG. Die Beteiligung weiterer Aktionäre (Strohmän-ner) wird aus formalrechtlichen Gründen zugelassen.
- Die bisherigen Einkommenssteuerwerte der Einzelfirma müs-sen von der AG übernommen werden.

In der **Praxis** müssen der bisherige Einzelfirmeninhaber und die Organe der neuen Familien-AG zugunsten der Steuerbehörde eine den obigen Bestimmungen entsprechende Erklärung unter-zeichnen.

Sofern einzelne Aktiven ins Privatvermögen überführt oder in den Büchern aufgewertet werden, ist nach Art. 43 BdBSt auf den dadurch realisierten Mehrwerten eine volle Jahressteuer zu ent-richten. Diese wird auch bei Veräusserung der Beteiligungswerte innert fünf Jahren nach der Umwandlung erhoben, da in diesem Fall eine Steuerumgehung vermutet wird.

33 Die Änderung der Rechtsform bei den Personengesellschaften

331 Einleitung

Änderungen im Bestand der beteiligten Gesellschafter an einer Personenunternehmung können wie folgt eintreten:

- Die bisherigen Gesellschafter können ihre Rechte am Unter-nehmensvermögen auf eine oder mehrere andere Personen übertragen.

– Der Kreis der beteiligten Gesellschafter wird durch den Eintritt weiterer Gesellschafter erweitert.
– Der bisherige Kreis der Gesellschafter wird durch Austritte verkleinert.

Die einzelnen Gesellschafter werden selbst steuerrechtlich betroffen, da das Unternehmen als solches keinen eigentlichen steuerrechtlichen Status besitzt. Von wesentlicher Bedeutung für die Steuerfolgen ist es, ob der Änderung ein entgeltliches oder ein unentgeltliches Rechtsgeschäft zugrunde liegt.

332 Die Umwandlung einer Personengesellschaft in eine Einzelfirma

Bei der Umwandlung einer Personengesellschaft in eine Einzelfirma treten von den bisherigen Gesellschaftern so viele aus, dass am Schluss nur noch einer übrigbleibt. Dieser führt das Geschäft nach Art. 579 OR weiter. Das Gesamteigentum der Personengesellschaft wird zum Alleineigentum des zukünftigen Einzelfirmeninhabers. Zur Ermittlung der Ansprüche der ausscheidenden Gesellschafter ist eine Umwandlungsbilanz zu erstellen.

Die Auszahlung kann wie folgt vor sich gehen:
– in einer einmaligen festen Barauszahlung oder durch Überlassung von Sachwerten;
– in mehrmaligen Auszahlungen durch Kaufpreisraten, Renten, Umsatzboni oder Dividenden. Diese Auszahlungen können verzinslich oder unverzinslich sein. Wenn die Abfindungssumme verzinst wird, spricht man von Abfindung durch eine Rente. Bei der Abfindung durch eine **Leibrente** sind die Zahlungen an die Person des Empfängers gebunden; diese werden beim Ableben des Rentenbezügers eingestellt. **Zeitrenten** dagegen sind bis zum Ablauf der vorgesehenen Frist an die Erben der Berechtigten weiterzuzahlen. Leibrenten und Zeitrenten werden kapitalisiert. Ihr Barwert entspricht der Abfindungssumme auf den Zeitpunkt des Ausscheidens der Teilhaber. Diese Abfindungssumme ist in die Eröffnungsbilanz der Einzelfirma als Passivposten einzusetzen.

333 Die Umwandlung einer Personengesellschaft in eine andere Personengesellschaft

Die Umwandlung einer Personengesellschaft in eine andere Personengesellschaft findet in folgenden Fällen statt:
- Ein vollhaftender Gesellschafter will seine Haftung beschränken.
- Eine Kollektivgesellschaft wird durch den Eintritt eines Kommanditärs zur Kommanditgesellschaft.
- Der bisherige einzige Kommanditär tritt aus, und Komplementäre führen das Unternehmen weiter.
- Der bisherige Kommanditär wird vollhaftender Teilhaber.

Es entsteht keine formelle Übertragung von Aktiven und Passiven. Die neue Gesellschaft führt die bisherige unter Wahrung des Firmenzweckes weiter. Soweit die Anteile an den stillen Reserven nicht ändern, bleibt die wirtschaftliche und rechtliche Teilhaberschaft erhalten. Dem Fiskus wird kein Steuersubstrat entzogen. Es besteht kein Anlass zur Besteuerung stiller Reserven, sofern diese dem Fiskus erhalten bleiben. Die Besteuerung ist aufgeschoben. Bedingung hiefür ist allerdings, dass sich die Beteiligungsverhältnisse nicht ändern.

Beispiel
Eine Kollektivgesellschaft wird zur Kommanditgesellschaft, indem ein bisher unbeschränkt haftender Gesellschafter zum Kommanditär wird. Dadurch tritt vor allem eine Änderung der zivilrechtlichen Haftung ein. Steuerfolgen entstehen keine.

334 Die Umwandlung einer Personengesellschaft in eine Aktiengesellschaft

Die Umwandlung der Personen- in eine Aktiengesellschaft bringt den Nachteil mit sich, dass die AG bei Gewinnausschüttungen einer wirtschaftlichen Doppelbesteuerung (AG–Aktionär) unterliegt. Anderseits ist zu berücksichtigen, dass der Teilhaber einer Personengesellschaft die gesamten Sozialversicherungsbeiträge (AHV/IV/EO) vom gesamten Gewinn zu entrichten hat. Die AG und die Aktionäre entrichten diese Beiträge nur vom Salär der mitarbeitenden Aktionäre.

Oft fällt der Vergleich von Steuern und Sozialversicherungsbeiträgen deshalb, trotz wirtschaftlicher Doppelbesteuerung, zugunsten der Aktiengesellschaft aus, so dass die Personen- in eine Aktiengesellschaft umgewandelt wird.

Die Umwandlung einer Personen- in eine Aktiengesellschaft ist rechtlich wie folgt durchführbar:
- Die Personengesellschaft wird formell aufgelöst und das Gesellschaftsvermögen auf die Gesellschafter verteilt. Diese gründen eine Aktiengesellschaft und bringen ihre Anteile als Sacheinlagen ein.
- Die Personengesellschaft beteiligt sich direkt als Gesamtheit an der Aktiengesellschaft und überträgt die gesamten Vermögenswerte auf die neue AG.

In beiden Fällen handelt es sich um eine Sacheinlagegründung. Die AG wird steuerrechtlich als Neugründung behandelt und hat die Emissionsabgabe von 3% auf dem Aktienkapital zu entrichten.

Wenn die Gesellschafter auf eine Umbewertung von Aktiven und Passiven verzichten und sich die Eigentumsverhältnisse durch die Umwandlung nicht wesentlich verändern, ist die Besteuerung bei der direkten Bundessteuer und bei den meisten Kantonen aufgeschoben.

Wenn unversteuerte stille Reserven anlässlich der Umwandlung aufgelöst werden, ergeben sich folgende **Steuerfolgen:**
- Die Gesellschafter müssen die realisierten stillen Reserven als Liquidationsgewinn versteuern.
- Werden die stillen Reserven den Kapitalkonten gutgeschrieben, wird ein höheres Aktienkapital ausgewiesen. Für die Aktiengesellschaft fallen dadurch die Emissionsabgabe und die Kapitalsteuer höher aus.

Andererseits wird jedoch das Verhältnis zwischen Eigenkapital und Reingewinn (Ertragsintensität) ungünstiger; dadurch hat die AG weniger Gewinnsteuer zu zahlen. Im weiteren hat die Aufwertung gewisser Aktiven (Immobilien, Maschinen,

Fahrzeuge usw.) den Vorteil, dass die zukünftigen steuerlichen Abschreibungen vom erhöhten Bilanzwert vorgenommen werden können.

Wenn der Aufwertungsgewinn separaten Darlehenskonten der Gesellschafter gutgeschrieben wird, kann die AG den Zins für diese Darlehen als Betriebsaufwand verbuchen.

4 Die Nachfolgeregelung

41 Einleitung

Die Regelung der Nachfolge stellt für das Familienunternehmen einen wichtigen Schritt dar. Damit sich dieser Schritt in die ungewisse Zukunft lohnt, ist der Wechsel in der Unternehmensführung gründlich zu planen. Die **Entscheidungsvorbereitung** sollte zu einem Zeitpunkt erfolgen, in dem man in Ruhe und ohne Hast die beste Lösung suchen kann. Der Entscheid darf jedoch nicht unter Zeitdruck, zum Beispiel bei schwerer Krankheit oder Tod des Inhabers, erfolgen, weil die Beteiligten infolge der besonderen Umstände unter Handlungszwang stehen. Die Folgen schneller Entschlüsse sind dann in menschlicher, rechtlicher, steuerlicher und betriebswirtschaftlicher Hinsicht nicht mehr sorgfältig abklärbar.

Vorerst muss man sich über die Vielfalt der Lösungsmöglichkeiten orientieren. Empfehlenswert ist, bereits in der Entscheidungsphase einen kompetenten Berater beizuziehen. Die Belange der Nachfolgeregelung sind im Familienkreis gründlich zu besprechen. Die getroffene Lösung ist von allen interessierten Parteien zu tragen.

Im Anschluss an die Entscheidungsvorbereitung muss man sich für eine Variante entscheiden. Folgende Überlegungen sind denkbar:
- Ist die Nachfolgeregelung im Rahmen einer erbrechtlichen Vereinbarung (Ehevertrag oder Erbvertrag) durchzuführen? Ab 1. 1. 1988 tritt das neue Erb- und Ehegüterrecht in Kraft[1].

---

[1] Siehe Anhang 13.

– Ist zwecks Erleichterung der Erbteilung die bisherige Gesellschaftsform zu ändern?
– Ist eine Nachfolgeregelung in der Familie nicht möglich, und muss ein Nachfolger ausserhalb des Unternehmens gesucht werden?
– Steht der Übergang des gesamten Unternehmens bevor, oder werden nur Teilbereiche übertragen?
– Werden die Mitarbeiter am Unternehmen beteiligt?

Wenn man sich für eine Variante entschieden hat, sind die notwendigen Durchführungsmassnahmen zu planen und abzuwickeln.

Die nachfolgenden Ausführungen zeigen verschiedene Lösungsmöglichkeiten sowie die Steuerfolgen auf.

42 Die Grundlagen der Nachfolgeregelung

421 Allgemeines

Wie die Erfahrungen in der **Praxis** zeigen, ist selten genügend Privatvermögen vorhanden, um ohne Benachteiligung der übrigen Nachkommen dem Unternehmensnachfolger sämtliche Aktien einer Familien-AG unentgeltlich zuzuwenden.

Der nachfolgende Sohn verfügt auch selten über genügend Eigenmittel, um alle Aktien vom Vater entgeltlich zu übernehmen.

Daher sind die Möglichkeiten der Nachfolgeregelung auf die Verhältnisse auszurichten, die voraussichtlich beim Ableben des Unternehmers vorhanden sind. Diese Erkenntnis bedeutet für den Unternehmer, der seine Nachfolge plant, folgendes:
– Die Nachfolgeregelung muss sich auf das gesamte Vermögen und die daraus zu erzielenden Erträge beziehen.
– Die Durchführung der geplanten Nachfolgeregelung ist, im Gegensatz zu Geschäften unter Lebenden, nach dem Tode des Unternehmers durch diesen nicht mehr beeinflussbar. Die einmal getroffene Regelung ist somit unabänderlich und defini-

tiv. Deshalb muss diese laufend aufgrund der möglichen veränderten Verhältnisse auf ihre Richtigkeit hin überprüft werden. Gegebenenfalls ist eine Anpassung an neue Verhältnisse erforderlich.

Um die Gültigkeit der vom Unternehmer getroffenen Nachfolgeregelung sicherzustellen, sind die unentziehbaren Rechte der Erben (überlebende Ehefrau und Nachkommen) zu berücksichtigen.

Dabei sind die jeweils geltenden güterrechtlichen und erbrechtlichen Gesetzesvorschriften zu beachten.

422 *Die güterrechtliche Auseinandersetzung*

Vorerst ist festzustellen, was vom vorhandenen Nettovermögen überhaupt in den Nachlass des verstorbenen Unternehmers und Ehemannes gelangt. Ohne weitere besondere ehevertragliche Vereinbarung (Güterverbindung) hat die überlebende Ehefrau Anspruch auf ihr Sondergut (zum Beispiel Schmuck oder Arbeitserwerb), auf die Rückerstattung des von ihr eingebrachten Vermögens und auf den sogenannten **Vorschlag.**

Auch im neuen Recht muss beim Tod eines Ehepartners zunächst nach Güterrecht ermittelt werden, was Eigentum des überlebenden Ehepartners ist und was in den Nachlass des Verstorbenen gehört. Erst nach der sogenannten **güterrechtlichen Auseinandersetzung** folgt die **erbrechtliche Teilung.**

Am nachfolgenden Beispiel wird der Unterschied bei der güterrechtlichen Teilung je nach altem und neuem Recht dargestellt:

		Altes Recht Fr.	Neues Recht Fr.
Eigengut Mann	Fr. 42 000		
Eigengut Frau	Fr. 18 000		
Errungenschaft Mann	Fr. 64 000		
Errungenschaft Frau	Fr. 12 000		
Beide Vorschläge gesamt	Fr. 76 000		
Der Ehefrau gehören:			
Eigengut		18 000	18 000
Anteil am Vorschlag ($\frac{1}{3}$ / $\frac{1}{2}$)		25 333	38 000
		43 333	56 000

Wie die Zahlen im Beispiel zeigen, ist die Ehefrau nach neuem Güterrecht bessergestellt.

423 Die erbrechtliche Auseinandersetzung

In erbrechtlicher Sicht bestimmt das Gesetz, stets davon ausgehend, dass der Erblasser nichts anderes verfügt hat und auch kein Erbvertrag abgeschlossen wurde, folgendermassen:
Der gesetzliche Erbteil der überlebenden Ehefrau beträgt, sofern sie nicht von dem ihr zustehenden Recht Gebrauch macht, anstelle des gesetzlichen Erbteils auf der Hälfte des Nachlasses die Nutzniessung zu beanspruchen, **ein Viertel** des Nachlasses. Nach neuem Recht beträgt der Anteil des überlebenden Ehegatten bei der gesetzlichen Erbfolge die **Hälfte des Nachlasses.**
Ausgehend von den Beträgen im obigen Beispiel, stellt sich somit der erbrechtliche Anteil der Ehefrau am Nachlass des Erblassers nach altem und neuem Recht wie folgt:

	Altes Recht Fr.	Neues Recht Fr.
Nachlass des Ehemannes:		
Eigengut Mann	Fr. 42 000	
Hälfte beider Vorschläge	Fr. 38 000	
Nachlass total	Fr. 80 000	
Erbteil der Frau	25 000	40 000

Der Gesetzgeber lässt dem Erblasser die Möglichkeit offen, einzelne gesetzliche Erbteile gewisser Erben nach freiem Ermessen zu verkürzen, jedoch nur bis zu einem bestimmten Betrag. Diesen Betrag, der der Verfügungsfähigkeit des Erblassers entzogen ist und der also dem Erben unter allen Umständen, ausgenommen es liegen Enterbungsgründe vor, zukommen muss, bezeichnet man als den **Pflichtteil** des Erben. Die Höhe des Pflichtteils wird vom Gesetzgeber in Bruchteilen vom gesetzlichen Erbteil festgelegt und beträgt für die Ehefrau nach altem Recht $\frac{1}{4}$, nach neuem Recht $\frac{1}{2}$ des gesetzlichen Erbteils.

Im Ausmass der frei verfügbaren Quote kann der Unternehmer nach altem Recht zum Beispiel den Sohn nebst der Ehefrau nach altem Recht mit $\frac{3}{16}$, nach neuem Recht mit $\frac{3}{8}$ begünstigen.

424 Die Planung der Nachfolgeregelung

Bei jeder sorgfältigen Planung einer Nachfolge muss man vorerst folgende Informationen zusammenstellen:
- die Bestimmung des Unternehmensnachfolgers (Ehefrau, Nachkommen, Verwandte, Dritte)
- die Vermögens- und Einkommensverhältnisse
- Anzahl Kinder, Alter, berufliche und persönliche Neigungen und Fähigkeiten, Zivilstand

- Wie viele Nachkommen können nach den bestehenden Unternehmensverhältnissen im Unternehmen tätig sein?
- Wie ist das persönliche Verhältnis untereinander und zu den Ehepartnern?
- finanzielle Bedürfnisse der überlebenden Ehefrau und der nicht im Geschäft tätigen Nachkommen
- Sind familienfremde Aktionäre vorhanden, und wie hoch ist deren Stimmanteil?
- Auf welchen Zeitpunkt soll und kann die Nachfolgeregelung in Kraft treten?

Sobald sämtliche relevanten Daten zusammengetragen sind, muss der Unternehmer die von ihm durch die Nachfolgeregelung zu erreichenden Ziele definieren. Folgende Überlegungen sind anzustellen:

- Soll das für den Nachfolger erforderliche kapitalmässige Führungsschwergewicht durch ungleiche Verteilung der bestehenden Aktien erreicht werden? Steht genügend Privatvermögen zur Verfügung, das dieses Vorgehen rechtfertigt?
- Soll die Führungsnachfolge bei kapitalmässiger Gleichbehandlung aller Kinder erfolgen?
- Soll das Führungsschwergewicht nur während der Zeit der aktiven Tätigkeit oder auch später beim Nachfolger und somit bei dessen Erben bleiben?
- Sollen die Aktien des Unternehmers bei seinem Ableben auf die überlebende Ehefrau übergehen? Wie lange soll die Ehefrau die Eigentümerstellung und somit die Stellung als stimmberechtigte Aktionärin an den Aktien ausüben können? Bis zu ihrem Ableben, bis zu ihrer allfälligen Neuverheiratung, bis zu einem gewissen Alter der Frau und der Kinder?
- Wovon bezieht die überlebende Ehefrau ihr Einkommen, wenn sie nicht Aktionärin wird? Ist eine Rentenverpflichtung von den Kindern zu tragen?

Je genauer sich der Unternehmer über seine eigenen Ziele Klarheit verschafft hat, desto besser ist es für einen Berater möglich, eine optimale Nachfolgeregelung zu finden. Gemäss den **Erfahrungen aus der Praxis** zeichnen sich die folgenden Tendenzen ab:

- Ein Nachkomme soll leitend und alleinbestimmend das Unternehmen weiterführen und hiefür über das notwendige Stimmenschwergewicht verfügen.
- Sämtliche Nachkommen sollen vermögens- und einkommensrechtlich gleichgestellt sein.
- Die Ehefrau soll nicht Aktionärin sein. Jedoch soll sie über genügend Mittel verfügen, um den bisherigen Lebensstil weiterzuführen. Für ausserordentliche unvorhergesehene Ausgaben sollen die entsprechenden Mittel vorhanden sein.

43 Die Nachfolgeregelung bei der Einzelfirma

In der Einzelfirma kann die Nachfolge auf zwei Arten geregelt werden:

a) Die Einzelfirma geht auf einen neuen Rechtsträger über. Der Übergang erfolgt gegen Entgelt oder als Schenkung.

b) Ein neuer zusätzlicher Beteiligter tritt ein, wodurch die Einzelfirma zur Kollektiv- oder Kommanditgesellschaft wird.

431 Der Übergang auf einen neuen Rechtsträger gegen Entgelt

Zivilrechtlich erfolgt der Übergang nach Art. 181 OR. Danach haftet der bisherige Schuldner solidarisch mit dem neuen Schuldner noch während zwei Jahren für die Verbindlichkeiten des Unternehmens.

Der Übernahmevertrag ist an keine besondere Form gebunden. Da aber die Übernahme auch Forderungen betrifft, muss das Rechtsgeschäft in der für die Zession vorgeschriebenen Form erfolgen. Besondere zivilrechtliche Folgen sind auch zu berücksichtigen, wenn mit der Geschäftsübergabe die Eigentumsübertragung an Grundstücken erfolgt.

Die entgeltliche Nachfolgeregelung führt zur Besteuerung allfälliger stiller Reserven des Unternehmens und eines allenfalls mitverkauften Goodwills.

Mit dem Zufluss des Entgeltes für die stillen Reserven entsteht ein steuerbarer Liquidationsgewinn. Realisiert wird die Differenz zwischen dem Verkaufspreis und dem Einkommenssteuerwert des Eigenkapitals.

Wenn das Unternehmen an einen Dritten verkauft wird, entsteht eine Geschäftsübergabe gegen Geld- oder Sachwerte. In diesem Fall hat der Verkäufer seine realisierten stillen Reserven zu versteuern.

Beispiel

Der Einzelfirmeninhaber A veräussert sein Geschäft auf den 31. Dezember 19.1 an B. Die auf diesen Zeitpunkt erstellte Schlussbilanz zeigt folgendes Bild:

	Aktiven Fr.	Passiven Fr.
Verschiedene Aktiven (stille Reserven Fr. 130000.–) (Einkommenssteuerwert dieser Aktiven Fr. 360000.–)	300000.–	
Eigenkapital		250000.–
Fremdkapital		50000.–

Die Einzelfirma wird für Fr. 380000.– verkauft. In diesem Fall erzielt A den folgenden steuerbaren Liquidationsgewinn:

	Fr.	Fr.
Verkaufserlös		380000.–
Eigenkapital laut Handelsbilanz	250000.–	
Wiedereingebrachte Abschreibungen (Fr. 360000.– minus Fr. 300000.–)	60000.–	
Einkommenssteuerwert	310000.–	– 310000.–
steuerbarer Liquidationsgewinn		70000.–

Die Bilanz der Einzelfirma des Herrn B auf den 1. Januar 19.2 lautet wie folgt:

	Aktiven Fr.	Passiven Fr.
Verschiedene Aktiven	430 000.–	
Eigenkapital		380 000.–
Fremdkapital		50 000.–

432 Die Geschäftsübergabe gegen eine Rente

Wenn ein Einzelfirmeninhaber das Geschäft seinem Sohn übergibt, verfügt dieser oft nicht über genügend flüssige Mittel, um den Kaufpreis bar zu erlegen. In diesen Fällen erfolgt die Geschäftsübergabe oft gegen eine Rentenzahlung. Die Rentenverpflichtung wird als Kaufpreisschuld in die Bilanz des Sohnes eingestellt. Der Vater erhält als Gegenleistung eine lebenslängliche Rente.

Wenn mit der Rentenstammschuld stille Reserven aufgelöst werden, erhöht sich der Wert des Kapitals beim Sohn. Die Aktiven dürfen entsprechend höher bewertet werden. Eine Realisierung von stillen Reserven erfolgt steuerlich nur, wenn die nach der Lebenserwartung des Vaters berechnete Rentenstammschuld das buchmässige Geschäftsvermögen übersteigt.

Die Rentenzahlungen können beim Sohne nur am Einkommen abgezogen werden, wenn die passivierte Rentenstammschuld vollständig abgetragen ist. Wenn beim Tod des Vaters die Rentenstammschuld noch besteht, ist der nicht verbrauchte Teil davon vom Sohn als Einkommen zu versteuern.

Der Vater hat die laufenden Renten gemäss Art. 21bis BdBSt mit 60, 80 oder 100% als Einkommen zu versteuern. Die Besteuerung beträgt 60%, wenn die Rentenstammschuld das buchmässige Vermögen nicht übersteigt, 80%, wenn die Rentenstammschuld nicht mehr als das Fünffache des buchmässigen Vermögens ausmacht. In den übrigen Fällen beträgt die Besteuerung 100%.

Wenn die Einzelfirma an einen **Dritten** gegen eine Rente abgetreten wird, liegt ein Realisationstatbestand vor. Die stillen Reserven werden in diesem Falle vollumfänglich von der Besteuerung erfasst.

433 Der Geschäftsübergang bei Erbschaft oder Schenkung

Beim erbrechtlichen Geschäftsübergang hat die Besteuerung der stillen Reserven nach Bundessteuerrecht zu unterbleiben. Weder der Erbanfall noch die Schenkung stellen bei der direkten Bundessteuer eine steuerlich massgebende Realisierung der Mehrwerte dar.

Die Besteuerung erfolgt allerdings in folgenden Fällen:

- Die Erben heben den Geschäftsbetrieb oder einzelne Teile davon auf.
- Die Erben veräussern oder verwerten den Geschäftsbetrieb oder einzelne Teile davon.
- Die Erben nehmen eine buchmässige Aufwertung der Aktiven vor. Die realisierten stillen Reserven sind von sämtlichen Erben anteilmässig zu versteuern.
- Nach Art. 43 ist eine Liquidationsgewinnsteuer geschuldet, wenn der Erblasser zu Lebzeiten steuerbare Kapitalgewinne erzielt oder Mehrwerte verbucht hat, für die nicht für volle zwei Jahre die ordentliche direkte Bundessteuer entrichtet wurde. In diesem Falle trifft die Steuer den Erblasser, der von den Erben vertreten wird.
- Wenn einzelne Erben für ihren Anteil abgefunden werden, so haben sie die realisierten stillen Reserven zu versteuern. Dies trifft auch zu, wenn der nachfolgende Erbe den Betrieb zu Buchwerten weiterführt und die Miterben aus seinem Privatvermögen abfindet.

Der Übergang einer Einzelfirma auf Rechnung **künftiger** Erbschaft wird steuerlich gleich behandelt wie der erbrechtliche Übergang desselben. Insbesondere entsteht dann eine Steuerpflicht, wenn bei der Übergabe gewisse Aktiven ins Privatvermögen des bisherigen Firmeninhabers übergehen. Auch bei der

schenkungsweisen Übertragung der Einzelfirma ist die Besteuerung aufgeschoben. Anders verhält es sich jedoch, wenn die Schenkung bloss einzelne Geschäftsanteile umfasst. Die auf diesen Objekten vorhandenen stillen Reserven werden durch die Schenkung realisiert und müssen vom Schenkenden versteuert werden.

44 Die Nachfolgeregelung bei den Personengesellschaften

441 Merkmale

Nach den subsidiären gesetzlichen Bestimmungen löst der Tod eines Gesellschafters die Personengesellschaft auf. Gemäss Art. 542 OR ist die Abtretung des Gesellschaftsanteils nur mit Zustimmung aller Gesellschafter gültig. Somit gilt die Mitgliedschaft des Kollektivgesellschafters und des Komplementärs als unübertragbar und unvererblich.

Sofern allerdings im Gesellschaftsvertrag eine Nachfolgeklausel aufgenommen wird, entstehen die folgenden Wirkungen:
- Die Gesellschaft wird weder aufgelöst noch durch die verbleibenden Gesellschafter allein fortgesetzt.
- Die Mitgliedschaft des durch Tod ausgeschiedenen Gesellschafters erlischt nicht.
- Die Nachfolgeklausel ist als Bestandteil des Gesellschaftsvertrages ein Rechtsgeschäft unter Lebenden, nicht eines von Todes wegen. Dies bedeutet, dass diese Vertragsklausel den Übergang der Mitgliedschaft nicht herbeiführt. Die Nachfolgeklausel macht die Mitgliedschaft nur vererblich, vererbt sie aber nicht. Die Übertragung wird gestattet, nicht bewirkt.

Die Änderungen im Bestand der Beteiligten bei Personenunternehmungen sind aufgrund der folgenden Fälle möglich:
- Die bisherigen Inhaber des Unternehmens oder die bisher am Unternehmen Beteiligten können ihre Rechte am Gesellschaftsvermögen auf eine oder mehrere andere Personen übertragen.

– Neue Gesellschafter werden aufgenommen.

– Bisherige Gesellschafter treten aus.

In all diesen Fällen werden die Beteiligten selbst **steuerrechtlich** betroffen, da das Unternehmen als solches keinen steuerrechtlichen Status besitzt. Von wesentlicher Bedeutung für die steuerrechtliche Beurteilung ist, ob der Änderung ein entgeltliches oder unentgeltliches Rechtsgeschäft zugrunde liegt. Sofern mit den Kapitalanteilen Ansprüche auf stille Reserven verbunden sind, ist stets zu prüfen, ob diese realisiert werden und hieraus eine Steuerpflicht entsteht. Die Besteuerung der stillen Reserven setzt voraus, dass deren Übergang entgeltlich erfolgt. Sofern die Abtretung der Reserven auf einem unentgeltlichen Rechtsgeschäft beruht, fehlt für die Annahme eines Kapitalgewinnes ein wesentliches Element. Ein Kapitalgewinn ist nur zu versteuern, sofern ein Realisationstatbestand vorliegt.

442 Eintritt eines neuen Gesellschafters

Der Neueintritt eines Gesellschafters beruht auf einer vertraglichen Abmachung. Der Neubeteiligte erwirbt durch eine erfolgsneutrale Kapitaleinlage einen Anteil am neuen Gesellschaftsvermögen.

Wenn die alten Gesellschafter eine Vergütung für die Übertragung eines Anteiles an den stillen Reserven erhalten oder die stillen Reserven durch Aufwertung von Aktiven aufgelöst werden, sind die bisherigen Gesellschafter hiefür steuerpflichtig. Zutreffend sind die gleichen steuerrechtlichen Grundsätze wie im Fall des Beitritts eines Partners in eine Einzelfirma.

Im Falle der unentgeltlichen Abtretung eines Gesellschaftsanteils gelten die gleichen Bestimmungen, wie sie für den unentgeltlichen Eintritt eines neuen Gesellschafters in ein Einzelunternehmen zutreffen.

443 *Austritt eines Gesellschafters*

Der Gesellschafter, der seine Beteiligung am Unternehmen aufgibt und als Beteiligter ausscheidet, erwirbt einen Abfindungsanspruch. Dieser Anspruch bezieht sich auf den buchmässig ausgewiesenen Kapitalanteil sowie anteilmässig auf die stillen Reserven.

Der Abfindungsanspruch wird aufgrund einer Auseinandersetzungsbilanz zu tatsächlichen Werten festgestellt.

Die **austretenden** Gesellschafter müssen die Differenz zwischen der Abfindung und dem Einkommenssteuerwert als Kapital- beziehungsweise als Liquidationsgewinn versteuern.

Für die **verbleibenden** Gesellschafter, die ihre Kapitalkonten unverändert weiterführen, besteht keine Steuerpflicht.

Beispiel

Die Bilanz der Kollektivgesellschaft A, B und C lautet wie folgt:

Aktiven Fr. 900000.–	Kapital A	Fr. 300000.–
(stille Reserven Fr. 300000.–)	Kapital B	Fr. 300000.–
	Kapital C	Fr. 300000.–

C tritt aus der Gesellschaft aus und erhält eine Barauszahlung von Fr. 400000.– (Kapital Fr. 300000.– zuzüglich Fr. 100000.– Anteil an stillen Reserven). Er hat somit einen Kapitalgewinn von Fr. 100000.– zu versteuern.

Die Gesellschafter A und B haben die Möglichkeit, die Bilanz um die von C versteuerten stillen Reserven aufzuwerten. Die neue Bilanz der Kollektivgesellschaft A und B zeigt somit folgendes Bild:

Aktiven Fr. 600000.–	Kapital A	Fr. 300000.–
	Kapital B	Fr. 300000.–

Soweit der ausscheidende Gesellschafter A auf seinen Anteil an den stillen Reserven verzichtet, ist zu prüfen, inwieweit gegenüber A eine Schenkung vorliegt. Bei den bisherigen Gesellschaftern sind die stillen Reserven steuerfrei, wenn die Aktiven und Passiven zu den bisherigen Werten weitergeführt werden.

45 Die Nachfolgeregelung bei den Kapitalgesellschaften

451 Die juristischen Instrumente der Nachfolgeregelung

Nachfolgend werden einzelne Möglichkeiten aufgezeigt, die eine Nachfolgeregelung in der Familien-AG möglich machen sollten.

Die einzelnen Instrumente sind je nach der Zielsetzung eines Unternehmens verschieden und unterschiedlich kombinierbar.

4511 Zuteilung einer Mehrheit

Die Zuteilung einer Aktienmehrheit an den nachfolgenden Sohn ist eine praktische Lösung. Sie erfolgt meist durch eine Teilungsvorschrift in Erbvertrag oder Testament. Diese Möglichkeit bietet sich jedoch selten an, da dadurch der Wunsch des Unternehmers, seine Kinder gleichzustellen, oft verletzt wird. Meist ist ja das gesamte Vermögen in der AG investiert. In der **Praxis** wird die Zuteilung der Aktienmehrheit oft dadurch realisiert, indem der Sohn mittels eines Bankkredites die Aktienmehrheit käuflich übernimmt. Die Übernahme kann auch schon zu Lebzeiten des Unternehmers erfolgen.

4512 Stimmrechtsaktien

Bei der Familien-AG ist die Ausgabe von Stimmrechtsaktien ohne weiteres möglich. Stimmrechtsaktien sind Aktien, die dem Eigentümer eine stärkere Stimmkraft einräumen, als dies bei der Beteiligung am Aktienkapital entsprechen würde. Ausgegeben werden Aktien mit unterschiedlichem Nennwert. Die Stimmrechtsaktien verfügen über einen niedrigeren Nennwert als die anderen Aktien. Nach Art. 693/2 OR müssen diese Aktien auf den Namen lauten und voll einbezahlt sein. Die Statuten gewähren jeder Aktie eine Stimme.

Es empfiehlt sich, die Stimmrechtsaktien durch eine entsprechende **Vereinbarung** an die in der Familien-AG tätigen Familienmitglieder zu übertragen. Statutarische Bestimmungen, die die Übertragung von Stimmrechtsaktien an einzelne Familienmitglieder vorsehen, sind gemäss der derzeit geltenden Lehre unzulässig.

Zur Sicherstellung der Unternehmensführung durch den geeigneten Nachfolger versucht man in der **Praxis** oft, ein Schwergewicht durch eine unterschiedliche testamentarische Aktienzuteilung zu bilden. Dadurch darf jedoch das Pflichtteilsrecht der Erben nicht verletzt werden.

Nach BGE 94 II 88 dürfen bestimmte Erben auch nicht durch testamentarische Auflagen von der Unternehmensführung ausgeschlossen werden.

Beispiel von Stimmrechtsaktien

Das Aktienkapital von Fr. 500000.– ist eingeteilt in:

Serie	Anzahl Aktien	Nominal	Kapital	Anzahl Stimmen
A	1000	100.–	100000.–	1000
B	400	1000.–	400000.–	400

Laut den Statuten entfällt auf jede Aktie eine Stimme[1].

Somit entfallen auf zwanzig Prozent des Kapitals mehr als zwei Drittel der Stimmen an der Generalversammlung.

4513 Vinkulierte Namenaktien

Aktien sind frei übertragbar. Durch besondere statutarische Bestimmungen (Vinkulierungsvorschriften) kann allerdings die Gesellschaft die Übertragbarkeit von Namenaktien beschränken

---

[1] Das offene Pluralstimmrecht, wonach den Aktien der Serie A zum **Beispiel** zwei Stimmen je Titel zukommen und der Serie B nur eine Stimme je Titel, ist nicht statthaft.

(Art. 627/8, 684/1 und 686 OR). Die Vinkulierung bedeutet somit die Beschränkung der Übertragbarkeit von Namenaktien.

Zwecks Kontrolle und Überwachung des Aktionärskreises im Familienunternehmen sind vinkulierte Namenaktien bei der Familien-AG nicht mehr wegzudenken.

Die Vinkulierung soll den Familiencharakter des Unternehmens sicherstellen und kann entweder darin bestehen, dass:
- die Übertragung statutarisch von der in das Ermessen der Verwaltung bzw. Generalversammlung gestellten Genehmigung dieser Gesellschaftsorgane abhängig gemacht wird, wobei sie auch ohne Grundangabe, jedoch nicht rein willkürlich verweigert werden kann: sogenannte **schwache** Vinkulierung
- die Statuten die Übertragung von Namenaktien ganz allgemein untersagen oder gewisse Personenkategorien, wie zum Beispiel Ausländer, Konkurrenten usw., von der Mitgliedschaft ausschliessen können: sogenannte **starke** Vinkulierung. In diesem Fall ist das zuständige Gesellschaftsorgan verpflichtet, statutenwidrige Übertragungen nicht zu genehmigen.

Dies ist auch dann der Fall, wenn die Statuten den bisherigen Aktionären ein statutarisches Vorkaufsrecht bei der Veräusserung anderer Aktien einräumen und die Vorkaufsberechtigten von diesem Recht Gebrauch machen.

Durch die Vinkulierung der Aktien bleibt die Ausübung der Mitverwaltungsrechte ausschliesslich den im Aktienbuch eingetragenen Aktionären vorbehalten. Nach der Praxis des **Bundesgerichts** entsteht jedoch durch vinkulierte Namenaktien eine Spaltung der Aktionärsrechte in Mitgliedschafts- und Vermögensrechte. Beim Aktienverkauf sind die Vermögensrechte (Recht auf Dividende, Bezugsrechte, Recht auf Anteil am Liquidationserlös) rechtsgültig auf den neuen Erwerber übertragbar, während die Mitgliedschaftsrechte beim Aktionär verbleiben, der nach wie vor im Aktienregister eingetragen bleibt.

Das Bundesgericht führt in seiner Urteilsbegründung aus, die Vinkulierung diene nur dazu, missliebige Personen von den Mitwirkungsrechten der Aktionäre auszuschliessen. Was von diesem Zweck nicht erfasst werde, unterliege auch nicht der Vinkulierung und müsse handelbar bleiben.

Somit ist die Familien-AG nicht vollständig gegen Dritteinflüsse abgesichert. Unter Umständen muss der Verkäufer das Stimmrecht nach den Instruktionen des Käufers ausüben, solange der Käufer nicht im Aktienbuch eingetragen ist. Möglicherweise wird die Verwaltung der AG nicht über einen Verkauf orientiert.

Die unerwünschte Spaltung der Aktionärsrechte kann verhindert werden, wenn durch die Statuten sämtliche mit der Mitgliedschaft verbundenen Rechte ausschliesslich als in ihrer Gesamtheit abtretbar erklärt werden.

Die entsprechende Statutenbestimmung kann zum Beispiel lauten:

«Die Aktien sind nur mit der Genehmigung des Verwaltungsrates (Generalversammlung) übertragbar. Die Übertragung kann nicht durch Indossament, sondern nur durch Zession erfolgen. Vermögens- und Mitgliedschaftsrechte können nur zusammen und nicht getrennt zediert werden.»

In Art. 686/4 OR sieht das Gesetz eine zwingende Ausnahme vor. Bei Übertragung infolge Erbganges, ehelichen Güterrechtes oder Zwangsvollstreckung kann die Eintragung des Erwerbers im Aktienbuch nur verweigert werden, wenn entweder die Verwaltung oder einzelne Aktionäre die Aktien zum Börsenkurs, bei nichtkotierten Aktien zum wirklichen Wert übernehmen.

4514 Aktionärbindungsverträge (ABV/Poolverträge)[1]

Aktionärbindungsverträge (ABV) sind schriftliche Vereinbarungen über die Ausübung von Aktionärsrechten. Sie sind aus der **Praxis** entstanden und nicht verbindlich im Gesetz geregelt.

Die ABV verfolgen den Zweck, die Interessen bestimmter Aktionärsgruppen zu sichern und zu erhalten. Zum Beispiel können sich Minderheitsaktionäre durch eine entsprechende vertragliche Vereinbarung zu einer Schutzgemeinschaft gegenüber den Mehrheitsaktionären zusammenschliessen.

ABV treten als einseitige, als zweiseitige und als Gesellschaftsverträge auf. Als **einseitiger** Schuldvertrag stellt sich eine Verein-

---

[1] Siehe Anhang 14.

barung dar, durch die sich ein Aktionär gegenüber dem Vertragspartner verpflichtet, ein Aktionärsrecht nicht oder nur in einem
bestimmten Sinne auszuüben.

Beispiel

Für die Wahl des Partners in den Verwaltungsrat wird die Stimme abgegeben, ohne dass irgendeine Gegenleistung des Partners
besteht.

Ein **zweiseitiger** Schuldvertrag liegt dann vor, wenn der hin-
sichtlich der Ausübung seiner Aktionärsrechte verpflichtete Aktionär seinerseits Gläubiger des Vertragspartners ist.

Beispiel

Die Aktionärsgruppen vereinbaren, dass gleich viel Familienangehörige in den VR zu wählen sind und der Präsident des VR in
einem jährlichen Turnus je von der einen und der anderen Grup-
pe gestellt wird.

Die Gesetzesgrundlage für die ABV sind die allgemeinen Bestimmungen des OR über die Entstehung der Schuldverträge
(Art. 1 bis 40 OR). Eine Formvorschrift besteht nicht.

Die aktienrechtlichen Formvorschriften sind für die Gültigkeit
der ABV bedeutungslos, da es sich um Schuldverträge ausserhalb der AG handelt[1].

Vorteile

– Innerhalb der gesetzlichen Schranken kann jeder beliebige
  Sachverhalt des Gesellschaftsverhältnisses, entsprechend den
  jeweiligen Bedürfnissen, geordnet werden.
– Es wird eine Verpersönlichung der Aktiengesellschaft erreicht,
  die durch statutarische Bestimmungen nicht möglich ist.
– ABV kann man weitgehend geheimhalten.

---

[1] Gemäss Art. 689/3 OR ist bei Namenaktien zur Vertretung und Stimmab-
gabe des Aktionärs an der GV eine schriftliche Vollmacht notwendig.

Nachteile

– Nur die vertragsschliessenden Parteien werden rechtlich verpflichtet. Im Gegensatz dazu sind die statutarischen Bestimmungen gegenüber jedermann, zum Beispiel auch gegenüber zukünftigen Aktionären, wirksam.

– Die ABV sind kündbar. Zur Sicherung von eingegangenen Verpflichtungen können die Verträge jedoch hohe Konventionalstrafen vorsehen. In einem Entscheid (BGE 88 II 172) hat das Bundesgericht die ABV geschützt und die unterlegene Partei zur Bezahlung der Konventionalstrafe verpflichtet.

Zu unterscheiden sind die folgenden Vertragsarten:

Abstimmungsvereinbarungen

In einem derartigen ABV können die Aktionäre einer Gesellschaft vereinbaren, wie sie die ihnen gesetzlich zustehenden Stimmrechte in einzelnen Fällen auszuüben haben. So kann zum Beispiel vereinbart werden, dass für alle laufenden Geschäfte, soweit sie überhaupt in die Kompetenz der GV fallen und nicht eine gewisse betragsmässige Summe überschreiten, die Aktionäre den Vorschlägen des Verwaltungsrates folgen. Die Vertragsparteien werden vertraglich verpflichtet, das Stimmrecht nach den getroffenen Vereinbarungen auszuüben.

Das Führungsschwergewicht des Unternehmensnachfolgers wird durch den ABV stimmenmässig abgesichert. Die Abstimmungsvereinbarungen wurden aufgrund der neueren Rechtsprechung des Bundesgerichtes bestätigt. Vereinbarungen, die eine Umgehung von statutarischen Vinkulierungsbestimmungen bezwecken, sind allerdings rechtsmissbräuchlich.

Verträge betreffend die Verfügung von Aktien

Diese Vereinbarungen beinhalten meist eine Beschränkung des Rechtes auf Veräusserung, Verpfändung oder Einräumung von Nutzniessungen. Derartige Verträge erscheinen häufig in der Form von sogenannten Sperrkonsortien.

Die Aktionäre werden verpflichtet, ihre Titel während der Vertragsdauer nicht zu veräussern. Diese Verpflichtung wird oft durch Hinterlage der Titel bei einem Treuhänder oder Notar sichergestellt. Diese Aktionärbindungsverträge kommen der statutarischen Vinkulierung von Aktien nahe.

Verträge über die Ausübung von Bezugsrechten

Danach werden Aktionäre, die bei einer Kapitalerhöhung von ihren Bezugsrechten keinen Gebrauch machen, verpflichtet, diese nur den Vertragspartnern anzubieten.

Verträge über die Dividendenpoolung

Die Vertragspartner legen die Dividenden zusammen und verteilen sie nach einem bestimmten Schlüssel untereinander.

Verträge über die Teilnahme an der Generalversammlung

Die Vertragsnehmer verpflichten sich, ihre Rechte nicht persönlich, sondern durch einen gemeinsamen Vertreter auszuüben.

Der **Vorteil** von ABV liegt darin, dass weder besondere Aktienkategorien noch PS geschaffen werden müssen, dass für die weitere Zukunft nichts Negatives präjudiziert ist und dass alle Erben finanziell wirklich gleichgestellt sind.

Eine Lösung mittels ABV wirft folgende Probleme auf:

- Es ist anerkannt, dass ein Aktionärsvertrag nur von **Aktionären** unterzeichnet werden kann.
- Aus wichtigen Gründen kann ein Aktionär aus dem Pool austreten und damit schlimmstenfalls die ganze Nachfolgelösung in Frage stellen.
- Die Abänderung eines ABV kann nur mit Zustimmung aller Vertragspartner erfolgen, während die Abänderung von Gesellschaftsstatuten mehrheitlich möglich ist.
- Probleme können auftreten, wenn an Stelle der Unterzeichner des ABV deren Nachkommen treten.

4515 Schutz der passiven Minderheitsaktionäre

Passive Aktionäre sind nicht im Unternehmen tätig und haben keinen Einblick in die laufende Geschäftstätigkeit. Möglicherweise missbrauchen jedoch die geschäftsführenden Aktionäre ihre Position zum Nachteil der passiven Aktionäre. Beispielsweise können die Minderheitsaktionäre aufgrund einer entsprechenden Dividendenpolitik dazu gebracht werden, die Aktien weit unter dem tatsächlichen Wert zu verkaufen.

Die Interessen der passiven Aktionäre sind vorläufig nur durch statutarische oder vertragliche Regelungen zu schützen.

Beispiele

– Den qualifizierten Minderheitsaktionären wird statutarisch ein Anspruch auf einen Verwaltungsratssitz zuerkannt. Dies führt zu einer verbesserten Information der passiven Minderheitsaktionäre.
– Die Bezüge der geschäftsführenden Aktionäre werden mit der Dividendenauszahlung gekoppelt. Dadurch kann man den überhöhten Honorarbezügen und Spesenvergütungen zu Lasten von Dividendenauszahlungen begegnen.
– Bestimmungen über die Rechnungslegung der Gesellschaft schützen davor, dass die Gesellschaft nicht nutzlose Dividendengarantien abgibt[1].

4516 Mitarbeiterbeteiligung

Die Mitarbeiterbeteiligung wurde bis anhin vorwiegend im Grossunternehmen eingeführt. Dort sind die Kapitalbeteiligungen der Mitarbeiter im Verhältnis zum einbezahlten Eigenkapital von untergeordneter Bedeutung.

Die Vermögensbildung der Aktionäre ist jedoch auch für das Familienunternehmen nicht zu unterschätzen. So kann zum **Beispiel** die Ausgabe von Mitarbeiteraktien bei einem kleineren oder mittleren Unternehmen oft dazu beitragen, die Eigenkapitalbasis zu erweitern.

---

[1] Dividendengarantien nützen nichts, wenn die Gesellschaft nie mit Gewinn abschliesst.

Die Mitarbeiterbeteiligung bleibt nicht nur den Aktiengesellschaften vorbehalten. Personengesellschaften können zum Beispiel den Mitarbeitern den Status von stillen Teilhabern einräumen.

Da sich die Finanzierungsart bis heute vorwiegend in der AG durchgesetzt hat, beziehen sich die nachstehenden Ausführungen auf diese Gesellschaftsform.

Wenn eine Mitarbeiterbeteiligung durch Aktien nicht erwünscht ist, kann zum **Beispiel** die Zuteilung von Partizipationsscheinen erfolgen. Dadurch erhält der Mitarbeiter keine Mitverwaltungsrechte, auch bleibt eine Einflussnahme auf die Geschäftsleitung ausgeschlossen. Diese Form der Mitarbeiterbeteiligung hat sich im Familienunternehmen durchgesetzt.

Um den Mitarbeitern die Vermögensbildung zu erleichtern, bietet man ihnen die Beteiligungspapiere zu Vorzugsbedingungen an. Dabei ist der Erwerbspreis so festzulegen, dass der Käufer eine angemessene Rendite erzielt. Damit die Differenz zwischen dem Marktwert und dem Bezugspreis nicht sofort durch einen Verkauf der Papiere realisiert wird, ist eine Sperrfrist für den Verkauf der Beteiligungspapiere an Dritte vorgesehen. Diese kann sich auch auf die ganze Dauer des Arbeitsverhältnisses erstrecken. Ein Rückkauf der Papiere ist bei Gesellschaften mit geschlossenem Aktionärskreis üblich. Der Rückkauf erfolgt beim Ausscheiden aus der Gesellschaft oder im Todesfall. Die Statuten sehen oft auch ein entsprechendes Kaufrecht gegenüber den Erben vor.

Sofern eine Rücknahmepflicht vereinbart wird, ist die gerechte Festlegung des Rücknahmepreises wichtig.

Voraussetzung für die Mitarbeiterbeteiligung ist, dass das entsprechende Familienunternehmen finanziell gesund ist. Im Zweifelsfall sollte man auf die Beteiligung der Mitarbeiter am Kapital verzichten.

Im wesentlichen sind folgende drei Formen der Mitarbeiterbeteiligung zu unterscheiden:
- Der Arbeitnehmer erwirbt die Aktien zu Eigentum und kann unverzüglich frei darüber verfügen (freie Mitarbeiteraktien). Diese Aktien sind voll steuerbar.

– Der Arbeitnehmer erwirbt die Aktien zu Eigentum und kann unverzüglich frei darüber verfügen (freie Mitarbeiteraktien). Diese Aktien sind voll steuerbar.
– Der Arbeitnehmer erwirbt die Aktien sofort zu Eigentum, kann aber während einer bestimmten Sperrfrist nicht frei darüber verfügen (gebundene Mitarbeiteraktien). Angesichts der Verfügungssperre ist für diese Aktien als Verkehrswert ein herabgesetzter Wert einzustellen, der einer Diskontierung von jährlich 10%, höchstens aber 50% entspricht.
– Der Arbeitnehmer erwirbt die Aktien ebenfalls sofort zu Eigentum, das freie Verfügungsrecht darüber steht aber erst bei Erreichen der Altersgrenze (Pensionierung), bei Invalidität oder im Todesfall zu. Die Abgabe dieser Mitarbeiteraktien stellt eine Personalvorsorgeleistung dar, die erst im Zeitpunkt der Freigabe als Ersatzeinkommen zu erfassen ist. Die steuerbare Abfindung unterliegt der Meldepflicht im Sinne von Art. 7 des Verrechnungssteuergesetzes.

Steuerlich betrachtet haben die bei der Überlassung von Aktien erbrachten Leistungen für den **Arbeitgeber** den Charakter von geschäftsmässig begründeten Unkosten (Art. 49 [1] Bst a BdBSt) oder von Zuwendungen für die Personalvorsorge (Art. 49 [2] BdBSt).

Für den **Arbeitnehmer** stellt die Überlassung von Aktien unter dem Verkehrswert eine geldwerte Leistung des Arbeitgebers dar, die im Dienstverhältnis begründet ist und deshalb steuerbares Erwerbs- oder Ersatzeinkommen bildet (Art. 21 [1] Bst a BdBSt).

Nach einem Kreisschreiben vom 8. November 1973 sind die Mitarbeiteraktien bundessteuerrechtlich wie folgt zu besteuern:

Ermittlung des Verkehrswertes gebundener Mitarbeiteraktien:

Sperrfrist in Jahren	Diskontierter Verkehrswert in Prozenten (Diskontsatz 10%)
1	90,91
2	81,64
3	75,13
4	68,30
5	62,09
6	56,45
7	51,32
8 und mehr	50,00

Berechnungsbeispiele

1. Der Mitarbeiter kann sofort über die Aktien frei verfügen:

Verkehrswert (Kurswert)	Fr. 3000.-
./. Erwerbspreis (zum Beispiel Nominalwert)	- Fr. 500.-
Steuerbares Erwerbseinkommen	Fr. 2500.-

2. Der Mitarbeiter kann erst nach einer Sperrfrist von **6 Jahren** über die Aktien verfügen:

Diskontierter Verkehrswert:	
56,45% von Fr. 3000.-	Fr. 1693.-
./. Erwerbspreis	- Fr. 500.-
Steuerbares Erwerbseinkommen	Fr. 1193.-

3. Der Mitarbeiter kann erst bei **Erreichung der Altersgrenze** über die Aktien verfügen (Personalvorsorgeleistung):

Verkehrswert der Aktien bei Ausgabe	Fr. 3000.-
./. Erwerbspreis	- Fr. 500.-
Abfindung aus Dienstverhältnis (ohne angehäufte Dividenden, Zinsen und weiteres Alterskapital)	Fr. 3000.-

Die Abfindung ist nach Anwendung von Art. 21 BdBSt, unter Anwendung des Rentensatzes nach Art. 40 (2) BdBSt zu versteuern.

4517 Going Public

Going Public bedeutet die Umgestaltung der Familien-AG in eine Publikums-AG durch die Erweiterung des Aktionärskreises. Der bisher geschlossene Kreis der Aktionäre in der Familie wird für neue anonyme Kapitalgeber geöffnet.

Folgende Gründe können zum Going Public führen:
- Höhere Investitionen führen zu einem erweiterten Kapitalbedarf.
- Die Ausnützung von Marktchancen übersteigt die Finanzierungsmöglichkeit der Familien-AG.
- Diversifikationsbestrebungen führen zur Übernahme neuer Firmen, was erhebliche finanzielle Mittel erfordert.
- Bisherige Aktionäre möchten sich aus dem Unternehmen zurückziehen und anderen Tätigkeiten zuwenden.
- Die Aktien sind nicht oder nur schwer handelbar, so dass sich oft nur durch die Öffnung der Gesellschaft die Möglichkeit ergibt, grössere Aktienpakete zu realisieren.
- Durch das Going Public soll die Abhängigkeit von einzelnen Aktionären verringert werden.
- Das Unternehmen hat eine gewisse Grösse erreicht, so dass Risiko und Verantwortung breiter abgestützt werden müssen.
- Das Going Public bedeutet für das Unternehmen einen Imagegewinn.

Damit eine Familien-AG beim Going Public erfolgreich ist, sollten folgende Voraussetzungen erfüllt sein:
- Qualität und Kontinuität der Unternehmensführung als wichtige Garantie für eine erfolgreiche Geschäftsführung
- klare Vorstellungen zur Unternehmenspolitik
- gesunde Finanz- und Ertragslage
- entsprechende Unternehmungsgrösse, da Mindestbeträge für die Zulassung zum offiziellen Börsenhandel notwendig sind; unter den derzeit geltenden Verhältnissen sollte ein Unternehmen einen Umsatz von rund Fr. 100 Mio. aufweisen

- das Unternehmen sollte dem Anlegerpublikum bereits bekannt sein
- Bereitschaft, mit den Kapitalgebern und einer breiteren Öffentlichkeit in intensiveren Informationskontakt zu treten

Ein zentrales Problem des «Going Public» ist die Festlegung des Emissionskurses und die an die bisherigen Aktionäre zu leistende Abgeltung für nicht ausgeübte Bezugsrechte. Eine objektive Festsetzung des Kaufpreises der Aktien für die neuen Eigentümer erfordert eine Bewertung des Unternehmens als Ganzes.

Schlussbemerkungen

Bei der Festlegung der rechtlichen und betriebswirtschaftlichen Struktur des Familienunternehmens gibt es keine Patentlösung. Vielmehr muss für jeden einzelnen Fall die bestmögliche Lösung, mit Vorteil in Zusammenarbeit mit einem Berater, gesucht werden.

Die vorliegende Publikation hat den Zweck, den interessierten Leser auf die vielfältigen möglichen Lösungen aufmerksam zu machen. Durch die Lektüre dieses Buches sollte der Unternehmer für den Berater ein gleichwertiger Gesprächspartner werden.

Anhang 1

Mustervertrag: Einfache Gesellschaft

Die Herren A und B in Z gründen eine einfache Gesellschaft
mit unbegrenzter Dauer und treffen folgende Vereinbarungen:

Art. 1
Herr B beteiligt sich am 1. Januar 19.1 als stiller Teilhaber an
der Firma A in Z und leistet auf dieses Datum eine Einlage von
Fr. 70 000.– (siebzigtausend).

Art. 2
Herr A führt das Geschäft auf eigenen Namen und bezieht unabhängig vom Geschäftsergebnis ein Monatssalär von Fr. –.–.

Art. 3
Für wichtige Entscheidungen, die nicht zu den üblichen Aufgaben der Geschäftsführung gehören, hat Herr A das Einverständnis seines Teilhabers einzuholen.

Art. 4
Buchhaltung und Jahresabschluss werden jährlich von einem
gemeinsam gewählten Treuhandbüro überprüft.

Art. 5
Das im Geschäft arbeitende Eigenkapital und die Einlagesum-
me werden auf Ende des Kalenderjahres, das mit dem Geschäftsjahr zusammenfällt, mit 5% verzinst. Vom verbleibenden Reingewinn erhalten Herr A 70% und Herr B 30%.

Art. 6

Jeder Gesellschafter kann das Vertragsverhältnis unter Einhaltung einer zwölfmonatigen Kündigungsfrist auf Ende eines Kalenderjahres auflösen. Bei Tod eines Gesellschafters soll die Gesellschaft mit den Erben fortbestehen.

Z, den 4. Dezember 19.0

sig. A

sig. B

Anhang 2

Mustervertrag: Kollektivgesellschaft

Art. 1

Die Unterzeichneten schliessen sich unter der Firma

A, B und C

in Z zu einer Kollektivgesellschaft zusammen, deren Zweck der gemeinsame Betrieb eines Treuhandbüros und die Abwicklung der damit zusammenhängenden Geschäfte ist.

Art. 2

Die drei Gesellschafter legen in die Gesellschaft den Betrag von Fr. 45 000.– (fünfundvierzigtausend) ein.

Über die Übernahme des bisher durch die Gesellschafter A und B geführten Treuhandbüros wird zwischen der Gesellschaft und Herrn C ein gesonderter Vertrag abgeschlossen. Die von der Gesellschaft hiefür zu leistende Vergütung wird auf die Einlage der genannten Gesellschaft angerechnet.

Die Gesellschaft übernimmt den bisher auf die Herren A und B lautenden Mietvertrag für die Geschäftsräume mit Rechten und Pflichten mit Zustimmung der Hauseigentümerin auf den 1. 1. 19.0.

Art. 3

Die Kapitalanteile werden nicht verzinst.

An Gewinn und Verlust aufgrund des Jahresabschlusses sind die Gesellschafter zu gleichen Teilen beteiligt.

Von einem Gesellschafter nicht innert drei Monaten nach dem Jahresabschluss bezogene Honorare und Reingewinnanteile werden auf diesen Termin zu seinem Kapitalanteil geschlagen.

Die Gesellschafter beziehen für ihre Arbeitsleistung ein Honorar, das durch gegenseitige Übereinkunft zu Beginn jedes Geschäftsjahres festgelegt wird.

Art. 4

Die Geschäftsführung erfolgt durch die drei Gesellschafter gemeinsam.

Art. 5

Die Gesellschaft wird nur durch Kollektivunterschrift von je zwei Gesellschaftern rechtsgültig vertreten.

Die Erteilung einer auch nur beschränkten Handlungsvollmacht an Dritte bedarf der Zustimmung aller Gesellschafter.

Art. 6

Die Gesellschaft besteht auf unbestimmte Zeit. Jeder Gesellschafter hat das Recht, nach Einhaltung einer Kündigungsfrist von zwölf Monaten je auf das Ende eines Kalenderjahres aus der Gesellschaft auszuscheiden.

Fällt ein Gesellschafter in Konkurs oder wird sein Anteil gepfändet, so scheidet er damit automatisch aus der Gesellschaft aus.

Scheidet ein Gesellschafter aus irgendeinem Grund aus der Gesellschaft aus, so wird diese von den übrigen Gesellschaftern unter sich fortgesetzt; dem Ausscheidenden oder seinen Erben wird der Geschäftsanteil in bar ausgerichtet. Der dem ausscheidenden Teilhaber zustehende Betrag wird aufgrund einer auf den Tag des Ausscheidens erstellten Bilanz und Gewinn- und Verlustrechnung samt seines Anteils an Gewinn und Verlust gemäss Art. 3 berechnet.

Die Zwischenbilanz sollte per 30. Juni oder 31. Dezember mindestens drei Monate, längstens neun Monate nach dem Ausscheiden des Gesellschafters erstellt werden.

Art. 7

Vom Reingewinn sind 10% einem besonderen Reservefonds zuzuweisen.

Art. 8

Eine Kündigung des Gesellschaftskapitals kann nur alle fünf Jahre erfolgen.

(Es wäre sinnvoll, im weiteren noch die Art der Abfindung, die Berechnung der Abfindungssumme und die Auszahlungstermine aufgrund der gegebenen Verhältnisse besonders zu regeln.)

Anhang 3

Mustervertrag: Kommanditgesellschaft

Art. 1

Die Herren A, B und C in Z schliessen sich auf den 1. Januar
19.0 unter der Firma A Beispiel & Co. mit Sitz in Z zu einer Kommanditgesellschaft zusammen. Zweck der Gesellschaft ist der
Betrieb eines Treuhandbüros.

Art. 2

Die Herren A und B sind unbeschränkt haftende Gesellschafter und leisten auf den 1. Januar 19.0 eine Bareinlage von je
Fr. 100000.– (Hunderttausendfranken). Herr C beteiligt sich an
der Gesellschaft als Kommanditär mit einer Kommanditsumme
von Fr. 50000.– (Fünfzigtausendfranken), die er ebenfalls auf
den 1. Januar 19.0 bar einzahlen wird.

Art. 3

Geschäftsführung und Vertretung der Gesellschaft nach aussen stehen den Herren A und B als unbeschränkt haftenden Gesellschaftern zu. Sie verpflichten die Gesellschaft durch die Kollektivunterschrift. Die beiden unbeschränkt haftenden Gesellschafter widmen ihre ganze Arbeitskraft der Gesellschaft und teilen sich in die Geschäftsleitung so, dass Herr A Buchführungs-
mandate, je nach Bedarf unter Zuzug von Angestellten, besorgt.
Herr B ist zuständig für die Internen Dienste und Beratungsman-
date (Steuern, Revisionen usw.).

Art. 4

Die beiden unbeschränkt haftenden Gesellschafter haben für ihre Arbeit Anspruch auf ein Monatsgehalt von je Fr. 5000.–, das je auf Ende eines Monats fällig wird und als Gesellschaftsschuld zu verbuchen ist.

Art. 5

Die Einlagen der beiden unbeschränkt haftenden Gesellschafter werden mit 4%, die Kommanditsumme mit 4,5% pro Jahr verzinst.

Art. 6

Das Geschäftsjahr beginnt mit dem 1. Januar und endet mit dem 31. Dezember eines jeden Jahres. Auf Ende des Jahres ist jeweils ein Inventar aufzunehmen, und es werden die Gewinn- und Verlustrechnung und die Bilanz erstellt. Die Abschreibung der Sachanlagen und die notwendigen Rückstellungen sollen mindestens nach den steuerlich zulässigen Maximalsätzen erfolgen.

Art. 7

Inventar, Gewinn- und Verlustrechnung und Bilanz sind von sämtlichen Gesellschaftern zu prüfen und nach Richtigbefund zu unterzeichnen.

Art. 8

Die unbeschränkt haftenden Gesellschafter erhalten vom Gewinn je 35%; der Kommanditär erhält 30%. Im gleichen Verhältnis ist ein allfälliger Verlust zu tragen.

Dem Kommanditär steht es, solange die Kommanditsumme nicht vermindert ist, zu, seinen Gewinnanteil entweder zu beziehen oder aber als verzinsliches Darlehen der Gesellschaft zur Verfügung zu stellen.

Die beiden unbeschränkt haftenden Gesellschafter dürfen ihre Gewinnanteile nur beziehen, wenn es die Liquidität des Unternehmens zulässt.

Art. 9

Der vorliegende Gesellschaftsvertrag wird ab 1. Januar 19.0 auf die Dauer von fünf Jahren abgeschlossen und endet am 31. Dezember 19.4. Auf diesen Termin kann eine Kündigung von jedem Gesellschafter unter Einhaltung einer Kündigungsfrist von sechs Monaten erfolgen. Wenn keine Kündigung eintrifft, gilt er unverändert auf unbestimmte Zeit weiter.

Art. 10

Soweit der vorliegende Vertrag keine abweichenden Bestimmungen enthält, gelten die Bestimmungen des schweizerischen Obligationenrechts.

Dieser Gesellschaftsvertrag ist dreifach ausgefertigt, von den Vertragsschliessenden unterzeichnet und je in einem Exemplar in Empfang genommen worden.

Z, den ...

Die unbeschränkt haftenden Gesellschafter   Der Kommanditär
A   C
B

Anhang 4

Muster einer Gründungsurkunde für eine Aktiengesellschaft

Der unterzeichnete ..., Notar des Kantons B mit Büro in B,

beurkundet hiermit:

1. Die Herren A, B und C

erklären, unter der Firma A AG mit Sitz in B eine Aktiengesellschaft zu gründen.

2. Dem beurkundenden Notar wurden vorgelegt:

a) der Statutenentwurf vom ...,
b) der Sacheinlagevertrag vom ...,
c) Annahmeerklärung der Kontrollstelle vom ...

Diese Unterlagen liegen den Gründern und der Urkundsperson vor.

3. Die vorgenannten Gründer bestätigen gegenüber dem beurkundenden Notar:

a) dass sie die Statuten der Gesellschaft genehmigen mit dem Wortlaut, wie er in dem dieser Urkunde beigehefteten Exemplar enthalten ist. Diese Statuten bilden einen ergänzenden Bestandteil dieser Urkunde;

b) dass sie sämtliche 100 Namenaktien zu je Fr. 500.– nominal der Gesellschaft wie folgt zu pari übernommen haben:

a)	Herr A, Mitgründer	98 Aktien	Fr. 49 000.–
b)	Herr B, Mitgründer	1 Aktie	Fr. 500.–
c)	Herr C, Mitgründer	1 Aktie	Fr. 500.–
		100 Aktien	Fr. 50 000.–

c) dass der volle Betrag von Fr. 500.– auf jede dieser Namenaktien, total somit Fr. 50 000.–, durch die in den Statuten bestimmte Sacheinlage gedeckt ist und die Sacheinlage zur freien Verfügung der Gesellschaft steht;

d) dass Art. 4 der Statuten über die Sacheinlagen genehmigt wurde.

4. Die statutarischen Organe wurden wie folgt bestellt:

a) Die vorgenannten Gründer ernennen als Mitglieder des Verwaltungsrates die Herren:
A in B als Präsident
B in B als Vizepräsident
C in B als Mitglied

b) Als Kontrollstelle wird das Treuhandbüro X in B ernannt. Dieses hat die Annahme der Wahl durch Schreiben vom ... schriftlich bestätigt.

B, den ...

Die Gründer: A
B
C

Diese Urkunde enthält den mir von den genannten Gründern mitgeteilten übereinstimmenden Parteiwillen. Die Urkunde wurde von den Erschienenen gelesen, als vollständig und richtig anerkannt und vor mir unterschrieben.

Die in der Urkunde genannten Belege sind mir und den Gründern vorgelegen.

(Art. 639 OR)

B, den ...   Der Notar

Anhang 5

Muster eines Sacheinlagevertrages

1. Der unterzeichnete ..., Notar des Kantons B mit Büro in B, beurkundet hiermit:

Herr A in B verkauft der zu gründenden Aktiengesellschaft A AG mit Sitz in B, hier vertreten durch die Gründer A, B und C, die Aktiven und Passiven der bisherigen Einzelfirma A in B. Die Aktiven und Passiven dieser Firma setzen sich gemäss Bilanz vom ... zusammen aus:

	Aktiven Fr.	Passiven Fr.
Flüssige Mittel	10000.–	
Debitoren	60000.–	
Warenvorräte	150000.–	
Total Umlaufsvermögen	220000.–	
Maschinen	9000.–	
Mobilien	3000.–	
Fahrzeuge	30000.–	
Total Anlagevermögen	42000.–	
Kreditoren		52000.–
Transitorische Passiven		3000.–
Total Fremdkapital		55000.–
Eigenkapital		207000.–
	262000.–	262000.–

Der Bilanzwert der Aktiven, Wert ..., beträgt in Worten:
Zweihundertzweiundsechzigtausendfranken   Fr. 262 000.–
Auf Anrechnung an den Kaufpreis übernimmt
die Käuferin die vorerwähnten Passiven
im Gesamtbetrag von Fünfundfünfzig-
tausendfranken   – Fr. 55 000.–

Entsprechend dem Kaufpreis von
Zweihundertsiebentausendfranken   Fr. 207 000.–

Der Kaufpreis wird wie folgt getilgt:
    Durch Anrechnung an das Grundkapital der neu zu gründen-
den A AG, mit Sitz in B, gegen Übergabe von:

98 Namenaktien à nominal Fr. 500.– an A in B	Fr.	49 000.–
1 Namenaktie à nominal Fr. 500.– an B in B	Fr.	500.–
1 Namenaktie à nominal Fr. 500.– an C in B	Fr.	500.–
	Fr.	50 000.–
Durch Gutschrift auf dem Darlehenskonto A	Fr.	157 000.–
Entsprechend dem Kaufpreis	Fr.	207 000.–

2. Nutzen und Schaden an der Vertragssache gehen am ... auf
die Käuferin über. Alle ab diesem Datum getätigten Geschäfte gehen auf die Rechnung der Gesellschaft.

3. Die Gesellschaft übernimmt die Vermögenswerte im heutigen
Zustand. Der Verkauf erfolgt unter Aufhebung jeglicher Währ-
schaft.

4. Durch diesen Vertrag wird die Sacheinlage gemäss Art. 633/4
OR und Art. 4 der Statuten vollzogen. Die Käuferin ist berechtigt, unmittelbar nach ihrer Konstituierung als Aktiengesellschaft tatsächlich und nach dem Eintrag im Handelsregister auch
rechtlich über die vorerwähnten Vermögenswerte zu verfügen.

5. Der Verkäufer erklärt, dass keine Rechte Dritter, wie Eigentumsvorbehalte usw., an den vorerwähnten Vermögenswerten bestehen, die diesen Werten die Sachqualität nehmen würden. Die Festsetzung des Kaufpreises erfolgt nach soliden kaufmännischen Grundsätzen.

6. Dieser Vertrag fällt als gegenstandslos dahin, wenn die Gründung aus irgendeinem Grunde nicht zustande kommt. Die Kosten trägt im Falle der Gründung die Gesellschaft, andernfalls sind diese Kosten vom Verkäufer zu übernehmen. Das Original dieses Vertrages wird beim Handelsregisteramt in B deponiert. Kopien wurden für den Verkäufer und die Eidgenössische Steuerverwaltung, Abt. Stempelabgaben, in Bern ausgefertigt.

Abgeschlossen in B am ...

Der Verkäufer   Die Käuferin

Anhang 6

Muster einer Einladung zur Generalversammlung

Muster und Beispiel AG
Bern

Einladung

zur ... ordentlichen Generalversammlung der Aktionäre auf Freitag, den ... in ...

Traktanden

1. Erläuterungen zum Geschäftsbericht und zur Jahresrechnung 19.1.
2. Bericht der Kontrollstelle
3. Beschlussfassung betreffend
   a) Abnahme des Geschäftsberichtes und der Jahresrechnung 19.1
   b) Verwendung des Reingewinnes
   c) Entlastung des Verwaltungsrates
4. Statutenänderungen
5. Wahlen
   a) Wahlen in den Verwaltungsrat
   b) Wahlen der Kontrollstelle
6. Verschiedenes

Geschäftsbericht, Jahresrechnung und Bericht der Kontrollstelle mit den Anträgen des Verwaltungsrates über die Verwendung des Reingewinnes liegen innert der statutarischen Frist am Sitze der Gesellschaft (inkl. Zweigniederlassungen) den Aktionären zur Einsicht auf. Der gedruckte Jahresbericht 19.1, enthaltend diese Unterlagen, wird den Namenaktionären zugestellt und den Inhaberaktionären mit den Eintrittskarten abgegeben.

Die Eintrittskarten für die Namenaktionäre werden per Post zugestellt. Als stimmberechtigt gilt, wer am ... im Aktienregister eingetragen ist.

Die Eintrittskarten für Inhaberaktionäre können bis spätestens ... bezogen werden gegen Hinterlage der Aktien (oder eines genügenden Ausweises über die Hinterlegung bei einer Bank) bis nach Schluss der Generalversammlung am Sitze der Gesellschaft.

Ort und Datum   Für den Verwaltungsrat
...,   Der Präsident ...

Anmerkungen

a) Zu Traktandum 1: Es handelt sich um die allgemein üblichen Ausführungen des Vorsitzenden über den Geschäftsgang und die Zukunftsaussichten des Unternehmens. Das Wesentliche sollte bereits im Geschäftsbericht enthalten sein.

b) Zu Traktandum 2: Der Bericht der Kontrollstelle muss nicht von Gesetzes wegen behandelt werden. Es ist jedoch in der **Praxis** üblich, vom vorliegenden schriftlichen Kontrollstellbericht Kenntnis zu nehmen.

c) Zu Traktandum 4: Wenn Statutenänderungen beschlossen werden, ist in der Einladung darauf hinzuweisen, dass Änderungsanträge wie die anderen Akten während der Einberufungsfrist aufliegen.

d) Sofern nur Inhaberaktien und ein kleiner Aktionärskreis bestehen, kann der Text bezüglich der Ausgabe von Eintrittskarten lauten:

Die Stimmrechtsausweise können bis am ... gegen genügenden Ausweis über den Aktienbesitz beim Sekretariat der Geschäftsleitung bezogen werden.

Anhang 7

Muster eines Generalversammlungsprotokolls

Protokoll der ... ordentlichen Generalversammlung der

Muster & Beispiel AG

abgehalten am ... am Sitz der Gesellschaft

I. Konstituierung

Herr ... eröffnet die Generalversammlung und übernimmt den Vorsitz. Er stellt fest, dass sämtliche Gesellschaftsaktien vertreten sind. Die Versammlung wurde statutenkonform einberufen und ist gültig konstituiert. Die Kontrollstelle ist durch Herrn ... vertreten. Der schriftliche Bericht liegt vor. Das Protokoll wird vom Vorsitzenden geführt. Gegen diese Mitteilungen werden keine Einwendungen erhoben.

II. Wahlen und Beschlüsse

1. Abnahme der Gewinn- und Verlustrechnung 19.. und der Bilanz auf den 31. Dezember 19..
   Die Jahresrechnung 19.. wird einstimmig genehmigt.

2. Abnahme des Geschäftsberichtes 19..
   Der Geschäftsbericht 19.. wird einstimmig genehmigt.

3. Beschlussfassung über die Verwendung des Reingewinnes
   Dem Antrag der Verwaltung wird einstimmig zugestimmt.

4. Entlastung der Verwaltung
Die nicht in der Geschäftsleitung tätigen Aktionäre erklären, dass sie die Geschäftsführung des abgelaufenen Geschäftsjahres gutheissen. Der Verwaltung wird Entlastung erteilt.

5. Wahlen
Der Verwaltungsrat und die Kontrollstelle werden für das Geschäftsjahr 19. . in ihrem Amte bestätigt.

III. Schluss

Der Vorsitzende bestätigt, dass während der gesamten Dauer der Generalversammlung sämtliche Aktien vertreten waren. Gegen die Durchführung der Versammlung wurde kein Widerspruch erhoben.

Ort und Datum   Der Versammlungsleiter

Anmerkung: Dieses Protokoll ist auf ein absolutes Minimum beschränkt. Für die Protokollierung der Beschlüsse einer Familien-AG sollte ein derartiges Protokoll meistens allerdings ausreichen.

Anhang 8

Muster eines Geschäftsberichts zur Jahresrechnung 19.4
(auszugsweise)

1. Einleitung
   11 An die Aktionäre der Muster AG
   12 Zusammensetzung der Gesellschaftsorgane
   13 Personal
2. Besprechung der Jahresrechnung
   21 Verkaufsumsätze
   22 Ertragslage
   23 Bilanzstruktur
   24 Liquidität
   25 Kapitalflussrechnung
3. Einzelheiten zur Bilanz
   31/33 Aktiven
   34/36 Passiven
4. Einzelheiten zur Erfolgsrechnung
   41 Ertrag
   42 Aufwand
   43 Antrag zur Gewinnverwendung
5. Kontrollstellbericht
6. Bilanzen auf den 31. Dezember 19.4 und Vorjahr
7. Erfolgsrechnungen 19.4 und Vorjahr

1. Einleitung

11 An die Aktionäre der Muster AG

Sehr geehrte Damen und Herren
Im abgelaufenen Geschäftsjahr entwickelte sich die Wirtschaft
gesamthaft betrachtet positiver als im Vorjahr. Die wichtigsten
Industrieländer setzten auf einen Wachstumskurs und konnten
dabei Zunahmen beim Bruttosozialprodukt verzeichnen. Die
Teuerung bildete sich in vielen Ländern, darunter auch in der
Schweiz, überraschend stark zurück, wobei allerdings gewisse In-
dustrienationen nach wie vor Mühe mit der Inflationsbekämp-
fung bekundeten. Zur allgemeinen Konjunkturbelebung hat weiter die stabile Zinsfront beigetragen. Andererseits stellt die Ar-
beitslosigkeit ein immer noch tiefsitzendes Problem dar. Trotz
eindeutigen Wachstumssignalen blieb die Investitionstätigkeit
nach wie vor gedrosselt. Zahlungsbilanz und Verschuldungspro-
bleme der Entwicklungs- und Schwellenländer konnten nicht gelöst werden, die protektionistischen Tendenzen nahmen zu.

Aufgrund des Marktsättigungsgrades in der Schweiz haben
wir im vergangenen Geschäftsjahr vermehrt begonnen, auslän-
dische Märkte zu bearbeiten.

Trotz des rauhen Wirtschaftsklimas konnte unsere Gesell-
schaft im Jahre 19.4 den Geschäftsumfang erweitern. Im speziel-
len sind folgende Punkte zu erwähnen:
- Die Fakturierung (Zunahme der Nettoverkaufserlöse) beträgt
  8,3%.
- Das vergleichbare Rohergebnis vor Abschreibungen und Steu-
  ern hat gegenüber dem Vorjahr um rund Fr. 63 000.– zugenom-
  men.
- Die Bilanzsumme hat gegenüber dem Vorjahr um rund
  Fr. 194 000.– zugenommen.
- Die Liquidität hat sich gegenüber dem Vorjahr um
  Fr. 103 000.– verbessert.
- Gemessen an der Bilanzsumme hat das Fremdkapital um 4,4%
  zugenommen.
- Der Eigenkapitalanteil beträgt noch 58,1% der Bilanzsumme.

– Die Rückstellungen (im wesentlichen wurden diese für Erweiterungs- und Ersatzinvestitionen gebildet) werden unverändert ausgewiesen.

Der Verwaltungsrat und die Geschäftsleitung haben im abgelaufenen Geschäftsjahr keine Veränderung erfahren. Unsere Mitarbeiter wirkten tatkräftig an der Verwirklichung unserer Ziele mit.

An dieser Stelle sprechen wir ihnen unseren Dank und unsere Anerkennung aus.

Im weiteren danken wir auch unseren Kunden für die Treue und das Vertrauen, das uns entgegengebracht wurde.

Für das neue Geschäftsjahr ist keine wesentliche Änderung der wirtschaftlichen Rahmenbedingungen zu erwarten. Es ist weiter mit einer verschärften Marktsituation zu rechnen. Ziel des Unternehmens bleibt, die erarbeitete Marktstellung auch im neuen Geschäftsjahr zu erhalten.

Muster AG

... ...
Verwaltungsrats- Direktions-
präsident präsident

12 Zusammensetzung der Gesellschaftsorgane

121 Verwaltungsrat:

Herr ... Präsident
Herr ... Vizepräsident
Frau ...
Herr ...

122 Geschäftsleitung

Herr ...	Direktionspräsident
	(Personal, Finanzen, Rechnungswesen)
Frau ...	Direktorin (Einkauf)
Herr ...	Direktor (Verkauf)
Herr ...	Direktor (Produktion, Lager)

123 Kontrollstelle

Treuhandgesellschaft Muster AG, Bern

13 Personal

Der Personalbestand hat sich gegenüber dem Vorjahr nicht wesentlich verändert. Die Personalfluktuation ging leicht zurück und liegt nun bei rund 8%.

Das Durchschnittsalter unserer Mitarbeiter liegt bei rund 38 Jahren, das durchschnittliche Dienstalter bei rund 10 Dienstjahren.

Die beeinflussbaren Absenzen halten sich auf dem Vorjahresstand.

Um mit den steigenden Anforderungen Schritt zu halten, wurden von unseren leitenden Mitarbeitern verschiedene Weiterbildungskurse besucht.

Anhang 9

Prüfungshandlungen der aktienrechtlichen Kontrollstelle
(auszugsweise wiedergegeben)

Die Prüfung der Jahresrechnung einer Familien-AG umfasst teils lückenlos, teils stichprobeweise folgende Prüfungsgebiete:

1. Allgemeine Prüfungen:
- Bilanzvortrag, Gewinnverwendung, rechnerische Prüfungen in der Buchhaltung, in den Belegen, in Inventaren, Saldolisten, Auszügen usw.
- Prüfungen der internen Organisation und des selbsttätigen Kontrollsystems im Rahmen der Bestandes-, Bewertungs- und Verkehrsprüfungen.

2. Bestandesprüfungen:
- Prüfung der Vollständigkeit von vorhandenem Vermögen und bestehenden Schulden anhand von Inventaren, Saldenlisten, Auszügen, Bestätigungen usw.
- Vornahme von Kassenbestandesaufnahmen mit oder ohne Voranmeldung.

3. Bewertungsprüfungen
Prüfung der obligationenrechtlich richtigen Bewertung sämtlicher Bilanzpositionen anhand geeigneter Unterlagen (Preislisten, Eingangsrechnungen, Versicherungspolicen usw.).

4. Prüfung des Buchungsverkehrs
- Zahlungsverkehr: Prüfung des Kassen-, Postcheck- und Bankenverkehrs aufgrund geeigneter Stichproben (mindestens einen Monat).

- Kontokorrentverkehr: Prüfung von Belastungen und Gutschriften auf den Kreditoren- und Debitorenkonten.
- Warenverkehr: Prüfung von Warenein- und -ausgängen, Feststellung der Vollständigkeit der Fakturierung.
- Übriger Buchungsverkehr: Prüfung der Belastungen und Gutschriften auf verschiedenen Konten der Bilanz und der Erfolgsrechnung. Tiefgehende Prüfung der Lohn- und Gehaltsauszahlungen.

5. Prüfung des Internen Kontrollsystems (IKS)

Feststellung anhand von Fragebogen und Arbeitsablaufdiagrammen, ob die einzelnen Geschäftsfälle harmonisch aufgeteilt wurden.

Die Prüfung des IKS ist insbesondere beim Einsatz der EDV wichtig.

Anhang 10

Standardtext eines Bestätigungsberichts
Nach den Empfehlungen der Schweizerischen Treuhand- und Revisionskammer

Bericht der Kontrollstelle
an die Generalversammlung der ... AG

...

Als Kontrollstelle Ihrer Gesellschaft haben wir die auf den ... 19.. abgeschlossene Jahresrechnung im Sinne der gesetzlichen Vorschriften geprüft.

Ich (Wir) stellten fest, dass

- die Bilanz und die Erfolgsrechnung mit der Buchhaltung übereinstimmen,
- die Buchhaltung ordnungsgemäss geführt ist,
- bei der Darstellung der Vermögenslage und des Geschäftsergebnisses die gesetzlichen Bewertungsgrundsätze und die Vorschriften der Statuten eingehalten sind.

* Aufgrund der Ergebnisse meiner (unserer) Prüfungen beantrage(n) ich (wir), die vorliegende Jahresrechnung zu genehmigen.
* Ferner bestätige(n) ich (wir), dass der Vorschlag des Verwaltungsrates über die Gewinnverwendung Gesetz und Statuten entspricht.

* Aufgrund der Ergebnisse meiner (unserer) Prüfungen beantrage(n) ich (wir), die vorliegende Jahresrechnung mit einem Verlustsaldo von Fr. . . . zu genehmigen.

Ort und Datum   Firma und Unterschrift

. . .   . . .

Beilagen:
Bilanz
Erfolgsrechnung
Gewinnverwendung

* Nichtzutreffendes streichen

Anhang 11

Gliederung eines Erläuterungsberichts an den Verwaltungsrat

Inhaltsverzeichnis

1 Einleitung
  11 Auftrag und Allgemeines
  12 Zusammensetzung der Gesellschaftsorgane
2 Besprechung der Jahresrechnung
  21 Verkaufsumsätze
  22 Ertragslage
  23 Bilanzstruktur
  24 Liquidität
  25 Kapitalflussrechnung
3 Einzelheiten zur Bilanz
  31/33 Aktiven
  34/36 Passiven
4 Einzelheiten zur Erfolgsrechnung
  41 Ertrag
  42 Aufwand
  43 Antrag zur Gewinnverwendung

Anhänge

1 Bilanzen auf den 31. Dezember 19.. und Vorjahr
2 Gewinn- und Verlustrechnungen für 19.. und Vorjahr
3 Verschiedene Zahlenzusammenstellungen, zum Beispiel
  Wertschriften und Liegenschaftenverzeichnis
4 Vorgenommene Prüfungshandlungen

Anhang 12

Muster für die Bewertung einer Unternehmung
(Kurzfassung)

1 Einleitung

11 Auftrag und Allgemeines

Im Auftrag von Herrn ..., Präsident des Verwaltungsrates der Muster AG, wurde als Entscheidungsgrundlage für die Geschäftsübergabe das vorliegende Gutachten zum Wert der Unternehmung als Ganzes erstellt. Als Verkäufer tritt die Familie ... auf, welche das Geschäft an die beiden Söhne ... übergeben möchte.

Bedingung für das Zustandekommen des Geschäftes ist, dass die vom Ehepaar ... gehaltenen Aktien vorerst fiduziarisch auf die beiden Söhne übergehen.

Ein definitiver Eigentumsübergang soll erst bei der Erbteilung stattfinden, da beim Erbgang noch eine Tochter abzufinden ist.

Der Kaufpreis für das Unternehmen soll dem Verkäufer durch eine monatlich vorschüssig zahlbare Rente abgegolten werden.

Die Geschäftsleitung der Muster AG soll nach dem Verkauf durch die Käufer ausgeübt werden. Der Verkäufer wird dem Unternehmen in einer Übergangsphase noch halbtags in beratender Funktion zur Verfügung stehen.

Der **Verwaltungsrat** der Muster AG soll bis auf weiteres unverändert bleiben. Laut eingesehenen Gesellschaftsakten setzt sich dieser am 31. Dezember 19.4 wie folgt zusammen:

Herr ..., Präsident

als Mitglieder:

Frau ...
Herr ...
Herr ...

12 Verteilung der Aktien

Am 31. Dezember 19.4 wurde das Aktienkapital von folgenden Aktionären gehalten:

		Nominal/Fr.
Herr ... (Verkäufer)	220 Namenaktien	220 000.–
Frau ... (Verkäuferin)	10 Namenaktien	10 000.–
Herr ... (Käufer)	10 Namenaktien	10 000.–
Herr ... (Käufer)	10 Namenaktien	10 000.–
		250 000.–

Das Ehepaar als Verkäufer ist somit für insgesamt 220 Namenaktien zu entschädigen. Wie nachfolgend dargelegt wird, soll als Preis der innere Wert der Aktien gelten.

Das vorliegende Mustergutachten dient als Verhandlungspapier für den Verkäufer zur Auseinandersetzung mit dem Käufer.

2 Substanzwert

Der Substanzwert verkörpert den Wert der greifbaren Gegenstände und die immateriellen Güter. Die immateriellen Güter entsprechen im vorliegenden Fall dem Wert der Kundschaft und dem Marktwert der vertretenen Automobilmarke.

Bei der Berechnung des Substanzwertes sind nur betriebswirtschaftliche Überlegungen zulässig. Buchhalterische, handelsrechtliche und steuerrechtliche Bestimmungen sind nicht gültig.

Als Berechnungsgrundlage dient der durch die Kontrollstelle geprüfte Jahresabschluss auf den 31. Dezember 19.4.

Die Substanzwertrechnung dient als Vergleichsgrösse zur Abstimmung mit dem Ertragswert.

Soweit sich Abweichungen vom Buchwert ergeben, werden diese erläutert. Die Anlagen werden zum Wiederbeschaffungswert geschätzt, und die Wertverminderungen technischer und wirtschaftlicher Art zieht man für die entsprechenden Nutzungsjahre ab, als Basis zur Ermittlung des Substanzwertes bleibt der sogenannte **Reproduktionsaltwert** übrig.

Für das Grundeigentum wurde durch Herrn Dr. . . ., dipl. Bauingenieur, ein Schätzungsgutachten erstellt. Dieses bildet einen integrierenden Bestandteil des vorliegenden Gutachtens zum Wert der Unternehmung.

In der nachfolgenden Aufstellung wird die Abweichung zwischen dem Buchwert und dem Substanzwert dargestellt. Die Spalte Bewertungskorrekturen zeigt die Auf- und Abrechnungen bei den einzelnen Bilanzpositionen.

Das Vermögen wird in betriebliches und nichtbetriebliches Vermögen unterteilt.

Substanzwert auf den 31. Dezember 19.4

Aktiven	Buch-wert	Bewertungs-korrekturen	Substanz-wert	Aufteilung betrieblich	nicht-betriebl.
	Fr.	Fr.	Fr.	Fr.	Fr.
Flüssige Mittel[1]	107 857		107 857	107 857	
Debitoren	66 292	— 2 452	63 840	63 840	
Sonstige Forderungen	17 099		17 099	17 099	
Warenvorräte	57 000	+ 72 954	129 954	129 954	
Total Umlauf-vermögen	248 248	+ 70 502	318 750	318 750	
Grundstücke	12 555	+ 75 330	87 885	87 885	
Autoreparatur-werkstatt	70 000	+ 152 000	222 000	222 000	
Wohnhaus	112 000	+ 143 000	255 000		255 000
Tanksäule	18 000	+ 1 348	19 348	19 348	
Büromobilien	1	+ 5 061	5 062	5 062	
Werkzeuge und Maschinen	12 476	+ 10 435	22 911	22 911	
Betriebs-fahrzeuge	1	+ 2 999	3 000	3 000	
Goodwill			p. m.	p. m.	
Total Anlage-vermögen	225 033	+ 390 173	615 206	360 206	255 000
Bilanzsumme	473 281	+ 460 675	933 956	678 956	255 000

[1] Kasse, Postcheck-, Bankguthaben

Kreditoren	29580			29580	29580	
Transitorische Passiven	15000			15000	15000	
Hypotheken	109000			109000		109000
Steuerrückstellung		+	99887	99887	51864	48023
Total Fremdkapital	153580	+	99887	253467	96444	157023
Aktienkapital	250000			250000	250000	
Gesetzliche Reserve	40000			40000	40000	
Gewinnvortrag	29701			29701	29701	
Bewertungsreserve		+	360788	360788	257956	102832
Total Eigenkapital	319701	+	360788	680489	577657	102832
Bilanzsumme	473281	+	460675	933956	674101	259855

3 Ertragswert (Zukunftserfolg)

Den Zukunftsaussichten eines Unternehmens kommt grosse Bedeutung zu. Der Ertragswert zeigt, welchen Erfolg die vorhandene Substanz in Zukunft erbringt. Der Nachweis wird durch die Berechnung des Zukunftserfolges erbracht. Bei der Ermittlung des Zukunftserfolges geht man von den in der Vergangenheit erzielten Ergebnissen aus. Die verbuchten Ergebnisse wurden durch folgende Faktoren bereinigt:
- Bilanzmässige Abschreibungen auf den Sachanlagen
- Veränderung der Bewertungskorrekturen auf Warenvorräten
- Zinsen netto
- Saldo der Liegenschaftenrechnung

Nachfolgend sind die berechneten bereinigten Rohergebnisse der letzten fünf Geschäftsjahre und der bereinigte Zukunftserfolg dargestellt:

Geschäftsjahr	19.0	19.1	19.2	19.3	19.4
Beträge auf Fr. genau					
Posten:					
Ausgewiesener Gewinn	34 807	35 738	40 329	35 355	43 512
Korrekturposten					
+ Aufrechnungen					
— Abzüge					
Abschreibungen	+ 7 319	+ 6 775	+ 15 999	+ 5 609	+ 9 317
Veränderung Warenbewertung	+ 2 000	+ 1 000	+ 1 000	+ 1 926	— 1 721
Zinsen netto	+ 1 196	— 1 757	— 2	— 51	— 249
Steuern	+ 8 692	+ 11 032	+ 11 742	+ 1 722	+ 2 157
Saldo Liegenschaftenrechnung	— 1 471	+ 8 355	+ 2 657	+ 3 613	+ 7 287
Bereinigte Rohergebnisse	52 543	61 143	71 725	48 174	60 303

Zukunftserfolg:

Bereinigtes zukünftiges Rohergebnis	58 778
Abschreibungen auf Anlagen	— 13 041
Nettomietwert Werkstatt und Tankstelle	6 650
Zukunftserfolg vor Steuern	52 387
Direkte Steuern	— 17 300
Zukunftserfolg nach Steuern	35 087

4 Wert des Unternehmens

In der **Praxis** der Unternehmungsbewertung besteht keine einheitliche und allgemein anerkannte Bewertungsmethode. Verschiedene Bewertungsmethoden werden deshalb zur Ermittlung eines gesamten Mittelwertes kombiniert. Durchgesetzt haben sich insbesondere die Methode der begrenzten Goodwillrentendauer und die Praktikermethode.

Im vorliegenden Gutachten werden die beiden Methoden berechnet und die Werte miteinander verglichen.

41 Methode der begrenzten Goodwillrentendauer

Diese Berechnungsmethode findet vor allem bei rentablen Unternehmungen Verwendung.

Bei normalem Ertrag entspricht der Substanzwert dem Ertragswert.

Ein Mehrwert führt zu einem positiven Geschäftswert.

Der Übergewinn entspricht dem Gewinn nach Abzug einer ordentlichen Verzinsung auf dem Substanzwert.

> Der Gesamtwert des Unternehmens entspricht dem Barwert von n Übergewinnen.

Die Goodwillrentendauer entspricht im vorliegenden Fall fünf Jahren. Grundlage für die Bestimmung des Kapitalisierungszinssatzes ist der landesübliche Zins für risikofreie Kapitalanlagen des Bundes.

Darauf erfolgt ein Zuschlag von 50% für die langfristige Kapitalbildung. Sodann ist ein Abschlag von 30% auf dem nachhaltig erzielbaren Zukunftsgewinn für das wirtschaftliche Risiko vorzunehmen.

Aus Vereinfachungsgründen wird in diesem Mustergutachten nur mit dem Basiszins von 5% gerechnet.

Der Wert des Unternehmens stellt sich demzufolge nach dieser Rechenmethode wie folgt:

Substanzwert des betrieblichen Vermögens zuzüglich Barwert der Übergewinne berechnet nach der Formel:	Fr. 577 657.–

an (R – i × S)

Dies führt zu folgendem Ergebnis:

Mutmasslicher Zukunftserfolg	Fr. 35 087.–	
Normalverzinsung der betrieblichen Substanz		
5% auf Fr. 577 657.–	– Fr. 28 882.–	
Übergewinn	Fr. 6 205.–	

Barwert des Übergewinnes (4,3295[1] × Fr. 6 205.–)	Fr. 26 865.–
Betrieblicher Wert	Fr. 604 522.–
Wert des nichtbetrieblichen Vermögens (Wohnhaus)	Fr. 102 832.–
Wert des Gesamtunternehmens nach der Goodwillrentenmethode	Fr. 707 354.–

42 Praktiker- oder Mittelwertmethode

Diese Methode ist in der **Praxis** weit verbreitet. Der Wert des Unternehmens wird nach einem Mittelwert zwischen Substanz- und Ertragswert berechnet.

Dabei wird der Ertragswert doppelt gewichtet.

---

[1] Aus einer separaten Tabelle abzulesender nachschüssiger Rentenbarwertfaktor.

Die Berechnung führt zu folgendem Ergebnis:

Wert der betrieblichen Substanz	Fr. 577657.–
Ertragswert: Fr. 701740.– × 2	Fr. 1403480.–
	Fr. 1981137.– : 3
	***
Betrieblicher Wert	Fr. 660379.–
Nichtbetrieblicher Wert (Wohnhaus)	Fr. 102832.–
Totaler Wert des Unternehmens nach der Praktikermethode	Fr. 763211.–

5 Entschädigung an den Verkäufer

Aufgrund der Willensäusserung der Verkäuferfamilie soll die Entschädigung für den Wert des Unternehmens in einer monatlich zum voraus zahlbaren Rente erfolgen.

Es ist nachdrücklich darauf hinzuweisen, dass diese Rente bei der Aktiengesellschaft steuerlich abzugsfähigen Aufwand darstellt. Der Verkäufer als Rentenempfänger hingegen muss diese Rente als Genusseinkommen versteuern. Dieser Sachverhalt ist bei den Vertragsverhandlungen zu berücksichtigen.

Zusammenfassung der errechneten Werte:

Nach der Methode der begrenzten Goodwillrentendauer	Fr. 707354.–
Nach der Praktikermethode	Fr. 783211.–

Nach diesen Berechnungen dürfte der zu verhandelnde Preis zwischen Fr. 700000.– und Fr. 800000.– liegen.

Wenn man von einem Mittelwert von Fr. 750000.– und einer monatlich zum voraus zahlbaren Rente von Fr. 4800.– während 15 Jahren ausgeht, ergibt sich folgende Kaufpreisentschädigung:

232

Rentenbarwert laut Tabelle Spitzer IV 1+11,9379   Fr. 745 223.–
Barzahlung der Differenz   Fr.   4 777.–
Total   Fr. 750 000.–

6 Schlussbemerkungen

Dieses Gutachten zum Wert des Unternehmens wird aufgrund
der erhaltenen Unterlagen und Auskünfte erstattet. Dieses dient
der Verkäuferfamilie als Grundlage zur Auseinandersetzung mit
den zwei Söhnen als Käufern.

Für allfällige zusätzliche Auskünfte, die sich im Zusammenhang mit der Geschäftsübergabe und diesem Gutachten stellen,
stehen wir jederzeit gerne zur Verfügung.

Bern, 31. März 19.5   Treuhandgesellschaft
                                       Muster & Beispiel

Anhang 13

Das neue Erb- und Ehegüterrecht

a) Das eheliche Güterrecht
Die vermögensrechtlichen Grundlagen zwischen den beiden Ehepartnern wurden zum Teil grundlegend geändert.

Als direkte Folge werden mit dem neuen ordentlichen Güterstand der Errungenschaftsbeteiligung sowie mit den neuen Erbrechtsartikeln die Ehepartner wesentlich besser gestellt.

Die Möglichkeiten, güterrechtliche (Ehevertrag) oder erbrechtliche (Testament/Ehevertrag) Änderungen vorzunehmen, bestehen weiterhin auch nach neuem Recht. Die einzelnen Vermögensmassen unterliegen während der Ehe gütertrennungsähnlichen Bestimmungen: jeder Ehegatte behält das Eigentum, das Nutzniessungs- und das Verwaltungsrecht daran. Bei Auflösung der Ehe sind die Vermögensmassnahmen der Ehegatten zu gliedern in:

Vermögen Ehemann:	Vermögen Ehefrau:
Eigengut	Eigengut
Errungenschaft	Errungenschaft

Die Gegenüberstellung von bisherigem ordentlichem Güterstand und neuem ordentlichem Güterstand zeigt folgendes Bild:

Bisheriger ordentlicher Güterstand

Güterverbindung Art. 194 ff ZGB

Einzelne Vermögensmassen der Ehegatten:
Einbringgut des Ehemannes
Einbringgut der Ehefrau
Vermögen bei Heirat, aus Erbschaften und Schenkungen während der Ehe
Eigentum bleibt beim entsprechenden Ehepartner
Verwaltungs- und Nutzungsrecht durch den Ehemann

Vorschlag/Rückschlag[1]
Während der Ehe erworbenes Vermögen aus dem Einkommen des Ehemannes und der Vermögensertrag der Einbringgüter beider Ehegatten
Eigentum des Ehemannes
Nutzung/Verwaltung durch den Ehemann
Die Ehefrau hat erst bei Auflösung des ehelichen Vermögens Anspruch auf einen Teil des Vorschlages

---

Sondergut (unter Gütertrennungsregeln)
Für jeden Ehegatten: Persönliche Gegenstände
Für die Ehefrau: der eigene Arbeitserwerb
Eigentum, Verwaltung und Nutzung durch jeden Ehegatten selbst
Ersparnis aus dem Arbeitseinkommen der Ehefrau bleibt ihr Eigentum und wird nicht in die Vorschlagsteilung einbezogen

---

Beteiligung am Vorschlag bei Auflösung:
⅓ Ehefrau, ⅔ Ehemann

---

[1] Es handelt sich um die Vergrösserung (Vorschlag) oder Verminderung (Rückschlag) des ehelichen Vermögens. Einen allfälligen Rückschlag hat der Ehemann zu tragen.

Errungenschaftsbeteiligung Art. 196 ff. ZGB

Einzelne Vermögensmassen der Ehegatten:
Eigengut des Ehemannes
Eigengut der Ehefrau
Persönliche Gegenstände, Vermögen bei Heirat, aus Erbschaften und Schenkungen während der Ehe
Eigentum bleibt beim entsprechenden Ehepartner
Verwaltung und Nutzung durch jeden Ehegatten selbst

Errungenschaft des Ehemannes
Errungenschaft der Ehefrau
Während der Ehe erworbenes Vermögen jedes Ehegatten je aus dem eigenen Arbeitserwerb, aus Versicherungsleistungen und dem Ertrag des Eigengutes
Jeder Ehegatte behält das Eigentum, die Verwaltung und Nutzung seiner Errungenschaft wie beim Erbgut

---

Kein Sondergut mehr
Der Arbeitserwerb der Ehefrau fällt in ihre Errungenschaft und gelangt damit bei Auflösung wie die Errungenschaft des Ehemannes in die Teilung

---

Beteiligung an der Errungenschaft bei Auflösung:
Jeder Ehegatte (bzw. seine Erben) ist mit der Hälfte am Vorschlag des Ehepartners beteiligt, d. h. die Summe des Vorschlags beider Ehegatten wird geteilt

---

Besonderheiten zum neuen Recht

– Hat ein Ehegatte ohne entsprechende Gegenleistung in ein Vermögensobjekt des Partners investiert, steht ihm bei Auflösung ein verhältnismässiger Anteil am Mehrwert zu. Die Beteiligung kann schriftlich ausgeschlossen werden.

- Schenkungen, die ohne Zustimmung des Ehegatten während *fünf* Jahren vor Auflösung erfolgten, sind zur Errungenschaft hinzuzurechnen.
- Die Auszahlung des Errungenschafts- und des Mehrwertanteils kann bei Zahlungsproblemen gegen Verzinsung und Sicherstellung hinausgeschoben werden (zum Beispiel, wenn das Vermögen aus Immobilien besteht oder nicht flüssig verfügbar ist).
- Der überlebende Ehepartner kann am ehelichen Wohnsitz (Haus oder Eigentumswohnung) des Erblassers die Nutzniessung oder ein Wohnrecht, evtl. auch das Eigentum beanspruchen, ebenso das Eigentum am Hausrat gegen Anrechnung. Ausnahme: Gewerberäume, in denen ein Nachkomme den Betrieb fortführt.
- Der Verkauf des Hauses oder der Wohnung sowie deren Kündigung kann bezüglich des ehelichen Wohnsitzes nur mit Zustimmung beider Ehegatten erfolgen.

Mögliche Inhalte von Eheverträgen

Güterverbindung/Errungenschaftsbeteiligung:
- Änderung der Anteile am Vorschlag: Bei gemeinsamen Kindern oder kinderlosen Ehegatten: Zuweisung des ganzen Vorschlags.
- Der Ertrag des Eigengutes wird zum Eigengut statt zur Errungenschaft erklärt.
- Vermögenswerte der Errungenschaft für Berufsausübung oder Gewerbebetrieb werden zu Eigengut erklärt.

Änderung des Güterstandes:
- Gütertrennung (Wegfall der Errungenschaft).
- Gütergemeinschaft (wobei das Gesamtgut dem Ehepartner zugewiesen werden kann. Vorbehalt: Pflichtteil der Nachkommen des verstorbenen Ehegatten von ³/₁₆ vom Gesamtgut).

Die Vermögenswerte und Einkünfte beider Ehegatten werden zum Gesamtgut vereinigt; nach neuem Recht ist der Lohn der berufstätigen Ehefrau inbegriffen.
- Form der Eheverträge: Beurkundung wie bisher, jedoch ohne vormundschaftliche Genehmigung.

b) das neue Erbrecht
- Der Pflichtteil von Geschwistern ist nun bundessteuerrechtlich aufgehoben. Es bestehen keine kantonalen Sonderregelungen mehr.
- Bei Ehegatten fällt dem Überlebenden vorerst sein güterrechtlicher Anteil zu (Eigengut, Errungenschafts- und möglicherweise Mehrwertsanteil), vom Nachlass des verstorbenen Partners erhält der Ehegatte sodann einen höheren Erbteil als bisher. Hingegen fällt das Wahlrecht zwischen dem gesetzlichen Erbteil und der Nutzniessung weg.
- Haus oder Wohnung der Ehegatten und Hausrat kann der überlebende Ehegatte zu Eigentum übernehmen (Anrechnung des Wertes).

Gesetzliche Erbteile am Nachlass:
- Ehegatten ½ – Nachkommen ½
- bei Fehlen von Nachkommen:
  Ehegatte ¾ – Eltern/Geschwister ¼
- Wenn keine Erben des elterlichen Stammes vorhanden sind, ist der Ehegatte Alleinerbe

Pflichtteile und frei verfügbare Quote:
- Ehegatte ¼ – Nachkommen ⅜ – Zur freien Verfügung: insgesamt ⅜ – Eltern ⅛ – Zur freien Verfügung: insgesamt ½
- Ehegatte ⅜ – 1 Elternteil/Geschwister ¹⁄₁₆ – Zur freien Verfügung: insgesamt ⁹⁄₁₆

Die erbrechtliche Begünstigung des Ehepartners:

	Ehegatte	Kinder
- Ehegatte mit Kindern:		
gesetzlicher Erbteil	½	½
Testament: Begünstigung des Ehepartners mit frei verfügbarer Quote	+ ⅛	- ⅛
Erbteil des Ehepartners	⅝	
Pflichtteil der Kinder		⅜
- oder mit Nutzniessungsvermächtnis:		
gesetzlicher Erbteil		8/8
Testament: Begünstigung des Ehepartners mit frei verfügbarer Quote	+ ⅛	- ⅛
an den Ehepartner zu Eigentum	⅛	
Pflichtteil der Kinder, gemäss Testament mit Nutzniessung daran zugunsten des Ehepartners		⅞

Weitere Begünstigung des Ehegatten: Ehevertrag, Zuweisung des ganzen Vorschlages.

- Ehegatte ohne Kinder, mit Eltern:

Ehegatte	¾ gesetzlicher Erbteil
Eltern	¼ gesetzlicher Erbteil
Pflichtteil der Eltern	die Hälfte des Erbteils
Begünstigung mit Testament	⅞
Eltern	⅛ Pflichtteil

Weitere Begünstigung des Ehegatten: Begründung der Gütergemeinschaft mit Zuweisung des ganzen Gesamtgutes

Anhang 14

Muster eines Aktionärbindungsvertrags

Vereinbarung zwischen den Herren A, B und C

1. Die unterzeichneten Aktionäre der A AG in Z stellen fest, dass sie sämtliche Aktien der A AG Z besitzen.

Herr A ist Eigentümer von 40 Aktien à Fr. 1000.–	Fr.	40000.–
Herr B ist Eigentümer von 40 Aktien à Fr. 1000.–	Fr.	40000.–
Herr C ist Eigentümer von 20 Aktien à Fr. 1000.–	Fr.	20000.–
Total Aktienkapital	Fr.	100000.–

2. Die Aktionäre der A AG verpflichten sich, die Interessen der A AG bei sämtlichen Gelegenheiten wahrzunehmen. Sie wirken beim Aufbau des Unternehmens mit und stellen ihr Fachwissen und ihre Verbindungen zur Verfügung.

3. Aktionär A ist als Mitglied der Geschäftsleitung und des Verwaltungsrates für den Einkauf und den Verkauf verantwortlich. Er wirkt bei der Bestimmung der Geschäftspolitik, den unternehmerischen Zielsetzungen sowie allen weiteren Entscheidungen mit.

Aktionär B ist als Mitglied der Geschäftsleitung und des Verwaltungsrates für das Finanz- und Rechnungswesen verantwortlich. Er wirkt bei der Bestimmung der Geschäftspolitik, den unternehmerischen Zielsetzungen sowie allen weiteren Entscheidungen mit.

Aktionär C ist nicht aktiv in der Gesellschaft tätig. Er fördert jedoch deren Interessen durch Vermittlung von Geschäftsmöglichkeiten vor allem im benachbarten Ausland.

Die Aktionäre sind dafür besorgt, dass die Ziele der Gesellschaft in aller Form erreicht werden.

4. Neben der statutarischen und durch die Generalversammlung festgelegten Dividende erhalten die Aktionäre A und B je ein Jahresgehalt von Fr. .... Aktionär C erhält für die von ihm vermittelten Geschäfte eine Provision von ...%. Die Ansätze werden jedes Jahr neu überprüft.

5. Die Übertragung der Aktien ist gemäss den Statuten der A AG in Z von der Zustimmung des Verwaltungsrates abhängig, die ohne Angabe von Gründen verweigert werden kann. Will ein Aktionär seine Aktien verkaufen, muss er diese vorerst den übrigen Aktionären zu dem von der Kontrollstelle oder vom Präsidenten des Handelsgerichtes des Kantons Z festgestellten Wert zum Kauf anbieten. Jedem Aktionär steht im übrigen das Recht zu, die Aktien der anderen Aktionäre in folgenden Fällen zum zuletzt festgelegten Wert zu übernehmen:
a) Ausscheiden des Aktionärs aus dem vorliegenden Vertrag
b) Ableben, Handlungsunfähigkeit, Pfändung oder Konkurs des Aktionärs
Die Aktien dürfen nur gesamthaft verkauft werden.

6. Der Wert der Aktien wird jährlich aufgrund der vorliegenden Daten durch die Kontrollstelle berechnet. Können sich die Parteien über den von der Kontrollstelle festgestellten Wert nicht einigen, wird dieser durch den Präsidenten des Handelsgerichtes des Kantons Z bestimmt.

7. Die Vertragspartner sichern sich zu, dass die ihnen gehörenden Aktien weder verpfändet noch anderweitig durch Rechte oder Ansprüche Dritter belastet sind.

8. Im Falle von Meinungsverschiedenheiten verpflichten sich die Parteien, diese Herrn X zur Vermittlung zu unterbreiten.

Kommt keine Einigung zustande, so ist über die Streitigkeit unter Ausschluss der ordentlichen Gerichte von einem dreigliedrigen Schiedsgericht zu entscheiden. Jede Partei ernennt neutrale Schiedsrichter, die ihrerseits den Obmann bestimmen. Ernennt eine Partei trotz Aufforderung die Schiedsrichter nicht innert der Frist von einem Monat oder können sich die Schiedsrichter nicht innert dieser Frist über die Person des Obmannes einigen, so hat der Präsident des Handelsgerichtes des Kantons Z diese Ernennung vorzunehmen. Für das Verfahren ist die Zivilprozessordnung des Kantons Z anwendbar. Alle Mitteilungen an die Parteien erfolgen durch eingeschriebenen Brief. Sitz des Schiedsgerichtes ist Z.

9. Der vorliegende Vertrag kann von jedem Aktionär unter Einhaltung einer Kündigungsfrist von 6 Monaten mit eingeschriebenem Brief an alle übrigen Vertragspartner gekündigt werden. Der kündigende Aktionär scheidet aus dem Vertrag aus, der von den übrigen Aktionären weitergeführt wird.

10. Gerichtsstand für allfällige Differenzen aus dem vorliegenden Vertrag ist Z.

Z, den . . .

Unterschriften der Aktionäre

A . . .   B . . .   C . . .

Literaturverzeichnis

Alig Kurt, Personengesellschaften im interkantonalen und internationalen Steuerrecht, Bern 1980

Bataillard Victor/Hindermann Walter E./Gigax Eduard, Das eigene Geschäft. Ein Leitfaden zur Geschäftsgründung, Nachfolge, Übertragung, Zusammenlegung und Liquidation, Zürich 1981

Blumer Karl/Graf Adolf, Kaufmännische Bilanz und Steuerbilanz, Zürich 1973

Boemle Max, Unternehmungsfinanzierung, Zürich 1983

Borkowsky Rudolf, Kleine Steuerkunde, Zürich 1974

Borter/Ramstein/Sidler, Die Familien-AG, Glattbrugg 1972

Cagianut Francis/Höhn Ernst, Unternehmungssteuerrecht, Bern 1986

Dubs Rolf, Wirtschaftliche Grundbegriffe, Zürich 1984

Erhaltung der Unternehmung im Erbgang, Berner Tage für juristische Praxis mit Beiträgen von verschiedenen Autoren, Bern 1970

Gerster Max, Was kostete eine Firma, Zürich 1972

Glattfelder Hans, Die Aktionärbindungsverträge, Basel 1959

Gutzwiller/Hug/Meyer/Wengle, Grundriss des schweizerischen Privat- und Steuerrechtes, Zürich 1975

Helbling Carl, Unternehmungsbewertung und Steuern, Düsseldorf 1975

Helbling Carl, Bilanz- und Erfolgsanalyse, Bern 1986

Hindermann W. E., Geschäft und Familie, Bern 1978

Korndörfer Wolfgang, Allgemeine Betriebswirtschaftslehre, Wiesbaden 1974

Löwe Claus, Die Familienunternehmung. Zukunftssicherung durch Führung, St. Gallen 1979

Margairaz André, Steuerhinterziehung und staatliche Steuerkontrolle, Bern 1986

Masshardt Heinz, Kommentar zur direkten Bundessteuer, Zürich 1985

Metzger Dieter, Handbuch der Warenumsatzsteuer, Bern 1983

Meyer Rolf, Dividendenpolitik in Familienaktiengesellschaften, Basel 1974

Nünlist Guido, Wie gründe ich eine Gesellschaft? Kreuzlingen 1961

Schoop Katharina, Die Haftung für die Überbewertung von Sacheinlagen bei der Aktiengesellschaft und bei der Gesellschaft mit beschränkter Haftung, Zürich 1981

Schutzorganisation der privaten Aktiengesellschaften, Basel, Jahresbericht 1981

Schweizerische Treuhand- und Revisionskammer, Revisionshandbuch der Schweiz, Zürich 1971 ff.

Stäger Richard, Rechtskunde für Kaufleute, Zürich 1974

von Greyerz Christoph, Aufgaben und Verantwortlichkeit der Kontrollstelle, Zürich 1979

Walther Carl, Erbfirma. Wie beteilige ich meine Familie an meiner Firma? Wiesbaden–Wien–Zürich 1959

Stichwortverzeichnis

Abfindungsanspruch 181
Abschreibungen 153
AHV-Beiträge 36
Aktien
- Aktienbuch 88, 184
- Aktienzertifikat 88
- Blankoindossament 88
- Mehrheit 182
- Mindestnennwert 87
- Namenaktien 88
- Vorratsaktien 86
Aktiengesellschaft
- Einmann-AG 77
- Familien-AG 76
- Grundkapital 86
- Gründerhaftung 80
- Gründung 78
- Kapitalgesellschaft 75
- Organe 101
- Zweimann-AG 78
Aktienkapital 88ff
Aktionärbindungsverträge
- Abstimmungsvereinbarungen 187
- Aktienverfügung 188
- Ausüben Bezugsrecht 188
- Dividendenpool 188
- Nachteile 186
- Teilnahme Generalversammlung 188
- Vorteile 187
Aktionärsdarlehen 97
Anteilscheinkapital 140
Aufenthaltsbewilligung 27
Aufgeld 160
Aufwertungsgewinn 168

Baukonsortium 56
Betriebsaktiengesellschaft 124
Bezugsrecht 93
Bundesgerichtliche Rechtsprechung
    35, 44, 52, 61, 106, 113, 121, 129, 184,
    187

Dividende 94
- Bardividende 95
- Dividendenpolitik 94
- gewinnabhängige Dividende 96
- Naturaldividende 96
- Wertpapierdividende 95
Domizilgesellschaften 131

Einfache Gesellschaft
- Vorteile 50
- Nachteile 50
- Steuerpflicht 51
- Zusammenfassung 52
Einmanngesellschaft 77
Einzelfirma
- Vorteile 33
- Nachteile 33
Einzelkaufmann 28
Emissionsabgabe 84, 134, 140, 167
Entscheidungsvorbereitung 169
Erbrechtliche Teilung 171
Erbvorbezug 38
Erfahrungszahlen 46
Erläuterungsbericht 122
Ermessensreserven 92
Ertragssteuer 124
Ertragswert 153

Familienaktiengesellschaft 76ff
Familienstiftung 77, 143
Familienunternehmen
- Besteuerung 23
- dritte Generation 19
- Führung 19
- Nachteile 19
- Vorteile 18
- zweite Generation 18
Fiktive Schulden 92
Firmenbildung 133, 140
Firmenschutz 29
Folgeschaden 123
Freie Berufe 35

Generalversammlung der Aktionäre (GV)
- Anfechtungsklage 104
- Einberufung 103

- Protokoll 107
- Universalversammlung 104
- Vollmacht 105
- Vorbereitung 102
- Wahlen und Abstimmungen 108
Genossenschaft 138
- Ausschluss 141
- Gründung 141
- Juristische Person 138
- Kontrolle 142
- Nachteile 139
- Selbsthilfeorganisation 139
- Verwaltung 142
- Vorteile 139
Genussscheinkapital 90
Geschäftsbericht 114
- Auflagezwang 114
- Darstellung Geschäftstätigkeit 115
- Erläuterung Jahresabschluss 115
Geschäftsvermögen 39
Gesellschafter
- Eintritt 180
- Austritt 181
Gesellschaftsvertrag 51, 179
Gesetzliche Reserven 91
Gewinn nach Köpfen 162
Gewinnverwendung
GmbH
- Beweisurkunde 136
- Gesellschafterversammlung 136
- Gründerkonsortium 133
- Kontrollstelle 136
- Merkmale 133
- Mitgliedschaft 135
- Nachschusspflicht 135
- Nachteile 135
- Stammkapital 136
- Vorteile 134
Going public 193
Grundsätze ordnungsmässiger
  Buchführung 120
Gründungskosten 26
Güterrecht 171

Handelsbilanz 152
Handelsgesellschaft 28
Handelsregistereintrag 34
Handwerksbetriebe 34
Holdinggesellschaft 130
- Besteuerung 130
- Stiftung 144

Insolvenzerklärung 36
Internes Kontrollsystem (IKS) 121
Interne Revisionsstelle 113

Juristische Personen 21

Kaduzierungsverfahren 89
Kapazität 154
Kapitalbeschaffung 26
Kapitaleinlagen 37
Kapitalentnahmen 37
Kapitalgesellschaften 24
Kapitalgewinne 162, 180
Kapitalisierungszinsfuss 154
Kapitalsteuer 124
Kollektivgesellschaft
- Buchführung 60
- Einkommenssteuern 62
- Geschäftsführung 60
- Gesellschaftskapital 61
- Nachteile 59
- Vermögenssteuern 63
- Vorteile 59
- Zusammenfassung 65
Kommanditaktiengesellschaft 72ff
Kommanditgesellschaft
- Geschäftsführung 66
- Kommanditär 66
- Kommanditeinlage 68
- Konkursverwaltung 69
- Komplementär 66
- Nachteile 67
- Vorteile 67
- Zusammenfassung 71
Konkursbetreibung 35
Konventionalstrafen 186
Kontrollstelle
- Bestandes- und Bewertungsprüfungen
  120
- Berichterstattung 121
- Mandatsannahme 118
- Mandatsniederlegung 118
- Mandatsüberwachung 118
- Erfahrung und Ausbildung 120
- Organ 117
- Prüfungshandlungen 120
- Prüfungsziele 119
- Rechtsgrundlagen 118
- Stichproben 121
- Verantwortlichkeit 122
- Verkehrsprüfungen 120
- Wahl 118

Landwirtschaftsbetriebe 41
Leibrente 165
Liquidationsgewinn 30, 167, 176
Liquidationswert 153

Managementpotential 154
Mängel der Geschäftsführung 122

Marktanalysen 154
Minderheitsaktionäre 186, 189
Mitarbeiterbeteiligung 189
Mitgliedschaftsrechte 184

Nachfolge
- Einzelfirma 175
- Planung 173
Nachlass 172
Naturalbezüge 37

Partizipationsgeschäft 56
Partizipationsscheine 90
Personengesellschaften
- Buchführungspflicht 44
Pflichtaktien 109
Pflichtteil 173, 183
Präsidialadresse 115
Private Kapitalgewinne 48
Privatentnahmen 38
Publikumsgesellschaften 20, 133

Rechtsformen 23
Rente 177
Risiko 25

Sacheinlagegründung 83, 167
Simultangründung 82, 134
Singularsukzession 163
Sperrfrist 190
Substanzwert 151
Sukzessivgründung 82

Schenkung 182
Schuldverträge 186

Steuern
- kantonale 126
- kommunale 126
Steuerumgehung 100
Stiftungsurkunde 145
Stille Gesellschaft 53
Stille Reserven 92, 115, 148, 164, 178, 181
Stimmrecht 90, 106
Stimmrechtsaktien 182

Übernahmevertrag 161
Umwandlung
- Einzelfirma in Personengesellschaft 159
- Einzelfirma in Aktiengesellschaft 162
- Personengesellschaft in Einzelfirma 165
- Personen- in Aktiengesellschaft 166
- Personen- in Personengesellschaft 166
Unabhängige Büchersachverständige 117
Universalsukzession 83
Universalversammlung 136
Unternehmensbewertung 149
Urkundsperson 136, 141

Verantwortlichkeitsklage 110, 112
Verdecktes Eigenkapital 100
Verdeckte Gewinnausschüttung 25, 128
Verkehrswert 84
Vermögensrechte 184
Vermögenssteuer 39
Verwaltungsrat
- Aufgaben und Verantwortung 110
- Solidarhaftung 112
Verwaltungsreserven 92
Vinkulierte Namenaktien
- Schwache Vinkulierung 184
- Starke Vinkulierung 184
Vorschlag 171

Wiederbeschaffungswert 152
Wirtschaftliche Doppelbesteuerung 166

Zeitrente 165
Zession 175
Zukunftserfolg 153
Zwangsreserven 92
Zweigniederlassung 28